新编高职高专旅游管理类专业规划教材
谢彦君　总主编

LÜYOU JINGQU GUANLI

旅游景区管理

李长秋　主　编
陈凌凌　副主编

北京·旅游教育出版社

责任编辑:张　萍

图书在版编目（CIP）数据

旅游景区管理／李长秋主编. ——北京：旅游教育出版社，2014.12

新编高职高专旅游管理类专业规划教材

ISBN 978-7-5637-3055-1

Ⅰ.①旅… Ⅱ.①李… Ⅲ.①旅游区—经营管理—高等职业教育—教材 Ⅳ.①F590.6

中国版本图书馆 CIP 数据核字（2014）第 237899 号

新编高职高专旅游管理类专业规划教材

旅游景区管理

李长秋　主编　　陈凌凌　副主编

出版单位	旅游教育出版社
地　　址	北京市朝阳区定福庄南里1号
邮　　编	100024
发行电话	（010）65778403 65728372 65767462（传真）
本社网址	www.tepcb.com
E-mail	tepfx@163.com
印刷单位	北京嘉业印刷厂
经销单位	新华书店
开　　本	710毫米×1000毫米　1/16
印　　张	20.75
字　　数	330千字
版　　次	2014年12月第1版
印　　次	2014年12月第1次印刷
定　　价	35.00元

（图书如有装订差错请与发行部联系）

前言

随着社会经济的发展，人们生活水平日益提高，带动了旅游业的快速发展。旅游景区是现代旅游业发展的重要基础，其在旅游业中的支柱性地位日益凸显。我国是旅游资源大国，众多旅游景区在我国旅游业发展中发挥着重要作用。然而，一些旅游景区的服务与管理仍然存在薄弱环节，因此提升旅游景区的管理工作水平、提高旅游从业人员综合素质显得尤为重要，这迫切需要旅游教育工作者加强教学改革，提高旅游专业人才质量，为旅游景区发展培养高素质应用型人才。

教材建设是教学改革的重要内容，也是实现专业人才培养目标的基础。编写一本实践性、适用性强的旅游教材，成为提高旅游从业人员综合素质的迫切需要。本书从旅游职业教育人才培养目标出发，从旅游景区管理的实践入手，以行动为导向设计教学内容，力求满足旅游人才培养的需求。本书具有以下特点：

第一，创新性。一是内容上创新。本书在内容上引入本学科最新的研究成果，同时结合旅游发展中有重大影响的事件，增加了旅游景区社区管理、信息化管理等内容，介绍了旅游行业的最新动态，从而使本书走在旅游发展的最前沿，使学生掌握该学科的最新动态和资料。二是形式上创新。本书采用模块任务式结构，以完成任务为主线，构建全书的理论框架，符合学生的认知规律。

第二，实用性。本书突出了职业教育的特点，注重培养学生实际应用能力，充分考虑学生的参与和互动。本书以旅游管理专业学生进入旅游景区进行岗位认知实训为情境，以学生的视角看待、认识旅游景区管理的各项工作，通过案例讨论、分析、头脑风暴、完成任务等环节，激发学生主动思考、主动探索新知识的欲望。

第三，可操作性。本书体例独特，符合旅游景区管理工作的实际。本书共分12个模块，每个模块下设任务。首先明确学习目标，接下来布置任务；其次设置了情境，引导学生进行案例讨论，让学生带着问题去学习、调查、收集资料，进而完成任务；最后布置具体任务，任务书设置明确，真正做到了任务式教学。

第四，生动性。本书编写形式直观、生动，注重运用原创图片、图表来阐述理论知识，力求将枯燥的理论深入浅出、通俗易懂地表达，以激发学生的学习兴趣，提高学习效率。

本书教学学时建议如下：

模块	内容	参考学时
模块一	走进旅游景区	8
模块二	认识旅游景区产品管理	4
模块三	说说旅游景区营销管理	8
模块四	关注旅游景区游客管理	4
模块五	感知旅游景区服务质量管理	8
模块六	体验旅游景区设施设备管理	6
模块七	谈谈旅游景区人力资源管理	8
模块八	分析旅游景区财务管理	6
模块九	协调旅游景区社区管理	4
模块十	聚焦旅游景区安全管理	6
模块十一	重视旅游景区品牌管理	6
模块十二	探究旅游景区信息化管理	4
总计		72

本书由李长秋任主编，陈凌凌任副主编。全书共分12个模块，模块一、六、七由李长秋（郑州旅游职业学院）编写，模块二、五、八、十、十二由李志丹（郑州旅游职业学院）编写，模块三、四、九、十一由陈凌凌（郑州旅游职业学院）编写。

本书在编写过程中参考了一些专家、学者的教材和专著，在此表示感谢。

鉴于编者水平有限，书中不足之处在所难免，敬请专家和读者不吝赐教，批评指正。

编 者

2014年9月

目 录

模块一　走近旅游景区 ·· 1
    任务一　了解旅游景区的概念 ··· 1
    任务二　掌握旅游景区的分类 ··· 7
    任务三　熟悉旅游景区管理 ·· 22

模块二　认识旅游景区产品管理 ·· 35
    任务一　认识旅游景区产品 ·· 35
    任务二　熟悉旅游景区产品开发设计 ··· 44
    任务三　掌握旅游景区产品创新 ·· 51

模块三　说说旅游景区营销管理 ·· 63
    任务一　了解旅游景区营销管理 ·· 63
    任务二　掌握旅游景区的市场调查 ··· 69
    任务三　熟悉旅游景区市场细分与目标市场选择 ······················· 73
    任务四　运用旅游景区的营销组合策略 ······································ 78

模块四　关注旅游景区游客管理 ·· 91
    任务一　了解旅游景区游客管理的概念 ······································ 91
    任务二　理解旅游景区游客的行为特征 ······································ 98
    任务三　掌握旅游景区游客行为管理 ··· 104

任务四　掌握旅游景区游客体验管理 …………………………… 114

模块五　感知旅游景区服务质量管理 …………………………………… 122
　　　任务一　了解旅游景区服务质量管理规范 …………………… 122
　　　任务二　掌握旅游景区食宿服务质量管理 …………………… 130
　　　任务三　掌握旅游景区娱乐购物服务 ………………………… 138
　　　任务四　掌握旅游景区交通服务 ……………………………… 145

模块六　体验旅游景区设施设备管理 …………………………………… 156
　　　任务一　熟悉旅游景区的设施设备 …………………………… 156
　　　任务二　掌握旅游景区设施设备的管理 ……………………… 169

模块七　谈谈旅游景区人力资源管理 …………………………………… 181
　　　任务一　了解旅游景区人力资源管理 ………………………… 181
　　　任务二　掌握旅游景区人力资源管理过程 …………………… 186

模块八　分析旅游景区财务管理 ………………………………………… 202
　　　任务一　了解旅游景区财务管理 ……………………………… 203
　　　任务二　掌握旅游景区财务管理内容 ………………………… 207
　　　任务三　掌握旅游景区财务创收与成本控制 ………………… 220

模块九　协调旅游景区社区管理 ………………………………………… 228
　　　任务一　了解旅游景区社区管理 ……………………………… 228
　　　任务二　理解旅游景区社区参与内容与方式 ………………… 232
　　　任务三　协调游客与当地居民关系 …………………………… 237

模块十　聚焦旅游景区安全管理 ………………………………………… 244
　　　任务一　了解旅游景区安全机制建设 ………………………… 245
　　　任务二　掌握旅游景区安全事故预防及处理 ………………… 252
　　　任务三　熟悉旅游景区专项安全管理 ………………………… 261

模块十一　重视旅游景区品牌管理 ·· 272
　任务一　了解旅游景区品牌 ·· 272
　任务二　理解旅游景区品牌塑造 ·· 279
　任务三　掌握旅游景区品牌管理 ·· 285

模块十二　探究旅游景区信息化管理 ·· 294
　任务一　了解旅游景区信息资源 ·· 294
　任务二　掌握旅游景区电子门票信息系统 ·· 303
　任务三　熟悉旅游景区网络营销 ·· 311

参考文献 ·· 322

模块一　走近旅游景区

旅游景区是旅游业的重要组成部分,它不仅是旅游活动的空间载体,更是激发旅游者产生旅游动机的重要因素。旅游业六大要素"吃、住、行、游、娱、购"及其相关服务都要依附于旅游景区,其中游、娱二要素与旅游景区的关系尤为密切。

学习目标

1. 知识目标

（1）掌握旅游景区的含义及世界遗产的概念,了解中国被列入《世界遗产名录》的旅游景区。

（2）掌握旅游景区分类和主要类型的特点。

（3）了解旅游景区管理的概念、任务及原则。

（4）掌握我国旅游景区的管理体制。

2. 技能目标

（1）树立旅游资源的保护意识,尤其是中国列入《世界遗产名录》的旅游景区。

（2）能够判断旅游景区的类型,分析不同旅游景区的特点。

（3）能够对旅游景区管理提出建设性的意见。

任务一　了解旅游景区的概念

【工作情境】

根据专业人才培养方案的安排,郑州某职业院校旅游管理专业学生在大三年级将进行为期半年的旅游企业顶岗实习,其中30名学生被分配到某5A旅游景区。顶岗实习从旅游景区组织的为期一周的全体员工培训开始,培训的内容包括该旅游景区的发展历程、企业文化、管理特色等。专业培训的第一课,培训老师让同学们分组讨论案例。

案例讨论

案例1　中国式"威尼斯"——乌镇

乌镇旅游发展可追溯至20世纪90年代。乌镇于1991年被列为浙江省历史文化名镇,继而又与其周边的5个江南古镇一起被列入世界文化遗产预备清单。1999年,上海同济大学历史文化名城研究中心制定了《乌镇古镇保护规划》,同年,乌镇古镇保护与旅游开发管理委员会正式成立,乌镇开始正式走向旅游景区发展道路,并采取"先规划,后发展"的开发思路,形成了乌镇模式。

"乌镇模式"受到联合国专家考察组的关注。专家认为,乌镇模式以"整体产权开发、复合多元运营、度假商务并重、资产全面增值"为核心,观光与休闲度假并重,门票与经营复合,实现了"高品质文化型综合旅游目的地建设与运营"。

目前,乌镇年接待中外游客约400万人次,旅游年收入达3亿元以上。乌镇本地的风俗文化通过各种形式被艺术化、舞台化地再现,乌镇已成为一座精品化的中国式"威尼斯"。

资料来源:中国旅游报,2011年12月9日。

案例2　教授团队打造的农业科普旅游景区新典范

在陕西,有这么一个教授团队,在全国高校博物馆普遍处于"养在深闺无人识"的现状下,他们积极探索与众不同的旅游景区化发展思路,凭借一腔热情和对接市场的创新意识,完成了从"校内"向"公众"的成功突围,不仅使一个原本"不为外人道也"的高校博物馆成了全国高校博物馆园区建设的一面旗帜和远近闻名的大旅游景区,而且造就了一个全国农业科普旅游景区的新典范。这,就是西北农林科技大学教授团队合力打造的国家4A级旅游景区——杨凌农林博览园。

2001年10月,杨凌农林博览园建设项目正式启动,形成以"教学、科研、科普、旅游"于一体的多功能产品体系。2005年10月,杨凌农林博览园开园,最先建成的建筑面积3 600平方米的昆虫馆三期全面开放。杨凌林博览园开园的消息传得很快,全国各地很多博物馆和企业前来参观后纷纷称赞,第一年就接待了4万人。"酒香也怕巷子深"。对市场进行考察后,农林博览园开始从"口口相传"向"主动出击"的宣传模式进行转变。同时,积极迎合游客消费心理,与市场接轨,在"门票经济"之外寻找多元化增收渠道,探索出了一条真正适合于旅游景区型高校博物馆的"蜕变之路"。

资料来源:中国旅游报,2011年12月7日。

案例分析：

乌镇和杨凌农林博览园都称作旅游景区，但一个是城镇，一个是大学博物馆，无论是地域范围还是核心资源都相差很多，那么，它们有什么共同的特点呢？

【任务执行】

1. 任务发布

总结旅游景区的概念及内涵。

2. 任务分析

通过分析乌镇和杨凌农林博览园的构成要素和特点，调查周边不同类型的旅游景区，总结出旅游景区的概念及内涵，并举例说明旅游景区的构成要素。

3. 任务实施

(1) 调查旅游景区的特点及形成条件。

(2) 总结归纳旅游景区的概念及内涵，并形成任务成果书（表1-1）。

表1-1 任务成果书

任务成果书	
实训任务：归纳总结旅游景区的概念及内涵	任务性质：个人任务
成果名称：旅游景区的概念性研究	
成果要求： (1) 阶段成果：调查不同旅游景区的特点及形成条件 (2) 最终成果：旅游景区的概念和内涵的归纳总结	
成果形式：调查报告（不少于2 000字，A4纸双面打印，标页码），附调查问卷	

【相关知识】

一、旅游景区的概念

旅游景区有时也称旅游景点，两者的差别习惯上理解为空间区域尺度的不同，但在很多场合下，经常被互相混用不作区别。本书一般采用旅游景区这一概念。在英文中，旅游景区通常用 visitor attractions、tourist attractions 或 attractions 等词，有时也用 places of interests、site 等词。

随着旅游业的快速发展，工业、农业旅游兴起，使得工厂、农村都成为了游客的游览场所。今天旅游景区的外延已较几十年前大大扩展,凡旅游者游览经过之处都可以称为旅游景区。国家质量技术监督检验检疫总局颁布的《中华人民共和国旅游区(点)质量等级的划分与评定国家标准》(GB/T 17775—2003)中对旅游区进行了界定:"旅游区是以旅游及其活动为主要功能或主要功能之一的空间或地域,具有参观游览、度假、康乐健身等功能,具备相应旅游服务设施并提供相应旅游服务的独立管理区。"该管理区应有统一的经营管理机构和明确的地域范围,包括旅游景区、文博院馆、寺庙观堂、旅游度假区、自然保护区、主题公园、森林公园、地质公园、游乐园、动物园、植物园,以及工业、农业、经贸、科教、军事、体育、文化艺术等各类旅游区(点)。

一般而言,旅游景区所包含的范围比旅游区窄、面积小,通常是具有一定空间范围和边界,由各个相对独立的旅游景点组合成的旅游区域,其不仅包含若干特定的旅游景观,同时还包括为满足各种旅游活动所提供的旅游设施和服务条件,应该是一个实体单位。

 特别提示

旅游资源是旅游景区的素材,是旅游景区产品的核心内容;景点一般是单一的特定的景观或活动,还适当配以必要的设施和条件;旅游景区是由若干个相互依赖的景点组合,并具备必要的生活服务设施;旅游区一般包含多个旅游景区,其界线一般与行政区域一致;旅游目的地在范围上比旅游景区大,包括多个旅游景区,一般包括一到数个旅游中心城市。

二、旅游景区应具备的条件

根据以上旅游景区的概念分析,旅游景区应具备以下几个条件:

(一)旅游景区要具有特定的旅游吸引物

旅游吸引物是旅游景区的核心,也是吸引游客向往的根本所在,其中旅游资源是旅游景区吸引游客的素材,旅游景区内的景点或活动是吸引游客的载体。无论是以经济开发为目的的旅游景区,还是以资源环境保护为主的旅游景区,或是以各种自然风光为主题的旅游景区,以文化内涵和活动内容为主题的旅游景区,都必须具有对旅游者产生较强的吸引力的旅游吸引物,并以这种特定的吸引物的文化内涵和活动内容区别于其他不同的旅游景区。没有特色的吸引物就不可能形成具有特色的旅游景区。

(二)旅游景区要有明确划定的地域范围

不论旅游景区的规模有多大,都有一个确定的管辖空间范围,其常表现为进入的限制性,也就是门票范围。旅游景区的空间范围划定,主要以旅游景区主体旅游吸引物为标准,即每一个景点都有多个不同特色的旅游吸引物为主体,并以此为核心组成一个旅游景区。旅游景区的经营管理者和游客必须在划定的范围内从事经营活动和旅游活动,而旅游景区的开发也是在确定的空间地域范围内进行规划设计、开发建设。

(三) 旅游景区必须具备必要的旅游设施和服务

旅游资源经开发后,必须具备相应的基础设施和服务接待配套设施,并提供相应的综合性旅游服务,这样,旅游景区的旅游功能才能得以发挥。这是旅游景区区别于旅游资源的关键。

(四) 旅游景区要有统一的管理机构

每个旅游景区要有明确的一个管理主体,对旅游景区内的旅游资源保护与开发、服务与经营,进行统一的管理。它是旅游景区管理的主体,是服务的供给方。这个主体可以是政府机构,或是具有部分政府职能的事业单位,也可以是独立的法人企业。

三、旅游景区的特点

旅游景区具有4个方面的特点。

(一) 综合性

旅游景区是由不同要素构成的,这些要素在不同的文化、经济、环境背景下相互组合成不同类型的旅游景区。构成旅游景区的每个要素的质量都必须是相互一致的,任何一个要素质量的优劣,都会影响游客的旅游质量。

旅游景区的旅游活动包含食、住、行、游、购、娱等六大综合性要素,旅游活动综合性要素越高,规模范围越大,旅游景区竞争力越强。

(二) 地域性

旅游景区是一个独立的地域空间范围,具有固定的经营服务场所。此外,地域性还表现在旅游景区的地域差异性上,即由于自然、历史、社会、文化、环境的影响,旅游景区特征也不尽相同。

(三) 功能性

旅游者进行旅游活动的原动力主要来自于对外界强烈的好奇心和满足放松身心、休闲度假的需要等。旅游功能是旅游景区吸引力的主要体现,是旅游景区的价值基础。不同类型的旅游景区具有不同的旅游功能,主要有观光游览、娱乐休闲、康体游憩、科学考察、文化教育等,但旅游景区能使游客从中获取愉悦、快乐感受的全新体验的基本功能是不变的。

> 行业新动态

灵山：创造未来的文化遗产

江苏无锡灵山旅游景区创业伊始，面对国内主题旅游景区一哄而上的局面，灵山文化旅游集团没有盲目跟风，而是思考如何将旅游景区建设和当地历史文化结合起来，发掘中国传统佛教文化中积极的部分，形成独特的文化景观。在这种思路的推动下，1994年，在沉寂了数百年的无锡马山秦履峰下，灵山大佛拔地而起。接下来的每一期工程，都是艺术家精心创作、工程技术人员精巧设计、传统与现代文化精准糅合的结晶。"九龙灌浴"在全国首创了大型动态音乐群雕的旅游范式，使灵山迎来了旅游新高峰，即便是发生非典的2003年，灵山旅游景区入园人数也比上年增长50%以上。

三期灵山梵宫，经历10年思考酝酿，5年创意策划，3年规划建设，仅设计方案就多达170多个，规划论证会更是开了不下千次。灵山文化旅游集团董事长吴国平表示，创意就是"无中生有"、"有中生无"。"无中生有"是"为了历史的必要性，去创造现实的可能性"；"有中生无"则要立足历史文脉，长出经济之叶，开出旅游之花，结出文化之果。

当前灵山人正在积极打造的五期工程，其换心项目是"马山国际旅游岛"，也是世界佛教论坛永久会址的配套工程，项目定名为"灵山小镇·拈花湾"。根据规划，"灵山小镇·拈花湾"将以禅意文化为主题，打造一座提供现代时尚生活方式的禅意风情度假小镇。小镇未来不仅将有最具禅境的湖畔精品酒店、最具禅味的人文会馆等休闲度假场所，还有多层次的文化、养生、互动、购物、娱乐场所。

根据国内旅游发展形势，灵山确定了由观光型文化旅游旅游景区向休闲度假体验型旅游目的地转型，由现在的"国内知名文化旅游旅游景区"向"国内一流、国际知名的创意文化旅游产业集成服务商"转型，坚持打造"中国最具市场价值的文化旅游品牌"和"中国著名文化旅游产业集团"的发展战略。

资料来源：中国旅游报，2014年4月21日，有改动。

业内点评：

江苏无锡灵山旅游景区的成功源于对当地历史文化背景的深度挖掘和对旅游市场的深入分析，从而让旅游景区的功能性更强，旅游景区特色更明显，从而满足旅游市场需求。

（四）创新性

旅游景区的创新性是指旅游景区不是一成不变的。一方面旅游景区可以依托原有自然和人文资源，经过设计、建设和改造，形成符合人们意愿和自然规律的旅游空间;另一方面一些旅游资源匮乏的地区,或为了增强旅游吸引力,或为了塑造地方形象标志,或为了营造地方文化展示场所,出现了完全再建性的旅游景区,如深圳华侨城的世界之窗和欢乐谷、上海东方明珠塔,各地的纪念馆和博物馆等。

任务二　掌握旅游景区的分类

【工作情境】

在旅游景区培训期间,培训老师给同学们布置了第二个任务:以小组为单位,对我国5A旅游景区进行资料搜集整理,并深入讨论旅游景区的类型和不同类型旅游景区的目标市场特征。

案例讨论

案例1　"农业起家、工业发家、旅游旺家"

进入21世纪后,江苏常熟市的蒋巷村人不仅解决了温饱问题,还成为周边有名的富裕村。从20世纪90年代起,全国劳动模范、蒋巷村党委书记常德盛就重视建设村级工业园、村民集中居住点,推进厂房和住宅集中布局,并委托同济大学编制了"生态村建设规划"。多年来,蒋巷村形成了常盛工业园、农民新家园、村民蔬菜园、生态种养园和千亩无公害粮油生产基地"四园一基地"的格局,既实现了经济繁荣发展,又保持了江南水乡田园之美。2004年,常德盛又创造性提出了三产兴村的新思路,即"农业起家、工业发家、旅游旺家"。

发展乡村旅游这个思路提出来后,常德盛就带着年轻人外出调研、取经。回来后,常德盛对蒋巷村乡村旅游的发展有了一个大思路:把蒋巷村整体建设成一个大旅游景区。并决定依靠工业反哺,先后投资上亿元,开河挖渠、建桥铺路、造楼修亭,精心开发"田园风光游""休闲生态游""民族风情游"等项目,同时借助沙家浜红色旅游及周边旅游风旅游景区的辐射效应,积极开发以新农村建设为基础的新农村考察游、以无公害粮油生产基地为依托的生态农业乡村游、以爱国主义教育基地为主要内容的中小学社会实践游等项目。如今,蒋巷村每年吸引游客10多万人次,旅游收入近千万元,成为"全国农业旅游示范点",实现了经济效益、生态效益和社会效益的互动三赢。

案例2　我带大家游校园

那一年,阳光和煦,懵懂的我们第一次跨入大连大学,开始了一段新的旅程;那一年,微风轻拂,热情的旅院学子挥洒着辛勤的汗水接待新生;那一年,杏花微雨,旅游学院的校园导游带着我们踏遍学校的每一处角落,留下了我们的足迹。这一年,不同的是我们作为新一届的校园导游,带领大家参观山脚下最美丽的大学,不由得感慨万千,终于可以作为一名旅游人来介绍我们深爱着的大学。

我们校园导游一行10余人,带领着各个学院的大连学子依次途经了新文科楼—钟楼广场—樱花园—迁徙园—青年林—金泽林—图书馆—回归园—新理科楼—博物馆等地,学校里可以自成景观的地方都有自己的故事,或是历经风雨,饱经沧桑,或是见证着大学的成长历史。总而言之,介绍起我们的大学总是有说不完的话,表不完的情,对于大连大学的爱更是溢于言表。不论走到哪里,身穿绿色院服的我们代表的都不仅仅是我们自己,我们的一言一行,举手投足间都得表现出一个旅游人的涵养。通过此次连大校园游活动,我觉得自身的价值也在不断提高,终于可以为学院尽一份心,出一份力,这让我觉得异常自豪。

我们所希望的是,作为一名深爱自己大学学子能够一届一届地弘扬校园精神,在帮助新同学适应大学的同时,可以更加清楚学校的历史与记忆,铭记身为连大人所应该承担的责任,恒久激励连大人锐意进取的爱校情怀。而我们每一名校园导游在履行职责的同时,也锻炼了我们自己的个人能力,对我们将来的专业发展也是一次不错的奠基。

案例3 暖炕申遗

韩国媒体报道称,韩国拟将暖炕技术申请世界非物质文化遗产。韩国国土海洋部表示,最快2015年正式启动暖炕申遗工作。此外,也有韩国媒体发表文章称,韩国暖炕技术申遗的最大障碍来自中国,由于中国也拥有暖炕文化,因此韩国须抢占先机加快暖炕技术申遗。该文章认为,暖炕是一种地热采暖技术,与中国北方的火炕技术类似。消息曝出,迅速引起了中国网友的热议,不少网友建议和呼吁有关部门把与暖炕技术类似的火炕技术申请世界非物质文化遗产。从端午祭的抢注,到暖炕的抢申,处于同一个传统文化生态圈的韩国和中国,在文化遗产的申请中,一直都有许多类似之处,因此也引发了许多争议。

究竟应该如何对待文化遗产,有人认为中国的文化遗产被别人抢注,对于中国来说是一大损失;也有人认为,文化并非物质形态,并不是非此即彼的,它本身是共有的,申请非遗并不能因此独占文化,而且也不宜独占。对此,著名社会学家、北京大学教授夏学銮说:"人们对于抢注的行为有抵触心理可以理解,也有一定的道理,不过文化本身具备共通性,并非谁申请了就归谁所有,更重要的是,申请非遗只是开发和保护文化遗产的一种方式,而且,保护更加重要。现实的问题是,很多人可能过于重视申请,而在保护文化遗产的工作上做得不够,这是值得注意的。"

案例分析:

案例中提到的乡村、校园属于不同类型的旅游景区,针对不同的游客群体。而暖炕要申请非物质文化遗产,非物质文化遗产是世界遗产的一种类型,世界遗产和旅游景区的关系又非常密切。

【任务执行】

1. 任务发布

旅游景区类型的调查研究和分类整理。

2. 任务分析

结合不同游客群体的旅游偏好,对我国5A旅游景区进行资料收集和分类整理,了解不同类型的旅游景区吸引的游客类型分析各类旅游景区的核心特质。

3. 任务实施

(1)调查不同类型旅游景区对不同游客群体的吸引力。

(2)提出各类旅游景区的核心特质,并形成任务成果书(表1-2)。

表1-2 任务成果书

任务成果书	
实训任务:5A旅游景区核心吸引力调查	任务性质:小组任务
成果名称:5A旅游景区核心吸引力调查报告	
成果要求: (1)阶段成果:不同类型的5A旅游景区核心吸引力调查 (2)最终成果:各类旅游景区的核心特质	
成果形式:调查报告(不少于2000字,A4纸双面打印,标页码),附调查问卷	

【相关知识】

一、按照旅游资源的特征划分

(一)自然类的旅游景区

以自然景观为主的旅游景区称为自然类旅游景区。它是在一定地域环境中形成的、能吸引游客前往旅游的由山地水体、气象气候、动植物等自然地理要素所构成的地域组合,是旅游景区中分布最广、比重最大,最为普遍、最受欢迎的一种类型。其主要包括各类山河湖海自然风旅游景区,国家公园、森林公园、地质公园、自然保护区、野生动物园等,如桂林山水、湖南张家界、四川九寨沟、吉林长白山天池、青海的青海湖(图1-1)等。

图1-1 青海湖

(二)人文类的旅游景区

以人文景观为主的旅游景区称为人文类旅游景区。它是在人类生产、生活活动中形成的艺术和文化,是能够激发游客进行旅游活动的物质财富和精神财富的总和,主要包括各类历史文化名城、古代工程建筑、古代宗教遗址、古代园林及综合型人文旅游地等。典型的代表如北京的故宫、八达岭长城、颐和园,福建的永定土楼(图1-2),河南开封的清明上河图(图1-3)。

图1-2 福建永定土楼

图1-3 开封清明上河园

(三)复合类旅游景区

复合类旅游景区是指具有丰富的自然资源和人文资源,两者相互映衬、相互依存而形成的相对独立的旅游景区。复合类旅游景区的自然资源和人文资源的旅游价值均较高。典型的代表为泰山、五台山、峨眉山、黄山、西湖等。

(四)主题公园类的旅游景区

主题公园类的旅游景区是根据一个特定的主题,采用现代科学技术和多层次空间活动设置方式,集娱乐活动、休闲要素和服务接待设施于一体的现代化旅游目的地,是人类现代科学技术和劳动的结晶,以深圳华侨城集团下属的锦绣中华、民俗文化村、世界之窗、欢乐谷等为代表。

(五)社会类的旅游景区

传统的旅游景区首先要有一个围墙把它围起来,其次要有相应的传统资源,社会类的旅游景区基本上是一个综合性的,具有相应独特性的,超越了传统概念的旅游景区。其中比较典型的就是工业旅游、观光农业、采摘林业、观赏林业、休闲渔业,等等,如以北大为代表的高校旅游,海尔集团、青岛啤酒等工业集团为代表开发的工业旅游景区。社会类旅游景区是利用社会资源来开发旅游,而且形成了一定的规模。

二、按照旅游景区的功能和设施划分

(一)观光型旅游景区

观光型旅游景区以观光为主要功能,旅游吸引物主要以观赏性较强的自然景观和人文景观为主,以观光游览为主要的旅游活动,其设施主要以方便游客而建设。这类旅游景区一般都具有较高的审美价值,能够满足游客观赏游览的需求。如张家界、黄山、厦门鼓浪屿等。

(二)度假型旅游景区

以度假为主要功能,旅游吸引物主要是宜人的气候、安静的环境、高等级的环境质量、优美的景观和舒适的度假设施。根据度假活动内容可分为海滨度假区、山地度假区、温泉度假区、滑雪度假区、高尔夫度假区等。如三亚的亚龙湾、秦皇岛的北戴河(图1-4)等。

图1-4 北戴河

(三)生态型旅游景区

这类旅游景区以保护生态环境、珍稀物种,维护生态平衡为主要功能。这类旅游景区的生态环境较好,一般都拥有一些珍稀物种(图1-5、图1-6分别为广州长隆野生动物世界的梅花鹿、火烈鸟),需要进行保护,这对于维护区域生态平衡和保持生物多样性具有重要作用。如森林公园、湿地、动物保护区、自然保护区等。

图1-5 广州长隆野生动物世界的梅花鹿

模块一 | 走近旅游景区

图1-6 广州长隆野生动物世界的火烈鸟

☞ 行业新动态

沈阳将划定湿地保护红线

为遏制城市湿地面积减少,防止生态功能退化,辽宁省沈阳市林业局近日启动了沈阳市湿地保护红线规划工作,计划于今年年底完成摸底调查,2016年3月完成全部工作。红线划定后,湿地保护将坚持湿地面积不缩小、湿地性质不改变以及湿地功能不破坏三条底线,并力争在此基础上实现湿地生态产业化、产业发展生态化。利用发展生态项目将资金注入湿地保护工作中,从而实现生产与保护双赢的良性循环。

据悉,沈阳市相关部门将通过对自然湿地,包括河流、湖泊、库塘以及沼泽湿地进行全面核查,科学划定沈阳市湿地保护红线,明确具体的保护范围和界线。接下来将制定沈阳市红线保护目标,争取逐步扩大湿地面积。据了解,沈阳市湿地资源极为丰富,拥有10.8万公顷湿地,占全市国土面积的8%。

资料来源:中国旅游报,2014年4月16日。

业内点评:

作为"地球之肺"的湿地旅游景区,从原生态的自然环境到纯天然的自然风光,深深吸引着广大游客"回归自然"的旅游冲动。

(四)科学考察型旅游景区

这类景区以科学考察和普及科教知识为主要功能,旅游景区的吸引物以具有较高科学研究价值和科学教育价值的景观资源为主,主要是以满足游客求知为目的,如地质公园、天文馆,湖北神农架等。

（五）娱乐体验型旅游景区

以满足游客游乐体验为主,旅游景区吸引物主要是现代化游乐设施,如深圳的欢乐谷、珠海的珍珠乐园(图1-7)、美国的迪斯尼乐园等。

图1-7 珠海珍珠乐园

三、按照旅游景区的等级划分

根据国家质量监督检验检疫总局2004年发布的《旅游区(点)质量等级的划分与评定(修订)》(GB/T 17775—2003),将旅游区(点)质量等级划分为5级,从高到低依次为 AAAAA、AAAA、AAA、AA、A 级旅游区(点),俗称1A、2A、3A、4A、5A级,其中1A等级最低,5A等级最高。

 特别提示

旅游景区的分类不是绝对的,还有许多其他的分类方法,现有的这些类型随着旅游业的发展和旅游景区产品的不断改造和创新,其资源的属性和类别也将发生一定的变化。

☞ 行业新动态

浙江:"购物"旅游景区危机中谋变革

《旅游法》实施后,各旅行社对购物项目十分敏感,游客对购物旅游存在着解读误区,有些地方则建议不要再发展购物旅游了……那么,面对旅游产业加速融合发展的新购物时代,地方对购物旅游是一如既往地提倡还是毫不犹豫地放弃?浙江省旅游局多举并措对地方购物旅游的健康发展进行了引导,义乌、海宁、诸暨等地的"购物"旅游景区(点)则亮出了他们的发展举措。他山之石可以攻玉,望他们的经验能给其他购物旅游景区(点或者街区)的发展给予正能量的借鉴。

近年来,浙江多举并措推进购物旅游的健康发展,其中包括通过创建旅游强县等途径,加强旅游基础服务设施建设的完善;通过创建A级旅游景区等方式,培育一批能够诚信经营的具有地方特色的旅游购物旅游景区(点);通过开展大型展会等形式,全方位地推广浙江旅游商品等。据不完全统计,目前,通过浙江省A级旅游旅游景区评定,被评为四星级(含四星)以上的购物旅游景区有杭州市清河坊历史街区、海宁中国皮革城景区、诸暨华东国际珠宝城、义乌国际商贸城购物旅游区等。通过浙江省《旅游商品购物点质量等级划分与评定》标准,被评为四星级(含四星)以上的旅游购物点有桐乡世贸中心、平湖中国服装城、宁波陆龙兄弟海产中心(公示期)、桐乡濮院毛衫品牌直销中心、萧山众安恒隆广场等。

资料来源:中国旅游报,2013年12月11日,有改动。

业内点评:

A级旅游景区的划分与评定,从旅游景区服务内容、服务质量等方面提升了旅游景区价值,规范了旅游景区的经营与服务,游客权益得到保护。

四、特殊的旅游景区——世界遗产

《保护世界文化和自然遗产公约》是联合国教科文组织于1972年11月16日在第17届大会上正式通过的,其目标是为保护具有突出的普遍价值的文化和自然遗产,建立一个以现代科学方法制定的永久性制度,为具有突出的普遍价值的文物、建筑群、遗址、自然面貌和动植物的生存环境提供紧急和长期的保护。1976年,隶属于联合国教科文组织的世界遗产委员会成立,并建立《世界遗产名录》。每年举行一次的世界遗产委员会会议对申请加入世界遗产组织的各国文化和自然遗产进行审批,合格者列入《世界遗产名录》。

截至2013年6月27日第37届世界遗产大会结束,《世界遗产名录》收录的全球世界遗产总数已增至981项,其中包括759项世界文化遗产(含文化景观遗产)。

(一)世界遗产的种类

世界遗产分为:自然遗产(natural heritage)、文化遗产(cultural heritage)、自然遗产与文化遗产混合体(双重遗产)、文化景观(cultural landscapes)、口述与非物质文化遗产(Proclamation of Masterpieces of the Oral and Intangible Heritage of Humanity)。其定义和认定条件分别为:

1. 世界文化遗产

(1)《保护世界文化和自然遗产公约》规定,属于下列各类内容之一者,可列为文化遗产:

①文物。从历史、艺术或科学角度看,具有突出的普遍价值的建筑物、雕刻和绘画,具有考古意义的成分或结构,铭文、洞穴、住区及各类文物的综合体。

②建筑群。从历史、艺术或科学角度看,因其建筑的形式、同一性及其在景观中的地位,具有突出的普遍价值的单独或相互联系的建筑群。

③遗址。从历史、美学、人种学或人类学角度看,具有突出的普遍价值的人造工程或人与自然的共同杰作以及考古遗址地带。

(2)凡提名列入《世界遗产名录》的文化遗产项目,必须符合下列一项或几项标准方可获得批准:

①代表一种独特的艺术成就,一种创造性的天才杰作。

②在一定时期内或世界某一文化区域内,对建筑艺术、纪念物艺术、城镇规划或景观设计方面的发展产生过大影响。

③能为一种已消逝的文明或文化传统提供一种独特的至少是特殊的见证。

④可作为一种建筑或建筑群或景观的杰出范例,展示出人类历史上一个(或几个)重要阶段。

⑤可作为传统的人类居住地或使用地的杰出范例,代表一种(或几种)文化,尤其在不可逆转之变化的影响下变得易于损坏。

⑥与具有特殊普遍意义的事件或现行传统或思想或信仰或文学艺术作品有直接或实质的联系。(只有在某些特殊情况下或该项标准与其他标准一起作用时,此款才能成为列入《世界遗产名录》的理由)

2. 世界自然遗产

(1)《保护世界文化与自然遗产公约》给自然遗产的定义是符合下列规定之一者:

①从美学或科学角度看,具有突出、普遍价值的由地质和生物结构或这类结构群组成的自然面貌。

②从科学或保护角度看,具有突出、普遍价值的地质和自然地理结构以及明确划定的濒危动植物物种生态区。

③从科学、保护或自然美角度看,具有突出、普遍价值的天然名胜或明确划定的自然地带。

(2)列入《世界遗产名录》的自然遗产项目必须符合下列一项或几项标准并获得批准:

①构成代表地球演化史中重要阶段的突出例证;

②构成代表进行中的重要地质过程、生物演化过程以及人类与自然环境相互关系的突出例证;

③独特、稀有或绝妙的自然现象、地貌或具有罕见自然美的地带;

④尚存的珍稀或濒危动植物种的栖息地。

3. 世界文化与自然遗产(双重遗产)

《保护世界文化与自然遗产公约》规定同时符合文化和自然遗产的可认定为世界文化与自然遗产,即双重遗产,如我国的泰山、黄山、武夷山、峨眉山、乐山大佛就属于此类型。

4. 文化景观

文化景观这一概念是1992年12月在美国圣菲召开的联合国教科文组织世界遗产委员会第16届会议时提出并纳入《世界遗产名录》中的。文化景观的代表是《保护世界文化和自然遗产公约》第一条所表述的"自然与人类的共同作品"。文化景观的选择应基于它们自身的突出、普遍的价值,其明确划定的地理——文化区域的代表性及其体现此类区域的基本而具有独特文化因素的能力。它通常体现持久的土地使用的现代化技术及保持或提高景观的自然价值,保护文化景观有助于保护生物多样性。一般来说,文化景观有以下类型:

(1)由人类有意设计和建筑的景观。包括出于美学原因建造的园林和公园景观,它们经常(但并不总是)与宗教或其他纪念性建筑物或建筑群有联系。

(2)有机进化的景观。这类景观产生于最原始的一种社会、经济、行政以及宗教需要,并通过与周围自然环境的相联系或相适应而发展到目前的形式。它又包括两种亚类型:一是残遗物(或化石)景观,代表一种过去某段时间已经完结的进化过程,不管是突发的或是渐进的。它们之所以具有突出、普遍价值,还在于显著特点依然体现在实物上。二是持续性景观,它在当今与传统生活方式相联系的社会中,保持一种积极的社会作用,而且其自身演变过程仍在进行之中,同时又展示了历史上其演变发展的物证。

(3)关联性文化景观。这类景观列入《世界遗产名录》,以与自然因素、强烈的宗教、艺术或文化相联系为特征,而不是以文化物证为特征。目前,我国列入《世界遗产名录》的文化景观还不多,庐山风景名胜区是我国"世界遗产"中的唯一文化景观。

5. 口述与非物质文化遗产

1997年11月,联合国教科文世界遗产组织第29次大会正式通过了建立"口述遗产与非物质文化遗产"的决议。2001年5月18日,首批19个项目作为"口述与非物质文化遗产"(简称非物质文化遗产)被纳入世界遗产保护范畴,中国昆曲名列榜首。以后联合国教科文组织每两年评选一次,每个国家每次最多申报一个。

"口述与非物质文化遗产"又称无形遗产,是相对于有形遗产,即可传承的物质遗产而言的概念。其定义是:传统的民间文化是指来自某一文化社区的全部创作,这些创作以传统为依据、由某一群体或某一些个体所表达并被认为是符合社区期望的,作为其文化和社会特征的表达形式、准则和价值,通过模仿或其他方式口头相传,即具有特殊价值的文化活动和口头文化表述形式,其中包括语言、文学、音乐、舞蹈、游戏、神话、宗教礼仪、风俗、手工艺、建筑、计算以及各种艺术表达手段。

 特别提示

人类口述和非物质遗产又称无形遗产,是相对于有形遗产,即可传承的物质遗产而言的概念。是指各民族人民世代相承的、与群众生活密切相关的各种传统文化表现形式(如民俗活动、表演艺术、传统知识和技能,以及与之相关的器具、实物、手工制品等)和文化空间。口述与非物质文化遗产是旅游景区的重要资源,本身不是旅游景区。

知识链接

昆曲——世界非物质文化遗产代表作

昆曲是中国最古老的、也是最有影响力的一个剧种,也称昆山腔、昆剧。昆曲起源于苏州昆山。根据明代(1368—1644)人士魏良辅《南词引正》为元朝(1279—1368)末年顾坚所创始。一般认为昆曲在明代嘉靖年间,由魏良辅吸收海盐腔、弋阳腔的音乐给以加工提高,其影响日益扩大。魏良辅配合传奇作家梁辰创作了《浣纱记》,使之成为符合昆腔韵律的脚本,对昆腔的传播起了推动的作用。

昆曲腔调细腻婉转,因而也有"水磨腔"的美称。一部戏曲通常包括至少24折,包括独唱、复杂的故事主线和次要情节,题材涉及人或神。昆曲以12个演员通过手势、身段、打斗招式、杂技和一些程式化的舞蹈和歌唱来表现,并由管弦乐和打击乐器伴着吟唱和表演。昆曲还产生了许多支派,如北昆、湘昆、川昆、宁昆,等等。但是在清朝中叶,昆曲逐渐走向衰落,在新中国成立前几乎绝迹于舞台,新中国成立以后,政府对这一珍贵剧种进行抢救、整理,昆曲又焕发了新的生命力。

昆曲经常演出的传统剧目有《游园惊梦》《思凡》《跪池》《醉皂》《痴梦》等,以及经过整理加工的《十五贯》《太白醉写》《西园记》等。

(二)中国世界遗产概况

中国于1985年11月12日加入《保护世界文化和自然遗产公约》缔约国的行

列。1999年中国当选为世界遗产委员会成员。中国于1986年开始向联合国教科文组织申报世界遗产项目。截至2014年6月,中国共拥有47项世界遗产(其中世界文化遗产33项,世界自然遗产10项,文化和自然双重遗产4项,详见表1-3),遗产总数名列世界第2位,仅次于意大利的49项。

表1-3 中国世界遗产名录

序号	地域名称	批准时间	遗产种类
1	长城	1987.12	文化遗产
2	北京故宫、沈阳故宫	1987.12	文化遗产
3	陕西秦始皇陵及兵马俑	1987.12	文化遗产
4	甘肃敦煌莫高窟	1987.12	文化遗产
5	北京周口店北京猿人遗址	1987.12	文化遗产
6	山东泰山	1987.12	文化与自然双重遗产
7	安徽黄山	1990.12	文化与自然双重遗产
8	湖南武陵源国家级名胜区	1992.12	自然遗产
9	四川九寨沟国家级名胜区	1992.12	自然遗产
10	四川黄龙国家级名胜区	1992.12	自然遗产
11	西藏布达拉宫	1994.12	文化遗产
12	河北承德避暑山庄及周围寺庙	1994.12	文化遗产
13	山东曲阜的孔庙、孔府及孔林	1994.12	文化遗产
14	湖北武当山古建筑群	1994.12	文化遗产
15	江西庐山风景名胜区	1996.12	文化景观
16	四川峨眉山—乐山风景名胜区	1996.12	文化与自然双重遗产
17	云南丽江古城	1997.12	文化遗产
18	山西平遥古城	1997.12	文化遗产
19	江苏苏州古典园林	1997.12	文化遗产
20	北京颐和园	1998.11	文化遗产
21	北京天坛	1998.11	文化遗产
22	重庆大足石刻	1999.12	文化遗产

续表

序号	地域名称	批准时间	遗产种类
23	福建武夷山	1999.12	文化与自然双重遗产
24	四川青城山和都江堰	2000.11	文化遗产
25	河南洛阳龙门石窟	2000.11	文化遗产
26	明清皇家陵寝:明显陵、清东陵、清西陵、盛京三陵	2000.11	文化遗产
27	安徽古村落:西递、宏村	2000.11	文化遗产
28	山西大同云冈石窟	2001.12	文化遗产
29	云南三江并流	2003.7	自然遗产
30	高句丽王城、王陵及贵族墓葬	2004.7	文化遗产
31	澳门历史城区	2005.7	文化遗产
32	四川大熊猫栖息地	2006.7	自然遗产
33	安阳殷墟	2006.7	文化遗产
34	中国南方喀斯特	2007.6	自然遗产
35	开平碉楼与村落	2007.6	文化遗产
36	福建土楼	2008.7	文化遗产
37	江西三清山	2008.7	自然遗产
38	山西五台山	2009.6	文化遗产
39	登封"天地之中"历史建筑群	2010.7	文化遗产
40	中国丹霞	2010.8	自然遗产
41	杭州西湖	2011.6	文化遗产
42	元上都遗址	2012.6	文化遗产
43	澄江化石地	2012.7	自然遗产
44	新疆天山	2013.6	自然遗产
45	红河哈尼梯田	2013.6	文化遗产
46	大运河	2014.6	文化遗产
47	丝绸之路	2014.6	文化遗产

行业新动态

西湖坚持做到"六个不"

2011年6月24日在巴黎举行的世界遗产委员会第35次大会上,"中国杭州西湖文化景观"被列入《世界遗产名录》。西湖申遗的目的是保护西湖、造福后代,让西湖再活一个2000年。保护西湖始终是西湖的永恒主题。杭州市承诺,西湖申遗后,坚持做到"六个不"。

一是"还湖于民"目标不改变。自2002年开始,杭州实行"西湖免费开放",迄今已免费开放的公园景点共130余处,是中国第一家也是迄今为止唯一一家不收门票的5A级旅游景区。今后,杭州将继续坚持"还湖于民"目标不改变,坚持"免费开放西湖"不改变,使西湖成为世界人民的大公园。

二是门票不涨价。对因文物保护须限制客流量的灵隐、岳庙、六和塔、虎跑等景点,承诺门票不涨价。

三是博物馆不收费。自2003年开始,杭州在全国率先对博物馆、纪念馆、科技馆等公益性场馆实行免费开放,并出台优惠政策,开展青少年学生"第二课堂"活动,让青少年学生走进博物馆、纪念馆。今后杭州将继续坚持博物馆免费开放,并进一步加强建设,不断提高博物馆管理和服务水平。

四是土地不出让。对西湖风景名胜区的土地,杭州将严格按照《风景名胜区条例》等相关法律法规及《杭州西湖风景名胜区总体规划》的要求,严格保护好土地资源,绝对不搞经营性出让,坚决制止房地产开发项目,禁止设立与风景名胜资源保护无关的其他建筑物。

五是文物不破坏。今后,杭州将始终本着"保护第一、应保尽保"原则,对各类文化遗产进行全方位严格保护,不断完善保护体系,持续推进文化遗产保护修缮,积极挖掘整理历史文化碎片,促进文化遗产的合理利用。

六是公共资源不侵占。西湖是人民的西湖。西湖及其周边地区的每一方湖面、每一寸岸线、每一块绿地、每一处设施、每一个景观,都是极其宝贵的公共资源,都要让广大市民和中外游客共享。今后,杭州将建立健全西湖风景名胜区资源保护管理制度,绝不允许任何单位和个人侵占西湖的公共资源,实现公共资源利用效益的最大化、最优化。

资料来源:腾讯新闻。

业内点评:

作为世界遗产的杭州西湖,肩负着公共遗产资源的使命,在经营管理过程中,将旅游景区的公共教育和社会文化服务目标置于首位,实现了世界遗产的可持续发展。

> 知识链接

濒危世界遗产

　　列入《世界遗产名录》的古迹遗址、自然景观一旦受到某种严重威胁，经过世界遗产委员会调查和审议，可列入《处于危险之中的世界遗产名录》，以待采取紧急抢救措施。截至2012年，经过更新的《濒危世界遗产名录》中共有28个国家的38项世界遗产（包括文化遗产19项和自然遗产17项），其中濒危遗产数最多的国家是刚果（金），有5处；美国大沼泽地国家公园第二次进入名单；中国没有世界遗产位列"濒危名单"。

　　列入濒危世界遗产目录的遗产首先要具备世界遗产的资格，然后由于以下原因，面临被毁坏的危险：蜕变加剧；大规模公共或私人工程的威胁；城市或旅游业迅速发展计划造成的消失危险；土地的使用变动或易主造成的破坏；未知原因造成的重大变化；随意摒弃；武装冲突的爆发或威胁；灾害和灾变，如火灾、地震、山崩、火山爆发、水位变动、洪水、海啸等。

任务三　熟悉旅游景区管理

【工作情境】

　　旅游景区全体员工培训的最后一课是旅游景区管理，包括旅游景区的管理，旅游景区管理的特点，旅游景区管理的任务，应该遵循的管理原则等。30名顶岗实习同学接到的第三个培训任务是调查分析所在地区各旅游景区目前的管理状况。

> 案例讨论

案例1　精细化管理，让水洞沟离5A越来越近

　　国家5A级旅游景区是衡量一个旅游景区综合实力的重要依据。自2009年水洞沟被认定为国家4A级旅游景区以来，宁夏水洞沟旅游开发有限公司就一直把创建"国家5A级旅游景区"当作行动指南，围绕"建精品旅游景区，创全国文明，闯国际市场，树世界品牌"的工作目标，编规划、筹资金，加快基础设施建设、强化旅游景区服务设施建设。依照"文明开发、文明经营、文明管理、文明服务"的管理理念和科学的发展观念，努力提升旅游景区的文化氛围和环境改善，使旅游景区在文物保

护、基础设施建设、环境优化、管理水平和服务接待能力等各方面都发生了巨大的变化,取得了显著的经济效益和社会效益。

为了达到国家5A级旅游景区标准,宁夏水洞沟旅游开发有限公司走出去学习,请进来指导。公司引入旅游标准化管理模式、员工培训模式、安全管理模式、绩效工资模式、质量管理模式等各种管理模式。这些管理模式贯穿企业的劳动纪律、质量、营销、安全、卫生等方方面面,不但对员工的收入、提升、荣誉等方面进行规范化管理,而且对规范着装、佩证上岗、文明用语等方面都有详细的规范。

从最初的仅靠规章制度管理,到增加岗位职责绩效考核,再到增加岗位工作标准化水平管理;从多种业务融合到一个部门管理,到细分任务、增加业务部门管理;从减员增效到增员增效,水洞沟旅游景区的每一步都走出了有自己特色化管理的路子。现在,旅游景区正按照旅游标准化实施科学管理,不断提高管理水平,以快速提高水洞沟旅游景区知名度,取得更好的经济效益和社会效益,加速水洞沟的5A梦早日实现。

案例2　九寨沟的环保设施和人性化管理

在九寨沟,不仅山美水美,环保设施和人性化管理也成了这里另一道风景。九寨沟旅游景区环保措施保障了这里有一个良好的旅游环境。为解决汽车尾气污染,九寨沟旅游景区管理处购进了目前国内最先进的环保车。在环保的基础上,更注重观光、舒适的要求;在人行栈道上,我们经常可以看到几棵小树穿道而过。九寨沟不仅尽可能地保护树木,而且栈道是架空铺设的,保护了下面的草丛和植被。正在建设的诺日朗餐厅外观完全保留了藏、羌民居的建筑风格,分别供应中式、藏式和西式食品。餐厅将完全贯彻环保理念,除餐具全部运往沟外清洗外,食品菜蔬也将由在沟外专门建设的配送中心提供。游人如厕是个大问题。九寨沟在长海、镜海等游人较密集的地方建起了20个环保型生态厕所。环保型厕所采用电子监控,自动更换保洁用袋,排泄物通过自动打包后,由专用清洁车运出旅游景区进行处理。并购进8辆车载式流动厕所,一次性解决环保、如厕问题。

九寨沟旅游景区管理处处体现人性化关怀。修建十几处钢架结构游人休息厅,集观光、休息、购物(限饮料、干杂食品)于一体,每个休息厅可容纳50至100人;在熊猫海、五彩池、长海等7处铺设了近20公里的人行栈道,真正实现了人车分流。栈道的增设和加宽,不仅保证了"行"的安全,而且使游客可从多个角度观赏景观。九寨沟的许多标志也令人耳目一新,看着可爱的大熊猫图案,一种被关心的感觉(而不是被呵斥)油然而生。更令人感动的是,为了节约用水,工作人员将水装在瓶子中,如厕后,工作人员用瓶子中的水为你冲手。

案例分析:

九寨沟是5A级旅游景区,水洞沟正在争创5A级旅游景区,我国现在旅游景区实行5A级标准化管理,不同A级旅游景区有着不同的评定标准,标志着旅游景区质量水平的高低,当然也体现出旅游景区的管理水平。

【任务执行】

1. 任务发布

结合宁夏水洞沟旅游景区和九寨沟旅游景区的管理经验,调查所在地旅游景区的管理模式和特点。

2. 任务分析

通过对旅游景区管理概念的掌握,调查旅游景区的管理模式,总结旅游景区管理的特点和应遵循的原则。

3. 任务实施

(1)调查旅游景区的管理模式和特点。

(2)提出旅游景区管理应遵循的原则,并形成任务成果书(表1-4)。

表1-4 任务成果书

任务成果书	
实训任务:旅游景区管理模式的调查	任务性质:小组任务
成果名称:旅游景区管理模式的调查报告	
成果要求: (1)阶段成果:旅游景区管理模式的调查 (2)最终成果:旅游景区管理的特点和原则	
成果形式:调查报告(2000字,A4纸双面打印,标页码),附调查问卷	

【相关知识】

一、旅游景区管理的概念

(一)旅游景区管理的定义

旅游景区管理是指旅游景区的管理机构和管理者通过有效运用旅游景区的人力、物力、财力、信息等资源,为实现旅游景区社会效益、经济效益和环境效益的最大化,并实现旅游景区可持续发展的动态创造性活动。

旅游景区管理作为一个统一体由两方面组成:管理的主体和客体。管理的主体就是指旅游景区的管理机构和管理者,通常由四部分组成:决策者、执行者、监督者、参谋者。管理客体就是旅游景区实体,即旅游景区管理的对象和内容。包括旅游景区人、财、物、信息、形象、旅游景区的市场和业务,以及与旅游景区业务和效益相关的所有方面。

在管理中,管理主体起着主导作用,决定和支配着客体的运动,因此,管理主体的主观能动作用就显得特别重要。管理主体发挥积极作用的程度,依赖于主体本身素质的高低。

(二)旅游景区管理的特点

由于旅游景区管理的对象、内容以及其产品都不同于一般的工业企业和商业部门,甚至与本行业中的饭店、旅行社、旅游交通业的管理有着很大的差异。旅游景区的管理呈现出如下特点:

1. 综合性

旅游景区管理的综合性是由旅游景区本身的特点和管理的目的所决定的。旅游景区是由旅游吸引物、旅游设施和旅游服务所构成的地域综合体,其内部构成要素复杂多样,要求管理者既要管理好旅游资源及其生存的环境,又要对旅游资源进行合理有效的开发利用,使之成为游客喜爱的旅游产品,并且要保证游客的游览安全;同时要为游客提供食、住、行、游、购、娱等方面周到、舒适、安全、快捷的服务,因此旅游景区管理的内容和过程具有明显的综合性。

2. 服务性

首先,从行业分类上看,旅游业属于服务行业。其次,从旅游景区产品的内涵上看,服务占其产品的重要位置。因为一定的景物、设施和设备虽然本身具有服务功能,但却不能自动实现其功能,其功能的发挥必须依靠人的服务劳动才能得以实现,或者说,只有通过人的服务,景物、设施和设备的价值和使用价值才能得到实现。所以服务是旅游景区产品组合的重要部分,是景物、设施和设备的价值和使用价值得以实现的决定性因素。最后,管理者也是服务者,由于旅游景区工作部门多、分工细,管理者在实施各项管理职能、加强管理的同时,要树立为一线人员服务、为各专业人员服务、为各部门服务的意识,尽力为他们解决生产、生活中遇到的各种问题和困难。

3. 永续性

旅游景区大部分产品出售时只是发生使用权的暂时转移,购买者既没有占有,也不能将其带走,得到的只是使用或享受后的感觉。经营者可在不同的时间,甚至可以在相同的时间出售给不同的购买者。这样就使旅游景区管理具有了永续性的特征,即可以永远(相对的)地经营同一种产品或一件产品。因此,经营过程中,如何有效地保护产品,延长产品的使用周期,如何让产品增值、保值是管理工作中必须考虑的一个问题。

4. 文化性

旅游、休闲是人的一种精神消费或一种文化活动,是增长知识、丰富见闻、消除疲劳、愉悦精神、调适情绪等的活动。而为游客的旅游、休闲活动提供服务的旅游景区管理也必然具有文化的特征。旅游景区只有注入文化内涵才会有生命力和竞争力,尤其是以人文资源为主体结构的旅游景区,要充分挖掘其文化内涵,最大限度地表现其文化价值是提高旅游景区文化品位和旅游吸引力的根本途径。对文化特性明显的旅游景区进行管理,管理活动过程中必须注入文化理念。在旅游景区经营中,对游客的服务要求能使其得到精神上的愉悦和审美享受,因此,对游客的管理及对员工的管理必须体现人本主义思想,让游客、员工处处感受到一种强烈的文化气息、一种美的享受。

二、旅游景区管理的目标

(一) 保护旅游资源,优化旅游景区产品,培育生态环境

保护旅游景区的各种资源,特别是保护旅游景区旅游资源不受破坏与污染,提升旅游景区产品的质量,增加其对游客的吸引力,是旅游景区管理的一项重要内容。培育旅游景区生态环境,优化游览环境,消除非常态环境要素,达到既维护资源品位,又为旅游者提供良好的氛围的目的。

☞ 行业新动态

当"好空气"成旅游新"卖点"

尽管"清肺游"刚刚"萌芽",但今后越来越多的游客在选择旅游线路上,会更多地考虑和注重目的地的生态环境。"好空气"必将成为旅游景区吸引游客的又一大卖点。

入冬以来,由于雾霾经常来袭,上海、杭州等地市民纷纷选择短途出游,到周边空气清新的"天然氧吧"清肺、泡温泉。从市场行情看,"清肺"线路多为浙皖山区景点,如雁荡山、九华山、南陵丫山;冬游的另一个热点是泡温泉,特别是温泉加森林浴线路中的黄山天然温泉,更吸引游人眼球。清肺、泡泉两全其美,自然游客盈门。"好空气"成为新"卖点",给冬季清淡的旅游市场增添了活力,业界在旅游宣传促销和旅游产品开发方面有了更多的选择。

当雾霾封锁大江南北,呼吸一口清新空气成为人们的一种奢望之时,不仅苏浙

皖卖"空气游""躲雾游""好空气游"也成为闽赣琼等地旅游市场的新亮点。其实，"好阳光、好空气"不仅仅是旅游的"卖点"，近期张家口申办2022年冬奥会，也将空气质量"长江以北排名第一"作为优势之一。"好空气"概念的流行，实际对一地的生态环境、自然资源、保护措施等提出了更高的要求。

令人欣喜的是，生态文明已成为国家发展战略。国家环保部已与全国31个省区市签署大气污染防治"军令状"，由长三角三省一市和国家八部委组成的协作机制已正式启动。

治理雾霾天气除政府负主责外，个人也责无旁贷。游客在享受新鲜空气的同时，应从身边小事做起，养成良好的环保习惯。有车族尽量少点自驾游，多坐公交车、多走路；烟民下决心戒烟，至少不在旅游景区公共场所吸烟，做到绿色出行和绿色生活；要多做减缓空气污染的事，少做或不做加重污染空气的事，让旅游景区蓝天碧水、纯净空气常在。旅游景区要为游客提供一流的服务环境、社会环境，并通过服务的优势、文化的优势，将生态优势转化成为实实在在的产品优势。唯此，才能使得天独厚的生态环境，成为长期的旅游卖点和亮点。

资料来源：中国旅游报，2014年1月22日。

业内点评：

清新的空气、良好的生态，已经不仅仅是旅游者对旅游景区环境的需求。在城镇化步伐加快、污染日益严重的今天，好空气、好生态已经成为旅游景区的核心吸引物。

（二）为游客提供良好的服务

旅游景区管理的目标之一，就是为了使游客满意地实现旅游愿望，完成旅游活动。旅游者满意与否是旅游景区各项工作的中心和基础。为旅游者提供良好的服务，是让游客高兴而来、满意而归的重要一环。

（三）达到一定的经营目标，取得经济效益

通过开发与经营活动取得一定的经济效益是现代旅游企业的必然要求。大部分旅游景区都是独立核算、具有法人资格的企业。只有取得一定的经济效益，并用于环境和资源的维护，才能保证旅游景区可持续发展。

三、旅游景区管理的基本原则

（一）保护与开发的原则

旅游区保护与开发一直是理论界和各级管理部门关心的问题。处理这一矛盾的基本思路应该是，不同级别、不同时期、处在不同发展阶段的旅游区开发力度和

侧重点应有所不同,应区别对待。例如文物保护区,级别越高,开发的力度和地方的自主性应该越低;反之,则越高。但随着文物保护技术的逐步提高,开发力度应该逐渐加大。

在管理过程中,要变被动的、消极等待性的保护为"保育"。保育是对保护内涵的充实和提升,保护主要体现在维护、维持和不弱化;而保育是在保护的基础上进行培育,有"养育"之意,要求赋予更多的人文关怀。

知识链接

意大利不遗余力保护文化遗产

意大利悠久的文明积累了丰厚的文化遗产,现有45项文化遗产和4项自然遗产被列入《世界遗产名录》,世界遗产总数排名世界第一。意大利国土面积仅32万平方公里,但全国却有约3500家公立和私人博物馆,10万座教堂,5万座历史建筑和花园城堡,2000处考古遗址。意大利在保护遗产工作上不遗余力,具有完备的遗产保护理论和丰富的实践经验。

意大利文物古迹主要由国家负责保护和管理,文化遗产保护所需大量资金也主要由政府承担。中央政府每年的文物保护拨款占整个国家财政预算的1%～2%。在此基础上,各大区及省、市政府也有地方拨款,有些企业和个人也设立了文物保护基金。此外,公营和私营文博部门也可通过联合国教科文组织和欧盟框架依法获得援助。因此,意大利每年都有大批资金进入文化遗产保护领域。

意大利列入世界文化遗产的景点以及国家博物馆的门票价格,均由国家文化部下属的文化遗产部统一制定。门票收入占国民人均月收入的1%,所有门票收入上缴国库。

在意大利8000多个市镇中,"法定历史中心区"就有900个,要保护这么多文化项目,单凭政府行政力量显然不够,需要全社会贡献力量。

自1996年以来,意大利国家通过法律形式规定,将社会上发行的各类彩票收入的0.8%作为国家文物保护专项资金。仅通过这一项,每年就可增加15亿欧元经费。同时,政府鼓励企业、尤其是私人企业家投资保护文化遗产,对投资文物保护和修复的企业或个人给予优惠税收政策,比如允许企业对各类社会文化活动的赞助直接抵税,以利于一些文物保护项目通过企业赞助完成。因此,许多著名公司争相赞助大型文物古迹的修复工作,如罗马古斗兽场、水城威尼斯的标志性建筑古迹等。

在接受社会投资方面,文化遗产部会事先推出项目计划,允许个人和企业投资,最后由文物部门具体操作。

随着文化遗产保护事业的发展,意政府从1994年起将部分博物馆、古迹、遗址等逐步租让给私人资本管理,国家则掌控所有权、开发权和监督保护权,管理者的重要人事任免、门票价格、开放时间也由文化遗产部决定。这种"领养人"政策最长期限一般不超过99年,"领养人"可以是个人、非营利性组织或营利性机构。"领养人"对文化遗产有使用权和一定的内部改造权,但须对"领养的"遗产进行日常维护。"领养人"制度使文化遗产有了固定维护人,有比较稳定的资金支持,得以更好地保存下去。

在此基础上,意政府于2002年又设立了文化遗产保护平台——"文化遗产和可持续旅游交易所",将上述所有保护机制集中于这个平台进行管理和协调。由于文物保护受到国家和社会高度重视,常有国内外企业慷慨解囊,积极赞助,弥补了政府经费不足。比如,米兰圣玛丽亚教堂里的达·芬奇名画《最后的晚餐》,最后一次大规模修复就是由意大利奥利维蒂计算机公司赞助的。

意大利的文化遗产管理模式不但调动了公众参与积极性,而且将公众利益、公众服务放在了文化遗产经营管理工作的重要地位,强化了公众自发保护意识。虽然政权更迭频繁,但无论哪个党派执政,都对文化遗产的保护给予高度重视,企业舍得投入,个人慷慨解囊,政府也吸收到了大量专项资金。爱惜文物、保护遗产成为全民风气。

资料来源:中国旅游报,2013年6月22日。

(二)坚持质量第一的原则

产品质量是企业的生命,良好的管理是保障质量不可或缺的因子。一个旅游景区能否得到旅游者的认同,关键在于有没有高质量的旅游产品。旅游者花钱买的是享受,因旅游景区管理带来的混乱使游客不满意,甚至投诉,让游客花钱买罪受,那么这个旅游景区的管理是不成功的。产品质量与促销宣传内容不一致,因游客的"口碑"产生的负面影响力将是非常巨大的,企业效益自然不会太理想。

良好的管理能带来高质量的产品,能带出较高的效益。没有质量,效益便不能持久;没有质量,规模便不能形成。为此,旅游景区要建立全面质量管理体系,综合应用现代管理的手段和方法,通过全过程的优质服务提高游客的满意度。

(三)市场意识、产业意识和竞争意识并存的原则

旅游景区必须要有市场意识,立足资源本色,开发市场对路产品,提供优质服务,这是管理过程中必须坚持的原则。管理不只是静态的、被动地应付,对长远和现实的经营都要加强管理,要在市场的竞争中不断调整经营思路、改进经

营方式和完善产品结构。例如,每年国家旅游局都要推出一个旅游主题,1999年是生态王国游,2000年是神州世纪游,2001年是体育健身游,2002年是民间艺术游,2003年是烹饪王国游。旅游景区要早做安排,布置相应的活动和项目,争取纳入国家促销的大计划中,可以获得事半功倍的效果。当然,市场导向不是绝对的,超出自身条件而一味迎合市场不但得不到相应的经济效益,还有可能破坏资源。

目前我国很多旅游景区,由于资源的独特性,没有经营压力而不与市场对接,没有竞争意识,没有产业观念,其最终结果必须是被市场冷落、淘汰。

(四)坚持软环境硬化管理和硬环境科技化管理的原则

所谓软环境主要是指旅游景区的服务。对旅游景区服务的管理要采取标准化措施,实行规范化管理;细化服务环节,建立服务体系,设置服务标准,强化规范服务,让所有的服务有章可循,有标准可对照,有人来监督,使旅游区的软环境不软,即所谓软环境硬化。

所谓硬环境主要是指旅游景区的设施设备。对硬环境的管理,要提高科技化水平,进行智能化管理,减少因人为原因带来的漏洞。推进设施设备管理的制度化、信息化、自动化。例如,旅游景区入口实行电子门票,可有效减少废票、假票,降低员工工作量,而且还可以提升旅游景区的管理形象。

(五)坚持服务特色化和人才专业化的原则

由于旅游者的需求的多样性,仅仅采取标准化的服务无法满足他们的要求,所以在实施服务规范化的同时,要充分调动员工积极性,推进服务的个性化。同时,旅游景区涉及的部门和行业十分广泛,需要多种专业的人才,既需要林业、规划、地质、文物、地理、风景等方面的人才,也需要市场开发、营销、经营等方面的人才,因此对人才要实行专业化管理,提升人才的专业素质,提高旅游景区管理的整体水平。

(六)推行"绿色管理"的原则

所谓"绿色管理"是指将管理成本和环境损害降至最低的一种管理模式。旅游景区应以大力推广"绿色"为己任,以对自然生态环境更全面的关怀和人文生态环境更多的保全为使命,在管理过程中树立"成本"(广义的成本应当包括环境的、社会的、经济的、财政的诸多方面)意识,推行"绿色管理",不能以破坏环境或降低环境质量来换取经济效益。例如,当旅游者数量超过旅游景区环境容量时,将不再允许其他游客入内,以保证旅游资源的自净能力。美国国家公园对游客量有上限的规定。在任何重大项目开始实施前都要仔细研究开发的内容、类型及其与现行的资源利用之间的关系,重视对人文和自然环境的保护并以最经济恰当的方式加以利用。

行业新动态

从韩国志愿者拾垃圾想到的

近日,来自韩国的 200 名志愿者带着垃圾袋进入秦岭太平谷,分批清理山道上的纸屑、饮料瓶、塑料袋等垃圾。西安市民王先生说,看到韩国志愿者捡垃圾,对自己也是一种激励,至少自己在外出旅游时不会乱丢垃圾。

纵观我国诸多的名山大川、风景名胜,通过严格管理使旅游景区洁净自然的旅游胜地正在逐渐增多,但与此同时,也有为数不少的旅游场所却让人皱眉头。在为数众多的历史古迹、湖光山色之间,废纸、果皮、塑料包装袋、饮料盒(瓶)等游客随手抛弃的形形色色垃圾堆积出的"杰作",实在不堪入目,真是大煞风景。长此以往,势必破坏旅游目的地的生态环境。

"韩国 200 名志愿者主动捡拾秦岭垃圾"的报道,给我们上了一堂生动的环保教育课。无独有偶,报载:为保护生态环境,保持山水美景,日本多家旅行社纷纷推出一日游特别旅游团,倡导团员在观赏湖光山色之际,不忘去捡拾垃圾,还大自然清秀之本来面目。邻邦日本所采取的这种具有远见卓识的明智之举,不能不让人由衷地钦佩和叹服。

我们不妨将"环保旅游"和"环保志愿者"两者有机结合起来,大力倡导环保旅游,即把环境保护与旅游融为一体,两者相得益彰。此举既可以减少人为形成的垃圾所造成的环境污染,教育和引导游客养成文明的习惯,也可以增强游客的环保意识,影响和带动更多的人加盟到这一行列之中。此外,也可以确保风景名胜地的环境卫生,节省出大笔的治理污染经费,确实达到"花小钱,办大事"的目的,我们何乐而不为呢?

资料来源:中国旅游报,2013 年 9 月 3 日。

业内点评:

在生态、绿色成为核心旅游吸引物的今天,环保旅游日益盛行,而且是未来旅游者行为发展的一种重要趋势。

(七)坚持人文关怀的原则

好的管理者注重与游客和下属的沟通,处处体现出旅游景区管理者对游客、员工的关怀。在管理上以引导、示范为主,例如,深圳世界之窗推行的跟踪式清扫,黄山"黄马甲"拉悬绳冒生命危险下悬崖捡垃圾,对游客震动很大,从而让游客产生自觉维护环境卫生和景观安全的意识,这是上策;从风景和文物安全的角度考虑,以关怀旅游者为目的,采取有效的硬措施保护环境和资源,例如,对重要文物或易损景观用栏杆围起,不让游客有犯错误的机会,这是中策;对违背旅游景区管理规定的游客实施处罚,这是下策。所以对于一些游客的不良行为要注意多引导,不要动不动就以罚款等让游客难堪的简单方法处理。

对员工的管理同样要有人情味。除了制定好科学合理的管理制度,并将其融入日常管理之中外,还要加强对被管理层的"人文关怀"。该管的要管,不该管的要由下属去做,层次分明,对员工和基层管理职员放手。对员工要以鼓励、表扬为主要方式,而进行批评、惩罚时,应尽可能地减轻力度,不到万不得已不要重罚。

(八)树立以游客为中心的管理原则

以游客为中心的管理模式大大优于以领导为中心的模式。许多旅游区的管理者没有认真、仔细、设身处地去研究游客需要什么。例如,下雨了,游客找不到避雨的地方;出太阳了,又找不到遮阳的地方;走累了,找不到可以安安静静坐下来休息的地方等。旅游景区的管理和服务应多从游客的角度考虑问题,真正做到急游客之所急,想游客之所想,把工作做细,把工作做在前面。

四、我国旅游景区的 5A 级标准管理

为了规范旅游景区的管理和服务,提高管理人员基本素质,维护旅游者的合法权益,加强旅游资源保护,国家旅游局按照旅游业标准化工作规划,组织制定了《旅游区(点)质量等级的划分与评定》标准,作为国家标准经国家质量技术监督局正式批准发布,并于 1999 年 10 月 1 日起实施。根据这一标准,旅游区(点)划分为四级,从高到低依次为 AAAA、AAA、AA、A 级旅游区(点)。国家旅游局又于 2003 年 10 月制定了《旅游区(点)质量等级的划分与评定(修订)》(GB/T 17775—2003),代替《旅游区(点)质量等级的划分与评定》GB/T 17775—1999,在划分等级中增加了 AAAAA 级旅游区(点),即旅游区(点)质量等级划分为五级,从高到低依次为 AAAAA、AAAA、AAA、AA、A 级旅游区(点)。旅游区(点)质量等级标志、标牌、证书由国家旅游行政主管部门统一规定并颁发。

(一)等级划分的依据

等级划分的依据是《服务质量与环境质量评价细则》、《景观质量评价细则》的评价得分,并结合《游客意见评价细则》的得分综合进行。其中《服务质量与环境质量评价细则》包括旅游交通、游览、旅游安全、卫生、通信、旅游购物、综合管理、旅游资源与环境保护 8 个评价项目。《景观质量评价细则》包括资源要素与景观市场价值两大评价项目。每一评价项目分为若干评价子项目。对各子项目赋予分值,各旅游区(点)按各评价项目及子项目的相应得分确定等级。《游客意见评价细则》是旅游区(点)质量等级评定的重要参考依据,包括总体印象、可进入性、游路设置、旅游安排、观景设施、路标指示、景物介绍牌、宣传资料、导游讲解、服务质量、

安全保障、环境卫生、厕所、邮电服务、购物、餐饮、旅游秩序、景物保护等评价项目。每一评价项目为很满意、满意、一般、不满意四个档次,并依次计算游客综合满意度。

(二)五级旅游区(点)的审批权限

旅游区(点)质量等级评定按国家和地方两级进行。

由国家旅游局负责全国旅游区(点)质量等级评定工作。

国家旅游局设立旅游区(点)质量等级评定委员会,负责全国旅游区(点)评定的组织、领导工作,并具体负责评定AAAAA、AAAA、AAA旅游区(点)。

各省、自治区、直辖市旅游局设立地方旅游区(点)质量等级评定机构,负责本地区旅游区(点)质量等级评定工作,具体负责本地区AA、A级旅游区(点)的评定和向国家旅游局推荐本地区符合条件的AAAAA、AAAA、AAA旅游区(点)。AA、A级旅游区(点)评定需向国家旅游局备案。

(三)旅游区(点)质量等级评定的范围和方法

凡在中华人民共和国境内,正式开业接待旅游者一年以上的旅游区(点),包括旅游景区景点、主题公园、游乐园、度假区、自然保护区、风景名胜区、森林公园、动物园、植物园、文博院馆、美术馆等,均可以申请参加评定。由于旅游区(点)质量等级是旅游区(点)的景物质量、环境质量和服务质量的综合反映,因此,原则上只对具有独立管理和服务机构的旅游区(点)进行等级评定,对园中园、景中景等内部旅游地,不进行单独评定。

旅游区(点)质量等级的产生,按照"自查—申报—初评—评定—审批—公告"的程序进行。各旅游区(点)根据国家标准及各项评定细则进行自查,认为达到要求的可以向当地旅游局申报。经当地旅游局审核后,报上级具有评定权限的旅游局旅游区(点)质量等级评定机构进行初评。初评合格的AAAAA级、AAAA级、AAA级旅游区(点),各省、自治区、直辖市旅游局负责向国家旅游局推荐,经国家旅游局质量等级评定机构评定,由国家旅游局审批、公告;初评合格的AA、A级旅游区(点),由各省、自治区、直辖市旅游局组织评定、审批、公告,并报国家旅游局备案。

(四)质量等级复核及处理

对已经评定质量等级的旅游区(点),每两年至少进行一次全面复核。采取全面复核与重点抽查相结合、定期明察与不定期暗访相结合的方式。复核工作由各省、自治区、直辖市旅游局质量等级评定机构组织和实施。国家旅游局质量等级评定机构只是有计划、有重点地进行复核。

经复核达不到要求的,将按以下方法作出处理。

第一,旅游区(点)达不到标准规定要求的,质量等级评定机构将根据具体情况,作出签发警告通知书、通报批评、降级或取消等级的处理。

第二,旅游区(点)接到警告通知书、通报批评、降级或取消等级的通知后,须认真整改,并在规定期限内将整改情况上报所属等级评定机构。

第三,凡接到警告通知书不超过两次(含两次)的旅游区(点),可继续保持原质量等级。凡接到三次警告通知书的旅游区(点),质量等级评定机构将降级或取消其质量等级,并向社会公告。

第四,凡被降低质量等级的旅游区(点),自降低等级之日起一年内,不予恢复原等级。一年后,方可申请重新评定等级。

思考与练习

一、填空题

1. 根据旅游资源的特征,旅游景区可分_____、_____、_____、_____和_____。
2. 根据旅游景区的等级划分,旅游景区可以分为_____。
3. 旅游景区管理具有综合性、_____、_____和文化性的特点。

二、选择题

1. 昆曲属于( )。
   A. 文化遗产　　B. 自然遗产　　C. 文化景观　　D. 口述与非物质文化遗产
2. 洛阳龙门石窟是( )级旅游景区。
   A. AAAAA　　B. AAAA　　C. AAA　　D. AA

三、简答题

1. 什么是旅游景区?旅游景区有哪些分类标准?
2. 世界遗产可以分为哪几类,其定义和评价标准是什么?
3. 旅游景区管理的原则是什么?
4. 目前我国旅游景区的5A级标准管理是如何进行的?

四、技能实训

1. 考察当地的一家旅游景区,了解它是如何实施管理的?分析它的管理过程中存在哪些需要改进的地方?
2. 在网上查找或图书馆阅读,了解中国被列入《世界遗产名录》的旅游景区的特点。

模块二　认识旅游景区产品管理

旅游景区产品是满足旅游者旅游愿望的客观存在物,没有旅游景区产品,就没有旅游景区的存在,所以产品是旅游景区的核心要素。旅游景区产品的特色、种类、开发的水平等,都直接影响旅游景区的游客流量、经营规模、效益和发展前景。

在日常旅游景区管理中,一般由产品研发部负责旅游景区产品的开发、设计与创新;由于旅游景区所处经营发展阶段不同,组织单位性质、战略目标和经营规模有所差异,有些旅游景区没有设置专门的产品研发部,旅游景区产品开发设计的职责一般由规划建设处或者市场营销部设置专门的产品研发岗位和成立临时产品研发小组承担。本章重点从产品研发部的工作职责出发,介绍旅游景区产品开发、设计、创新的途径、程序与方法。

学习目标

1. 知识目标
(1)了解旅游景区产品的概念及特征。
(2)掌握旅游景区产品开发的原则。
(3)掌握旅游景区产品创新的理论基础及现实需求。
2. 技能目标
(1)能够运用旅游景区产品开发途径进行旅游景区产品设计。
(2)能够进行旅游景区产品生命周期评价。
(3)能够运用旅游景区产品创新方法进行旅游景区产品创新。

任务一　认识旅游景区产品

【工作情境】

郑州某职业院校旅游管理专业一行20名实习生在结束了旅游景区全体员工培训之后,其中2人被派往旅游景区产品研发部进行顶岗实习。他们刚走进产品研发部的工作室,就深深地喜欢上了这个具有活力的部门。智慧的碰撞、创意的汇集,激发了他们工作的热情,随之部门经理也给他们下达了顶岗实习的第一项任务——评估旅游景区产品开发现状。

案例讨论

案例1 巴马长寿村

巴马瑶族自治县是广西壮族自治区的一个山区县,位于南宁以西250公里。巴马县甲篆乡巴盘屯是世界五个长寿村之一,1990年人口普查时,全屯515人,有7位百岁老人,是"世界长寿之乡"标准的200倍,居世界第一。这些长寿老人有三个特点:至今为止没有发现一例癌症患者;没有心脑血管疾病;全为无疾而终。

案例2 世界第一朵花盛开的地方,世界第一只鸟飞起的地方

在广阔的辽西平原上有这样一个"世界最大的古生物化石宝库","中华龙鸟"和"辽宁古果"的发现,更使它成为世界上第只一鸟飞起和第一朵花盛开的地方,这里就是辽宁省朝阳市。

案例分析:
这两个地方的最大共同点是旅游资源拥有国际范围内的珍稀性和垄断性,但是资源分散、交通不便,餐饮住宿接待设施不全,购物娱乐等辅助设施缺乏,水电、通信环卫等基础设施落后等因素,造成产品吸引力弱、知名度小。

【任务执行】

1. 任务发布

结合案例中旅游景区产品"开而不发"的问题分析,进行为期一周的旅游景区游客满意度调查,评估旅游景区现有产品的开发现状。

2. 任务分析

通过对旅游景区产品概念的理论掌握,调查旅游景区现有产品的游客满意度,并从旅游景区产品特性分析旅游景区现有产品的改进措施。

3. 任务实施

(1)调查游客对旅游景区产品各构成要素的满意度。

(2)提出旅游景区产品各构成要素的具体改进措施,并形成任务成果表(见表2-1)。

表2-1 任务成果书

任务成果书	
实训任务：旅游景区产品现状调查	任务性质：小组任务
成果名称：旅游景区产品调查报告	
成果要求： (1)阶段成果：旅游景区产品构成要素调查；旅游景区产品游客满意度调查 (2)最终成果：旅游景区产品开发现状及对策	
成果形式：调查报告(不少于2000字,A4纸双面打印,标页码),附调查问卷	

【相关知识】

一、旅游景区产品的概念界定

(一) 旅游产品

旅游产品包含两层意思：一是总体旅游产品，即旅游目的地为满足来访者的需要而提供的各种旅游活动接待条件和相关服务的总和；二是单项旅游产品，即旅游企业所经营的设施和服务，或者说旅游企业借助一定的设施而向旅游者提供的项目服务。

(二) 旅游景区产品

狭义的旅游景区产品是单向的旅游产品，是旅游景区借助一定的资源、设施向旅游者提供的有形产品和无形服务的总和。

随着旅游景区的发展，为更好地满足旅游者的需求，旅游景区内配套设施日益完善，旅游景区产品的内涵和外延也逐渐扩大，广义的旅游景区产品又是多种单项旅游产品的组合，如旅游景区内的景点、游乐设施、购物设施等。

本书所探讨的旅游景区产品是指广义的旅游景区产品。

二、旅游景区产品的组成要素

(一) 旅游景区旅游吸引物

旅游景区吸引物就是旅游景区内标志性的观赏物。游客正是观赏旅游景区某一特定物才不远千里、不辞舟车劳顿赶来旅游。吸引物不仅靠自身独有的特质来吸引游客，还要有一个良好的形象塑造和宣传才能起到应有的引力效果。也就是给旅游景区产品定位，把旅游景区最吸引人的、最突出的特色表现出来，形成旅游景区的品牌。例如，玉女峰是武夷山旅游景区的标志性山峰，也是最受游客青睐的景点。武夷山一直以"玉女峰"为形象标志对外进行宣传促销,给旅游者一种清新纯净的形象感知。

(二)旅游景区旅游活动项目

旅游景区旅游活动项目是指结合旅游景区特色举办的常规性或临时性供游客欣赏、参与的群众性盛事和游乐项目。旅游景区活动的内容是非常丰富的,如文艺、体育表演或比赛,民间习俗再现,各种绝活演艺,游客参与节目、寻宝抽奖等。旅游景区活动能使游客的旅游感受更有趣味性,使旅游服务的主题更加鲜明和更具有吸引力。例如,河南省博物院复制了中原上古时期最具代表性的近20种乐器,并在2000年成立华夏古乐团,专门进行中华民族古乐的演出,使中原古文化以更加丰满的姿态展现出来。每次演奏会结束的时候,古乐团还会邀请游客上台参与表演。"华夏古乐"项目突破了博物馆单调静态的展示模式,深受中外游客的欢迎。

(三)旅游景区管理与服务

旅游景区产品表现形式尽管呈现多样化,但其核心内容仍是服务。服务的特点就是它的提供与消费常常处于同一时间段,每一次服务失误就是一个不可"回炉"修复的遗憾的废品产出。因而,在服务过程中的管理尤显重要,管理是最核心的服务。旅游景区景点管理包含两个层面:一是对员工的管理,二是对旅游景区的管理。对前者的管理要靠各项制度作为保证;对后者的管理主要体现在对游客的服务上,以最大限度满足游客需要为宗旨。

🔍 看图说事

青龙峡旅游景区缆车停运,数百名游客滞留谷底(见图2-1)。

图2-1 游客情绪激动,现场一度混乱

河南焦作市修武县青龙峡风景名胜区是国家 5A 级旅游景区。2014 年 5 月 1 日晚,青龙峡旅游景区缆车因天气原因终止运输,且无人出面解释,苦等 5 个多小时的游客情绪激动,现场一度陷入混乱。最终滞留峡谷的数百名游客只能深夜集体爬山脱困。

来自郑州的一名游客告诉记者,他们在当日 17 时 30 分就开始在索道外排队等候,直到 22 时左右,他和朋友依然未能登上缆车。"买索道票时工作人员说 1 小时可以运出 400 人,可我们苦等了 5 个多小时都没能登上缆车,没有一个工作人员出来解释。"

和该游客一样未能登上缆车而滞留在谷底的数百名游客中,包括 60 岁以上的老人,以及婴儿。时值初夏,大多数游客仅穿着一件单衣,随着夜晚青龙峡谷底气温骤降,数百名游客被冻得瑟瑟发抖。

资料来源:中国新闻网(http://finance.chinanews.com/life/2014/05 - 03/6126591.shtml)。

业内点评:

从旅游景区产品的概念和组成要素角度分析,焦作青龙峡旅游景区的旅游产品不仅包括峡谷风光和索道等交通娱乐设施,旅游景区优质的管理和服务也是旅游景区产品不可或缺的重要组成要素。

三、旅游景区产品的类型

旅游景区发展到今天,旅游景区产品的类型已出现多样化发展的趋势,但是每一种旅游景区产品给旅游者带来的旅游经历和感受则是不同的,因此了解每种旅游景区产品的类型及特征,对旅游景区的经营管理至关重要。目前常采用的旅游景区产品分类方法有以下几种:

(一)按旅游景区产品的发展阶段分类

按发展阶段不同可以把旅游景区产品划分为人文自然景观型、人造景观型和科技参与型。

1. 人文自然景观型

人文自然型产品主要借助本地资源特色,以自然山水景观和名胜古迹为载体,它是早期旅游的主要形式,并且延续至今。人文自然景观型产品因借助本地特色,开发成本相对比较低,但是它受地域的限制,又具有明显的局限性。像泰山就属于此种类型。

2. 人造景观型

人造景观型产品主要借助大投入产生轰动效应,对世界各地自然人文景点进行移植荟萃,它是目前旅游景区发展的主流。人造景观型产品一般可以突破时空的限制,但是人工痕迹比较明显,难以产生持续的吸引力。20世纪90年代初美国佛罗里达州奥兰多市所建的锦绣中华园就属于此种类型。位于该市的锦绣中华园是迄今在国外规模最大的中国文化主题公园。长城、兵马俑、敦煌石窟等60多个中国著名文化古迹和自然景观荟萃一园。锦绣中华园由于未能满足美国游客的需求(因为美国人大多喜欢刺激、冒险的娱乐项目,而锦绣中华的景观则以静态为主,缺少刺激性、参与型和娱乐性)以及其他方面的原因,目前已经停止营业。

3. 科技参与型

科技参与型产品强调游客的高度参与,在旅游中引入高科技的休闲娱乐项目,它代表未来旅游景区的发展方向。科技参与型产品彻底突破了时空的限制,为旅游者营造了一个充满游戏的崭新的文化空间,位于香港的迪斯尼主题公园就属于此种类型。

(二)按旅游景区产品的功能分类

按旅游景区产品的功能不同可划分为陈列式、表演式和参与式三个类型。

1. 陈列式

陈列式观光游览以自然资源风景名胜与人文历史遗迹为主要内容,是最基本的旅游形式。陕西省华山旅游景区就属于此种类型。华山位于距西安市一百余公里的华阴县城南,海拔1997米,以险峻著称。华山又是道教圣地,山上现存72个半悬洞,道观20余座。秦汉以来,和道教与华山有关的神话传说广为流传,现存200余篇,其中以"劈山救母""巨灵劈山""吹箫引凤"影响深远。隋唐以来,李白、杜甫等文人墨客咏华山的诗歌、碑文和游记不下1200余篇,摩崖石刻多达千余。

2. 表演式

表演式主要满足旅游者由"静"到"动"的多样化心理需求,以民族风情与游乐为主要内容。深圳锦绣中华民俗村就属于此种类型。在这个民俗村里,共有24个村寨,可以展示56个民族的风土人情。

3. 参与式

参与式娱乐与相关活动以游戏娱乐和亲身体验为主要内容,满足旅游者的自主选择,这种旅游景区产品可以形成对旅游者的持久吸引力。位于深圳的欢乐谷旅游景区就属于此种类型。深圳欢乐谷是华侨城集团新一代大型主题乐园,国家4A级旅游景区,占地面积35万平方米,总投资8亿元人民币,是一座融参与性、娱乐性、观赏性、趣味性于一体的中国现代主题乐园。深圳欢乐谷共分九大主题区,分别是卡通城、西班牙广场、欢乐时光、冒险山、香格里拉森林、金矿镇、飓风湾、阳光海岸、玛雅水公园,还有高空单轨列车"欢乐干线",有100多个老少皆宜、丰富多彩的游乐项目。

（三）根据产品性质的不同分类

根据产品性质的不同可将旅游景区产品分为观光产品、度假产品、专项产品和特种产品四个主要类型。旅游景区产品依据不同的资源状况，基本上覆盖了所有的旅游产品类型，因此，旅游产品分类也适合于旅游景区产品的分类。其中，观光产品包括自然风光观光、农业观光、乡土观光、技艺表演等；度假产品包括海滨度假、温泉度假、湖滨度假和山林度假等；专项产品包括生态旅游、节庆旅游、探亲旅游、会议旅游、宗教旅游、修学旅游、购物旅游、游船旅游等；特种产品主要有探险旅游、科考旅游和体育竞技等。

四、旅游景区产品的特性

旅游景区产品无论从旅游者角度还是从旅游景区经营者角度看，其核心构成都是旅游服务，因此，旅游景区产品属于服务性产品，具有一般服务性产品的共性，即无形性、生产与消费同步性、异质性和不可存储性。同时，作为旅游产品，旅游景区产品又具有自身的特性。

（一）综合性

旅游者在旅游景区游览过程中会产生多方面的旅游需求，而不同旅游者的旅游需求也不尽相同，具体表现在食、住、行、游览、购物、娱乐等多个方面，因此，旅游景区产品包含的内容十分广泛，多数为组合性产品，具有综合性特点。旅游景区产品的综合性既体现为物质产品与服务产品的综合，也体现为旅游景区资源、旅游景区设施、旅游景区服务的结合。

（二）旅游景区产品在空间上的不可转移性

旅游景区产品由于固定在一定的空间，往往是远离游客的某个地方，不可能像物质产品生产企业那样将产品通过运输手段实现异地销售。旅游景区的地点是固定不变的，因而到旅游景区去的交通方式成为游览过程中不可分割的部分。旅游景区产品吸引力的大小是旅游景区经营成败的关键，而且这种吸引力还会随着空间距离的延伸而发生衰减。此外，信息沟通不畅、交通费用过高等因素都可能影响游客到旅游景区的积极性。

（三）游客只享有旅游景区产品的暂时使用权

旅游景区在销售旅游景区产品时，转让的仅仅是产品在一定时间内的使用权。游客在购买这种使用权的同时，不仅不能将产品的基本部分带走，而且要承诺在使用期间保持产品物质和非物质构成的完好无损。由于游客的逗留时间决定着他们的消费总量，因此很多旅游景区想出各种奇招，设计出许多别开生面的旅游项目，尽可能地延长游客逗留时间。

（四）旅游景区产品在一定范围内的消费非竞争性

非竞争性是指一部分人消费某一物品时，不会影响到另一部分人的消费利益，不会减少整体消费利益。旅游景区的非竞争性是很明显的，在同一个旅游景区内消费的游客所欣赏到的是同一旅游景区景色，他们之间不会影响到彼此欣赏的效果，但这种非竞争性又是有限度的，游客数量一旦超出旅游景区的承载力极限，就会出现拥挤的现象，这不仅会降低游客的旅游体验，也会对旅游景区的生态环境产生影响。

（五）旅游景区对地方社区的强烈依赖性

我国的旅游景区大多是从地方社区脱离出来的，与地方社区有着千丝万缕的关系。当地方社区利益与旅游景区利益一致时，地方社区会协助旅游景区开展经营活动；当地方社区利益与旅游景区利益不一致时，地方社区会采用种种方式阻碍旅游景区的经营，加大旅游景区的经营成本。

☞ 行业新动态

"十一黄金周"景区游客"爆棚"

从 2012 年 9 月 30 日零时开始，高速公路对小型轿车免费，这一利好消息大大刺激了自助游，自驾游游客增多，全国许多旅游景区出现客流"井喷"，景区到处摩肩接踵，人潮涌动。2012 年"十一黄金周"，各地旅游景区游客"爆棚"。

镜头一：中山陵游客超标 10 倍

10 月 3 日，南京中山陵的游客为最佳接待量的 10 倍。江苏周庄、同里古镇等景区游客接待量也超过最佳接待量 1 倍以上。

镜头二：鼓浪屿要被踩沉了

鼓浪屿面积为 1.87 平方公里，实际可供游客游览的空间区域为 0.6 平方公里。10 月 2 日，鼓浪屿上岛游客突破 12 万人次，估计可以名列全球景点游客密度之冠。10 月 3 日，鼓浪屿的游客达到最佳接待量的 9 倍。不少游客惊呼："鼓浪屿要被踩沉了！"

镜头三：庐山堵疯了

多位网友 10 月 2 日在微博上吐槽"庐山堵疯了"，"庐山脚下，上不去，只能退票"。10 月 3 日，庐山接待自驾车辆达 4 760 台，出现"史上最大自驾游客流"高峰日。旅游景区交管部门及时启动交通管理预案，实行限时管制，部分时段暂停售票。

镜头四：泰山一天近 10 万游客进山

10 月 2 日，泰山旅游景区迎来超高客流，进山游客数量一天达近十万。旅游景区采取了限流措施,从当天 11 点 30 分开始到下午 1 点,暂停出售进山票。

镜头五:西湖拍照全是"集体照"

截至 10 月 2 日下午 4 点,杭州西湖旅游景区游客流量达到 86.98 万人。早上 8 点刚过,原本平静的西湖周边已经相当热闹,特别是断桥和苏堤、白堤一带,挤满了背着相机的游客。不少外地游客打趣说,本来想在西湖拍张单人照留念,但人实在太多,拍来拍去都是"集体照"。

镜头六:华山山道拥堵,游客与工作人员发生冲突

华山旅游景区管委会旅游处处长翁鹏表示,10 月 2 日有 2.7 万余名游客在半日之内涌入华山东线旅游景区,在瓦庙沟内滞留。华山宽窄不过两米的险峻的山路上,横着挤了五六人,十余米的山路上竟有一两百人。至当日下午 4 时许,约 2 000 名游客滞留在索道下行站,超过缆车运送能力。部分游客要求退票并封堵了华山旅游景区入口,接送游客下山的中巴车也无法正常运行。

大部分游客在上山前已经购买了往返车票,无奈徒步下山,加剧了拥堵现象。游客与旅游景区工作人员的矛盾也随之上升,出现了争吵打斗现象。有人发布微博称,一对滞留夫妻因要求退票,被旅游景区保安痛殴并捅了十几刀。

业内点评:

全国各知名景区普遍出现游客"井喷"现象,尽管各景区均承受了前所未有的高客流量压力,但是很少见到有景区主动发布安全预警,以分流游客。

景区在面对高出设计容量一倍甚至几倍的客流量时,应该以安全为重及时采取必要措施,譬如预警和分流等。拥挤的客流还将对一些文物景点造成意料不到的损害。现如今我国自助游、自驾游兴起,各景区应该考虑将景区或旅游目的地预警的发布纳入行政管理范围。

旅游景区撑死也不预警限客

全国各知名旅游景区普遍出现游客"井喷"现象,尽管各旅游景区承受了前所未有的客流压力,但是很少有旅游景区主动发布安全预警限制游客流量。

旅游景区在面对高出设计容量一倍甚至几倍的高客流时,应该以安全为重,及时采取必要措施,譬如预警和分流等。拥挤的客流还将对一些文物景点造成意料不到的损伤。有专家建议,旅游高峰时段,应该将旅游景区或旅游目的地的预警发布纳入行政管理。

资料来源:http://focus.stockstar.com/SS2012100400000037.shtml

业内点评：

景区管理容量的问题与管理效率、旅游的物理容量、游客游完全程所需的时间等有关，应当综合计算出最佳游客数量。但我国的景点一直以来并没有严格的人流控制，所以出现人山人海的局面，旅游体验舒适度也随之下降。国外有些景点会采用门票预订的方式，即游客通过网络和电话提前订票景区会给予折扣优惠，意在鼓励大家提前预订，景区提前做好准备。

将"假日渴求"转化为"细水长流"

旅游景区管理容量的问题，与管理效率、旅游的物理容量、游客游完全程所需的时间等有关，应当综合计算出最佳游客数量，但我国的旅游景区一直并没有实行严格的流量控制，导致出现人山人海、旅客"井喷"现象。张捷说，国外有些景点采用预订的方式，通过网络和电话提前订票的给予折扣优惠，鼓励游客提前预订，旅游景区提前做好准备工作。

资料来源：http://focus.stockstar.com/SS2012100400000037.shtml

任务二　熟悉旅游景区产品开发设计

【工作情境】

郑州某职业学院旅游管理专业被派往旅游景区产品研发部顶岗实习的两名同学，圆满完成了顶岗实习的第一项任务，即评估旅游景区产品开发现状。他们通过调查发现，旅游景区自驾游游客人数和比例持续上升，自驾游游客停留时间长，对旅游景区休闲娱乐产品要求高。产品研发部一直为自驾游游客的接待所困扰，看到两名同学的调查报告欣喜万分，而且目前正在开发"汽车旅馆"这一专门针对自驾游游客的休闲产品。这两名同学幸运地进入汽车旅馆产品研发小组，参与调研、设计、开发的全过程。

案例讨论

案例1　漓江古东旅游景区"走瀑布"引发旅游热潮

沿漓江蜿蜒而下，出桂林城26公里，就到漓江古东旅游景区了。CCTV新闻报道"这是可触摸的瀑布"，游遍甲天下的桂林山水，您不一定触摸过清清漓江水，在这里您只要穿上阿婆编织的草鞋，带上安全帽，就可以出发了。攀爬瀑布时你也许会湿身，但肯定会心跳，溪水在脚面流淌，双手触摸岩石，听着欢快的流水声，正所谓仁者乐山，智者乐水，成为智者，享受"湿身"的快意。桂林古东"走瀑戏浪"，使名不见经传的古东旅游景区名声大噪。

案例2　黄山旅游景区自驾游旅游产品兴起

随着我国经济的快速增长，高速公路等交通设施的迅速发展，小轿车以每年百万辆的规模进入普通家庭。黄山旅游景区周末与节假日的自驾游游客已占游客总量的70%。"黄山归来不看岳"，奇松、怪石、云海、温泉……令人目不暇接。作为世界自然和文化双遗产，拥有着国际性垄断旅游资源的黄山景区，面临自驾游市场迅猛发展这一契机，黄山景区管委会也从交通服务、交通设施、食宿设施等方面积极研发自驾游旅游产品。

案例分析：

同样进行旅游景区产品开发，漓江古东旅游景区通过对旅游景区水资源的调查和利用，取得了产品开发的成功；而黄山旅游景区紧紧抓住自驾游市场进行自驾游旅游产品的开发设计。在景区产品开发的过程中，以市场为导向，深入进行旅游资源调查与评价，才能开发出具有鲜明特色和持久吸引力的旅游产品。

【任务执行】

1. 任务发布

通过对上述案例中桂林漓江古东旅游景区和黄山旅游景区产品研发突破点的分析，思考旅游景区"汽车旅馆"项目开发思路。

2. 任务分析

通过对旅游景区产品开发设计原则、程序和方法的掌握，从旅游景区资源、市场两个角度分析"汽车旅馆"开发的可行性，并策划出"汽车旅馆"开发的主题、形象、选址、风格及服务内容。

3. 任务实施

(1) 从旅游景区市场需求角度调查"汽车旅馆"开发的可行性。

(2) 从旅游景区旅游资源角度分析"汽车旅馆"开发的可行性。

(3) 撰写旅游景区"汽车旅馆"项目开发策划书，并形成任务成果书(见表2-2)。

表2-2　任务成果书

任务成果书	
实训任务:旅游景区产品开发设计	任务性质:小组任务
成果名称:"汽车旅馆"项目策划书	
成果要求: (1)阶段成果:旅游景区"汽车旅馆"项目开发可行性分析 (2)最终成果:旅游景区"汽车旅馆"项目策划书	
成果形式:策划书(不少于3000字,A4纸双面打印,标页码)	

【相关知识】

随着社会的进步和人民收入水平的提高,旅游者对旅游景区产品的需求不断发生变化,旅游者需求的变化将促进旅游经营者开发新产品,完善产品的结构,增加产品的吸引力,从而促进旅游景区的进一步发展。

一、旅游景区产品开发设计的原则

(一)依托资源的原则

资源是旅游景区产品的基础,旅游景区产品的设计要充分依托本地资源,充分挖掘和利用资源优势,开发具有地方特色的旅游景区产品。同时,由于旅游景区产品是在本地区资源优势的基础上开发的,其他旅游景区无法在短期内效仿或者根本无法效仿,因此,旅游景区产品具有一定的垄断性,产品的竞争力强。如云南的旅游资源产品以少数民族文化为特色。聚居在西双版纳、德宏、耿马、新平等地的傣族,是一个充满诗情画意的民族,他们的植物文化和泼水节令人难忘;居住在滇西北丽江和玉龙雪山脚下的纳西族,他们那种淳朴的民风令人称赞不已;大理白族的聚落文明和较高的文化素养与他们居住地区的苍山洱海的美景相互辉映,让人流连忘返;其他还有苗族、独龙族、瑶族等少数民族。所以,云南开发的民族旅游产品对中外游客产生了强烈的吸引力。

(二)市场导向的原则

旅游景区产品的规划设计要面向市场,要在对市场进行充分调研的基础上,根据市场的结构和旅游者偏好,开发出为旅游者喜闻乐见的旅游景区产品。市场导向并不意味着只以现实的市场需求为导向,应把握市场基本需求和长期的变化趋势,同时还要具有长远的战略眼光,善于预测市场发展的趋势,使产品的开发适当超前于现实的需求。如面向年轻人开发的刺激性游乐项目产品,面向城市学生开发的农业体验产品等。

（三）突出主题的原则

旅游景区产品的规划设计要围绕旅游景区的整体形象，突出旅游景区的主题，体现出鲜明的特色，这样才容易吸引目标客源。特色鲜明、主题突出的旅游景区产品便于形成规模化。要提供专业化的服务，促进持续的品牌建设，以产生较大的市场影响。

（四）多样性原则

旅游产品的多样性是由市场需求的多样化决定的，考虑到旅游者兴趣、爱好各异，支付能力不同，提供的单项产品除了种类要丰富外，各单项产品还要有不同的档次和价位，以吸引不同层次的旅游者。

（五）参与性原则

参与性强的旅游产品给予旅游者的是多感官的刺激，因而旅游者能获得较深的印象和生动的体验。旅游产品的参与性越强，带来的体验就越生动。因此，在旅游景区产品的开发中，要多设计一些参与性强、消遣娱乐性浓的项目，以满足现代游客自主性强、兴趣多样化、选择个性化等要求。例如，茶园中的旅游产品可设计为喝茶（品茶、学茶艺）、吃茶（茶糖、茶菜、茶蛋、茶鸡、茶鱼）、茶浴、玩茶（听茶歌、玩茶具）等。

（六）深挖文化内涵原则

旅游产品属于文化消费品范畴，旅游产品的生产过程是一种文化创造过程，因此，在整个旅游活动中的硬件和软件（设施和服务）都要体现出一种主题文化，体现出旅游景区产品的文化品位。只有挖掘出蕴含于资源各个层次的文化价值，才能使旅游产品保持长久的魅力和竞争力，形成特色品牌，延长产品的生命周期。

（七）生态学原则

旅游景区产品设计应遵循生态学原理，充分利用旅游地自身资源，减少外界物质的输入，实现物质循环和输入输出平衡，使旅游产品与整个自然环境相得益彰，既满足游客接近自然的愿望，又对生态破坏最小。

特别提示

旅游景区在产品开发设计时，应注重"兴奋点"和"消费点"。

兴奋点——可调动游客情绪，留下深刻印象，增强产品美誉度，进而扩大市场影响，提升竞争力。

消费点——构成产品主要的盈利能力，提高综合效益。

"兴奋点"强 = 消费意愿高 = "消费点"强 = 企业收益好。

二、旅游景区产品设计与开发的程序

旅游景区产品设计与开发的程序见图2-2。

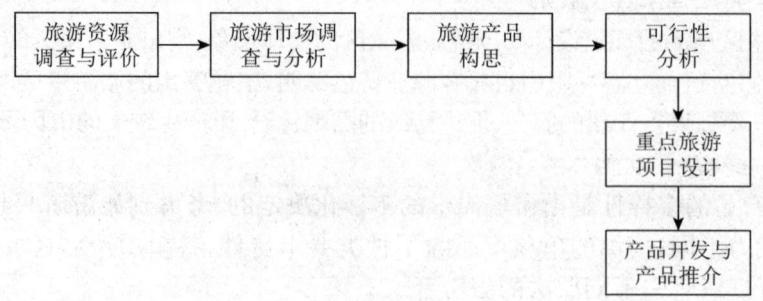

图 2-2 旅游景区产品设计与开发的程序

（一）旅游景区资源调查与评价

旅游资源调查与评价是旅游景区产品规划的前期工作。依据国家标准《旅游资源分类、调查与评价》（GB/T 18972—2003），旅游资源调查与评价是对一个旅游景区的旅游资源进行考察、勘察、测量、分析、整理的综合过程，通过为旅游景区产品规划提供全面系统的文字、照片、录像、专题地图等有关信息，对旅游资源本身以及旅游资源外部开发环境、开发条件进行评价，为旅游景区产品规划提供科学依据，以此确定产品设计的基调和方向。

（二）旅游市场调查与分析

旅游市场调查运用科学的方法和手段，通过系统地搜集、记录、整理、分析和总结旅游市场需求和市场活动信息，并针对旅游者的需求偏好，设计适销对路的旅游产品。一般来说，决定游客是否能从旅游景区产品中满足需求的因素主要有两方面：一方面取决于游客的类型，包括他们的年龄、生活方式、经历以及性格等特征（见表 2-3）；另一方面取决于旅游景区类型（见表 2-4）。

表 2-3 游客类型和游客追求的利益

游客类型	游客追求的利益
年长者	经济实惠，被动的活动，怀旧
有孩子的家庭	提供儿童娱乐设施，有提供儿童饭菜的餐馆，经济实惠
冒险者	刺激，挑战，全新体验
关注健康者	提供锻炼的机会，健康食品，干净安全的环境
时尚追求者	身份地位，参观时尚的旅游景区或参与时尚的活动
开车者	进入旅游景区的道路便捷，免费或便宜的停车场，交通顺畅

表 2-4　旅游景区类型和游客追求的利益

旅游景区类型	游客追求的利益
主题公园	刺激,各种各样的景点,氛围,与他人在一起物有所值,轻松的娱乐
海滨	阳光浴、海水浴,经济实惠,有他人陪伴或独自一人
大教堂	历史建筑物的美感,氛围,静谧,超脱的感受
博物馆	了解新的事物,怀旧,购买纪念品
剧场	娱乐,气氛,身份地位
休闲中心	锻炼,挑战生理极限,竞技,身份地位

(三) 旅游产品构思

旅游产品开发是以旅游者的需求和满足这种需求的可能性,以及具有开发与发展同这种需求相适应的新产品的技术为基本前提的。旅游产品构思要反映出旅游景区形象、文化历史背景、空间结构、开发重点等的系统界定。旅游景区产品主要是旅游项目。

(四) 可行性论证

旅游景区在确定旅游项目之前必须要对已有的项目构思进行甄别,对拟列入的开发项目进行评估,进行相应的可行性论证,从技术、经济效益、社会效益和生态环境效益等各个方面对开发项目的可行性与合理性进行全面的审核和评估,并写出评估报告。

(五) 旅游项目设计

旅游项目设计是旅游产品构思的具体落实,文字表述应清楚明白,具有可操作性和规范性,最后通过招标的形式吸引投资者来投资建设。

(六) 产品开发及市场推介

旅游景区产品经过设计后,可在一定范围内进行试验,如果确认其具有市场潜力,可将这种新产品推向市场,但还需要不断搜集信息,合理运用反馈机制,不断完善产品。

三、旅游景区产品策划的方法

(一) 文化差异与文化认同

从文化学的角度来看,旅游动机有两类:一是文化差异,二是文化认同。文化差异形成旅游吸引力,造成旅游动机。根据文化差异设计的产品,如异国情调与民族风情旅游项目、各种民俗节庆旅游活动等,都能吸引大量游客。文化认同为一种肯定的文化价值的判断,旅游动机表现为追求一种群体文化认同的感觉,根据文化认同可设计寻根谒祖游等旅游产品。

(二)典型集中

典型集中是指有特色的项目、分散的项目经过整合与包装,形成规模较大、水平较高的旅游项目。例如,四川剑门关旅游景区是剑门古蜀道的核心旅游景区,文化底蕴深厚,但资源分散,并缺少对历史文化资源的总结概括,旅游景区内仅涉及少量的历史文化旅游产品。通过对"景虹历史"和自然资源进行重新分析、评价,规划专家发现剑门山山脉及剑门关的地质构造独特,形成了"易守不易攻、御敌以北"的天然战阵,这种地质构造造就了成都平原"天府之国"的安定与富庶,同时这里留下了众多攻关、守关的传奇故事,是自然奇观与人文历史的完美结合典范。经过反复的研究和论证,最终把剑门关旅游景区的主题提升为"天生战阵,地理人文奇观",精辟集中地概括了剑门关旅游景区的特色。

大型节庆活动,往往是在整合和集中地方文化旅游资源进行包装之后推出。例如,辽宁是清文化的发源地,沈阳、抚顺、辽阳三地保存着许多清文化的历史遗迹。辽宁省整合三地旅游资源推出以"清文化"为主题的清文化国际旅游节、满族风情旅游节等系列旅游节庆活动,形成了独具一格的特色。

(三)逆向思维

这是一种打破消费者寻常思维模式的设计方法,以相反的内容和形式标新立异地塑造市场形象。例如,野生动物园的设计。人们所熟识的动物园一般为笼式动物园,动物在笼内,可称为封闭式动物园。野生动物园的动物不在笼内,而在旷野,人却在"笼"(车)中,游览的是开放式的动物园。

(四)借鉴与引进

根据旅游市场需求,借鉴和引进一些旅游项目。例如,四川西岭雪山旅游景区在"中国(四川)南国冰雪节"中引进"森林狩猎"旅游项目。当旅游者步入狩猎场后,"丛林"中会不时出现仿真的"野兔""大象""梅花鹿"等20多种"动物",狩猎者使用电子激光枪向其射击,击中的猎物会发出模拟的叫声,从而让狩猎者尽情体验古代围猎场的狩猎乐趣。

(五)时空搜索

时空搜索是一种在空间轴和时间轴两个向量上搜寻与本地区位、市场及资源条件的最佳交叉点的方法(参见图2-3)。

模块二 | 认识旅游景区产品管理

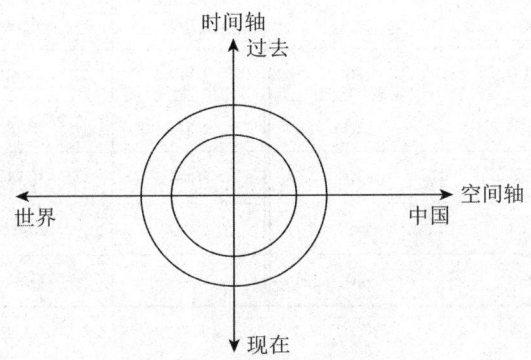

图2-3 深圳华侨城主题公园群主题文化时空搜索

在两个轴上的极端方向的旅游项目往往能吸引更多的旅游者。如今旅游界在时间轴上的两大趋势:古和今,追求返璞归真的复古思想和追求高科技的发展思想在目前旅游界占据重要地位。民俗街区传统建筑的保护,乡村旅游、农舍旅馆和现代高科技的游乐项目,是回顾传统文明、享受现代文明的两种趋势。

在空间轴上寻找的是空间差异性,如城市人下乡、农民进城、国人出境都是目前旅游发展的空间移动规律,可据此策划一些旅游项目,例如,在城郊建立面向城市儿童和青少年的生态观光农业园或体验农业园,开展"当一天农民,当一天果农,当一天渔民"等活动;组织农村儿童到城市游乐园旅游。

任务三 掌握旅游景区产品创新

【工作情境】

在提交了针对自驾游游客的"汽车旅馆"项目策划案之后,两位同学又接到了新的任务:在面临自驾游市场占据旅游景区游客总量70%的情况下,旅游景区原有的以观光为主题的景观项目如何创新,如何更好地吸引游客。同时,产品研发部负责人给这两位同学提供了2000年至2010年旅游景区游客接待量及增长率(见表2-5)。

表 2-5　2000—2010 年旅游景区游客接待量及增长率

年份	游客人次	增长率(%)	年份	游客人次	增长率(%)
2000	1000	—	2006	3398	10
2001	1100	10	2007	3398	0
2002	1320	20	2008	3358	0
2003	1716	30	2009	3058	-10
2004	2574	50	2010	2446	-20
2005	3089	20			

案例讨论

案例 1　深圳锦绣中华主题公园的生命周期

深圳华侨城锦绣中华主题公园始建于 1987 年。锦绣中华的创意还要从华侨城前任掌门人马志民一次到荷兰的考察经历说起,当时马志民参观了荷兰一个著名景点——海牙的"小人国"马杜罗丹。这个微缩景观公园占地 1.8 万平方米,从古到今的各种建筑应有尽有:王宫、古堡、教堂、市府大楼、博物馆、啤酒厂、运动场,所有建筑都按 1/25 的比例微缩,是荷兰最受欢迎的旅游景点之一。马志民参观后有了初步的想法,在华侨城建设一个包罗中国各地著名历史古迹和自然风光的微缩景观——锦绣中华。

"一步迈进历史,一天游遍中华"。1989 年开始由于强力促销,锦绣中华开业初期大量游客蜂拥而至,年接待游客量大大超过市场的增长速度,原始市场规模被迅速消耗,此后年接待量迅速下降(见表 2-6、图 2-4),所以锦绣中华的生命周期较短。

表 2-6　1990—1995 年深圳锦绣中华游客量分析表

年份	游客量(万人次)	增长率(%)
1990	323.73	-9.9
1991	291.58	7.9
1992	314.57	-12.9
1993	274.99	-41.9
1994	159.89	-23.5
1995	122.34	-62.2

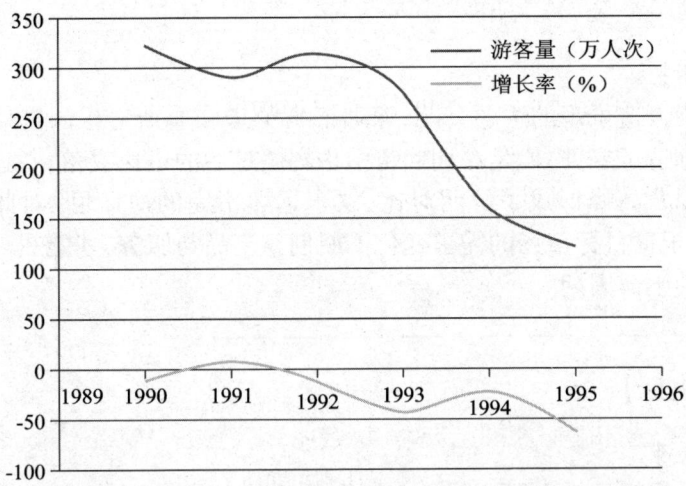

图 2-4　1990—1995 年深圳锦绣中华游客量折线图
资料来源：保继刚.旅游开发研究[M].北京：科学出版社,1996.

案例2　永远建不完的迪斯尼

迪斯尼乐园的一个著名口号是"永远建不完的迪斯尼"。迪斯尼公司多年长期坚持采取"三三制"，即每年都要淘汰 1/3 的硬件设备，新建 1/3 的新概念项目，每年补充更新 1/3 娱乐内容和设施，不断给游客新鲜感。"满足顾客需要"是迪斯尼乐园创新产品的原动力。为了准确把握游客需求的动态，公司内部专门设置了调查统计部、信访部、信息中心，这些部门每年要开展数百项市场调查和咨询项目来分析游客需求动态变化，并把研究成果提供给其他各职能部门。迪斯尼公司的创始人罗伊·迪斯尼曾讲道："把握游客需求动态的积极意义在于：及时掌握游客的满意度、价值评价要素和及时纠偏；从中找到迪斯尼创新发展的关键点。"迪斯尼公司根据对相关信息的分析来把握游客需求的动态变化，从而针对性地创新产品、更新设施设备。

迪斯尼乐园的产品创新策略包括创新产品和改良产品。迪斯尼公司每推出一部新的卡通片就会在主题公园中增加一个新的人物；乐园实行不断增加新的游乐场所、设施及服务方式的经营策略来吸引回头客。例如东京迪斯尼乐园在任何时候都有 10% 至 20% 的设施正在更新或调整，它在 1987 年增加了"雷电世界"，1989 年增设了"星际之旅"，1995 年添置了"米奇胜过滑雪"。18 年来为建设超级音响设备和35个游乐场所先后投资了1200亿日元。不断创新的产品项目为其赢得了很高的顾客回游率,据统计,东京迪斯尼乐园的游客中约有3/4是回头客。

案例分析:

同样作为人造景观的主题公园,深圳锦绣中华和迪斯尼乐园奇妙的创意为旅游景区经营创造了辉煌,但是深圳锦绣中华辉煌过后的迅速衰落,与迪斯尼乐园的一个又一个经营高峰形成了鲜明对比。"永远建不完的迪斯尼"对此提供了最好的答案:只有根据目标市场的需求变化不断创新产品与服务,才能尽可能地延长旅游景区产品的生命周期。

【任务执行】

1. 任务发布

通过对上述案例中主题公园生命周期的比较分析,思考旅游景区旅游产品创新的方法与途径。

2. 任务分析

通过对旅游景区现有旅游产品生命周期的评估和对旅游产品创新方法与途径的理论把握,进行旅游景区旅游产品创新。

3. 任务实施

(1)对旅游景区旅游产品生命周期所处阶段进行评估,并对旅游产品生命周期的影响因素进行深入分析。

(2)在迪斯尼乐园成功经营的启示下,找出旅游景区产品创新的正确方法和途径,并形成任务成果书(表2-7)。

表2-7 任务成果书

任务成果书	
实训任务:旅游景区产品创新	任务性质:个人任务
成果名称:旅游景区自驾游旅游产品创新研究	
成果要求: (1)阶段成果:旅游景区产品生命周期诊断及影响因素分析 (2)最终成果:旅游景区自驾游旅游产品创新思路与对策	
成果形式:论文(不少于3000字,A4纸双面打印,标页码)	

【相关知识】

旅游景区产品和其他旅游产品一样都是具有生命周期的。旅游景区产品从正式投放市场到最终退出市场,一般要经历投入期、成长期、成熟期和衰退期四个阶段。为了延长旅游景区的生命周期,就必须不断对旅游景区产品进行创新。

一、旅游景区产品的生命周期

(一)旅游产品生命周期理论

"产品生命周期"原是市场营销学中的一个概念,认为产品从进入市场到最终退出市场存在着若干发展阶段,包括初始期、成长期、成熟期和衰退期。20世纪80年代初,该概念被引入到旅游研究领域,产生了"旅游产品生命周期理论"。旅游产品生命周期理论由加拿大学者巴特勒提出。巴特勒将旅游产品的演化经过分为六个阶段:探查、参与、发展、巩固、停滞、衰落或复苏阶段。此后,随着旅游业的不断发展和旅游学研究的不断深入,旅游产品生命周期理论逐渐丰富,并被广泛应用到旅游产品的研究实践中,如指导旅游产品的营销和规划,预测客源,旅游产品的发展解释等。在旅游景区产品管理中运用产品生命周期理论有助于旅游企业针对处于不同生命周期阶段的旅游产品的特点,制定相应的经营对策,积极进行旅游产品的更新换代,不断推陈出新。

旅游产品生命周期通常用接待旅游者人数或旅游收入来衡量,可根据历史的状况来描绘成"S"形曲线。被广泛接受的巴特勒的旅游产品生命周期曲线(图2-5)采用了这种描绘方法。

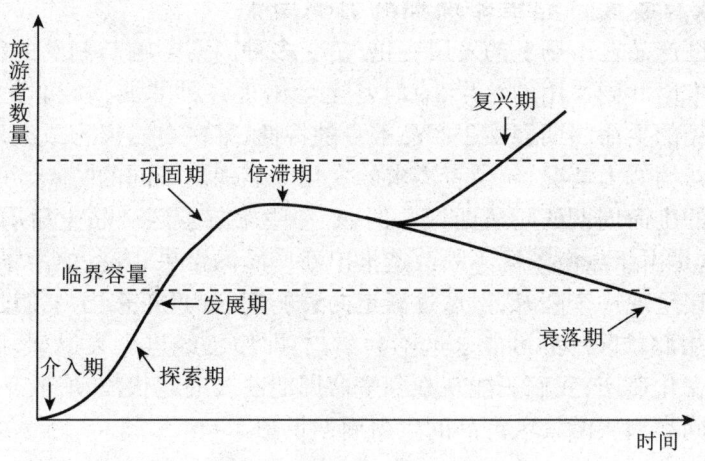

图2-5 巴特勒的旅游产品生命周期曲线

1. 生长期

生长期即旅游景区产品进入市场的初始阶段。具体表现为住宿、餐饮、娱乐等旅游基本设施建成,但有待完善;新的旅游线路开通,新的旅游项目、旅游服务推出,但旅游产品的生产设计还不够成熟,需要接受市场的检验。在此阶段,旅游者的购买多是试验性的,较少重复购买。同类竞争产品也较少。

2. 发展期

发展期即旅游产品快速占领市场的阶段。此阶段旅游景区开发初具规模,旅游设施逐渐配备,旅游服务趋于标准化和规范化,旅游产品基本定型并形成一定的特色,在市场上拥有一定的知名度。旅游者普遍对旅游产品有较好的口碑,越来越多的潜在消费者加入到现实购买者的队伍中来,重复购买者不断增多,竞争也随之出现。

3. 成熟期

成熟期即旅游产品的主要销售阶段。旅游产品经过发展期的市场生长与磨合,逐渐成为名牌产品或老牌产品,其销售量逐渐增长达到高峰,之后发展趋于平缓,旅游市场已达饱和状态,供求基本平衡。由于相当数量的同类产品和仿制品大举进入市场,竞争空前激烈,差异化成为旅游景区竞争的核心。

4. 衰退期

衰退期即旅游产品逐渐衰落被市场淘汰的阶段。由于更新颖、时尚的替代产品出现,旅游景区产品的吸引力下降,仅有少数名牌产品具有一定的市场竞争力。大多数旅游景区选择降价,从而形成恶性价格竞争,并开始寻找和开发升级换代产品。

(二)旅游景区产品生命周期的影响因素

旅游景区产品在市场上的发展变化,是受多种因素影响与制约的结果,是由供给和需求两方面共同作用的结果,有时甚至会出现各种非典型或非正常的变化现象。旅游产品的生命周期会由于产品本身的特性、某些自然灾害或突发事件、旅游企业本身的营销努力情况、旅游者需求的变化等显现出不同的特点,并非都遵循巴特勒所描绘的生命周期的阶段曲线。例如,一些旅游景区产品生命周期曲线会呈现多峰形,这是由于旅游景区不断改造推出新产品的结果;有些旅游景区产品生命周期曲线直接呈现一个高峰,然后逐渐走向衰弱期(如近年来国内建设的许多主题公园);有些旅游景区产品可能永远不会消亡,即使已经进入衰退期,例如博物馆、某些高等级文化遗产,我们只能观察到生命周期曲线的起伏波动,看不到大的上扬或下降。不同类型旅游景区产品的生命周期见图 2-6。

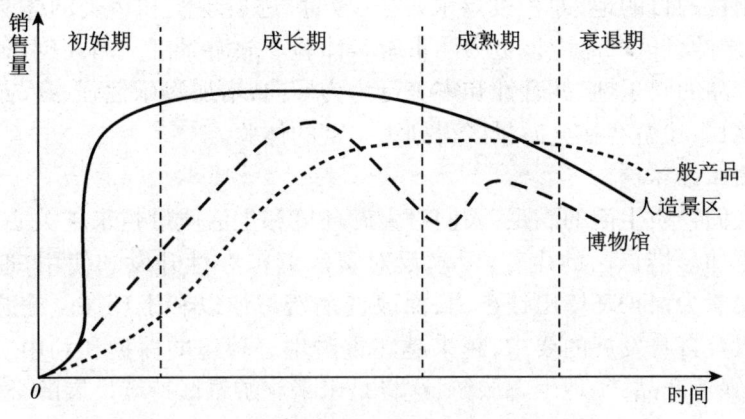

图 2-6　不同类型旅游景区产品的生命周期

二、旅游景区产品创新

目前,我国许多旅游景区呈现出严重的生命周期现象,尤其是一些老牌的资源依托型旅游景区和新兴的资源脱离型旅游景区,随着旅游市场的变化已由卖方市场转为买方市场。随着旅游者消费水平和消费品位的提升,这些旅游景区逐渐失去了自己的市场,出现游客流量停滞甚至下降的现象,渐渐走向衰退。因此,只有对旅游景区产品进行不断地创新,才能保持旅游景区的生命力,才能不断地吸引游客。

(一)旅游景区产品创新的方向

旅游景区产品创新方法多种多样,但随着旅游市场的逐渐成熟,其创新的发展主要朝着以下两个方向进行:

1. 注重游客体验

旅游景区产品是一种体验,如何加深游客在旅游景区的体验,给游客一次难忘的经历呢?《体验经济》的作者派恩和吉尔摩将体验分成了四个部分:娱乐(entertainment)体验、教育(education)体验、逃避现实(escape)体验和审美(es—theticism)体验。它们相互兼容,形成了独特的个人境遇。娱乐体验不仅是一种最古老的体验之一,而且在当今是一种最高级、最普遍、最亲切的体验,几乎没有哪种体验会排斥那些使人们开怀大笑的娱乐瞬间。和娱乐体验不一样,教育体验包含了游客更多积极地参与。逃避现实体验比娱乐体验和教育体验更加令人着迷,需要更加积极参与。游客参与有教育体验就是想学习,参与逃避现实的体验就是想去做,参与娱乐体验是想感觉,而参与审美体验就是想到达现场。

未来的旅游者闲暇时间会更加积极地寻求可提供参与和学习的机会,以及有趣和有娱乐性的目的地,即积极寻求娱乐、教育、逃避现实和审美的体验。在体验经济时代,旅游景区产品应该更为注重游客体验。旅游景区产品在创新时,就更应该以提高产品的娱乐性、教育性和审美行为为导向,增加娱乐性强、参与性强、文化内涵多的项目,让游客在旅游景区得到更丰富的体验。

2.注重生态环境

随着人们物质生活的满足,人们对生态环境和生活质量越来越关心,比以往任何时候都更加珍惜自己的生存环境,反对资源的掠夺性开发和使用,追求永续消费。人们愿意为保护环境出钱出力,而改变消费习惯以利于环保。旅游景区基于游客需要以及自身发展的要求,越来越注重对生态环境的保护和利用。宣传环保知识,开发绿色产品,实现生态旅游,这将是未来旅游景区持续发展的必由之路。

☞ 行业新动态

中华恐龙园:"无中生有"造龙城

用"无中生有"来形容中华恐龙园,是再恰当不过的。因为在常州,既没有挖出恐龙骨化石,也没有找到恐龙蛋,然而却打造出亚洲一流的恐龙文化主题公园。这座占地600余亩的园区,自2000年9月对外开放以来,截至2012年已接待中外游客超2 100万人次,实现了常州旅游开发从挖掘既有资源到引进市场热点的转变,成为中国文化旅游发展史上"无中生有"的一个经典范例。

常州恐龙园股份有限公司脱胎于常州中华恐龙园有限公司,2000年7月注册成立,2011年4月完成企业改制,是一家专业从事主题公园经营管理、动漫影视作品制作、衍生商品研发销售以及演艺事业的综合性文化企业。如今,他们经营的中华恐龙园,成为一座集科普、博物、娱乐、休闲、环保于一体的恐龙文化主题公园。已建有库克苏克、布鲁啦、嘻哈恐龙城、重返侏罗纪、雨林冒险、欢乐街六大主题旅游景区。而园中的中华恐龙馆珍藏着各类国宝级恐龙化石50多具。

谈到园区的未来发展,中华恐龙园总裁田恩铭表示,"恐龙复活计划"是其中的一个重要项目。他说:"科技与文化的融合,最好的体现是在娱乐上,所以当恐龙主题与高科技融合在一起,便形成了"恐龙复活计划"。这个计划就是通过高科技手段的展示,让人们返回到6500万年前的恐龙世界,实现"侏罗纪公园"的概念。我们正在通过与国内外知名的研发团队合作,用5~10年的时间对恐龙园进行改造,把恐龙的生态复活起来,实现翼龙在天上飞、长颈龙在湖里戏水、霸王龙从你身边走过……""这里面运用到智能机器人技术、多媒体虚拟技术,以及三维空中成像等多种高科技手段。这项计划将分段实现,比如在2014年,我们会让'恐龙'来卖门票,让恐龙为游客现场制作冰激凌,随后还将推出'恐龙'巡游等。而从大的方面理解,'恐龙复活计划'是对整个恐龙园来讲,我们要在管理意识上、服务意识上实现全面的创新。"田恩铭说。

资料来源:管文明,肖焕中.中华恐龙园:"无中生有"造龙城[J].商业财经,2014(4).

业内点评1:
常州中华恐龙园的成功创造了旅游景区产品开发的奇迹,而旅游景区产品创新的成功在于对市场需求的不断追踪与调查,旅游市场的参与性、生态化需求,是常州中华恐龙园取得成功的不竭源泉。

业内点评2:
常州中华恐龙园从2000年的恐龙展示馆到"东方侏罗纪·中华恐龙园",让"雪藏"在地下仓库里的恐龙化石骨架在市场中复活,经历了从"恐龙"到"侏罗纪"的主题创新,实现了游客从参观到参与的功能转化。通过科技化、场景化旅游项目的开发,常州中华恐龙园插上了腾飞的翅膀。

(二)旅游景区产品创新的方法

1. 主题创新

主题是旅游景区经营的灵魂。无论是人文自然景观还是人造景观,以及科技参与型旅游景区,都必须有贯穿该旅游景区产品的主题,但是目前有一些旅游景区产品在主题的确定上缺乏特色,主题雷同的情况比比皆是,而且大多不能体现旅游景区深刻的文化内涵。这样不仅造成资源的浪费,而且会使旅游者对旅游景区户成不良的印象。因此在主题的确定上,必须突出旅游景区的特色,避免雷同,同时还要充分挖掘旅游景区深层次的文化内涵。以海南省为例:名山不是它的优势,因为它争不过泰山、黄山;名胜古迹,它争不过北京的故宫和长城、西安的兵马俑。在这种情况下,海南省立足本省的资源优势和地理位置优势,推出了海滨度假、温泉休闲、民族风情观光等旅游产品,收到了很好的效益。又如阿根廷,它的旅游基础设施并不完善,但在这种情况下,政府并没有花大力气改善本地的基础设施状况,而是因地制宜,开发"探险"旅游项目,让旅游者徒步穿越神秘的原始森林,或是去原始部落采风等。阿根廷以其独具特色的旅游产品,吸引着世界各地旅游者。

2. 功能创新

我国的一些旅游景区产品大多缺乏深层次的开发,向游客提供的仅仅是一种"观感",缺乏游客参与。借鉴国内外旅游景区的成功经验,可以发现,节庆表演活动的开发是旅游景区产品功能创新的主要途径。加强对娱乐表演的开发和创新,塑造精品表演节目,可以形成景区吸引游客的亮点。如何做好娱乐表演产品,形成精品表演节目呢?国内很多旅游景区表演项目开发的成功案例可以给我们开辟思路。

以文化感染人。杭州宋城拥有开封盘鼓、舞中幡、皮影戏等民间杂艺表演,蜡染、制锡、活字印刷等作坊表演,杨志卖刀、梁红玉击鼓抗金、汴河大战等大型影视表演,以及水幕电影和大型歌舞《宋城千古情》等40多种娱乐性、参与性节目,使旅游景区再现了1000年前的宋城生活。

以形式吸引人。大型桂林山水实景演出《印象·刘三姐》是表演形式的一种创新。其通过山水实景剧场,将经典山歌、民族风情、漓江渔火等元素创新组合,成功诠释了人与自然的和谐关系。

以场面震撼人。深圳世界之窗近年相继推出的大型广场歌舞《创世纪》《跨世纪》《旷世迷情》《千古风流》,都是场面宏大、气氛热烈的节目。

3. 结构创新

旅游景区产品按照功能不同划分为陈列式观光游览、表演式展示和参与式娱乐与相关活动。陈列式观光游览主要满足旅游者视觉上的需求;表演式展示是在陈列式观光游览基础上的一个提升,也就是旅游者在观光的同时可以欣赏到歌舞表演等节目,如旅游者去西安华清池参观时,就可以欣赏到仿唐歌舞表演;参与式娱乐相关活动是对表演式展示的发展,它让旅游者参与到旅游活动中去,共同形成热烈欢快的气氛,让旅游者在娱乐中得到放松。随着社会的发展,大多数旅游者都对参与性比较强的旅游景区感兴趣。但就目前情况而言,我国大多数旅游景区,无论是自然景观还是人文景观,都没有对产品进行深层次的开发,向游客提供的产品仅能满足游客单方面的需求。如果这些旅游景区也能开发出一些游客参与性比较强而且符合旅游景区本身特色的旅游产品,定能增强旅游景区自身的活力。

陕西省西安市的城墙是明太祖朱元璋洪武三年(1370)在隋唐"皇城"的遗址上历经八年扩建而成的,原是一座古代军事防御体系。现存城墙高大宏伟、气势恢宏,是古都西安的标志性建筑。目前每年接待游客数百万,但随着旅游者需求的变化,单纯的"游墙"活动已经不能满足旅游者的需求,旅游者开始对这种单一的旅游景区产品感到乏味。在这种情况下,西安环城建设委员会工作人员本着保护与开发并重的原则,参照古礼中的迎宾礼和盛唐时期的仪规并融合古代民间礼仪,开发出"仿古迎宾入城式"旅游精品,使旅游者由单纯的"游墙"变为全身心投入,同时旅游者也亲身领略到中华民族的历史文化风采。"仿古迎宾入城式"无论是在节目的编排还是音乐的设计上,都达到了较高的水平。产品一经推出,就收到了很好的社会效益和经济效益,被誉为"中华迎宾第一式",先后接待过许多外国元首和官员,如美国原总统克林顿、泰国皇后诗丽吉、新加坡总理吴作栋等。这种旅游景区产品为什么会获得成功,其主要原因为"仿古迎宾入城式"是集观赏性、趣味性、参与性于一身的旅游景区产品,不仅突出了城墙深厚的文化内涵,而且满足了旅游者的旅游需求。"仿古迎宾入城式"的成功,给我国旅游景区产品的开发提供了经验。在对旅游景区产品进行功能创新时,一方面要立足市场,因为只有满足市场需求的产品才是适销对路的产品;另一方面要注重旅游景区特色和文化内涵的挖掘。

(三)旅游景区产品创新的途径

1. 外延式扩张

开发新产品,外延式扩张是横向进行的。旅游景区产品的开发不可能一步到位,只能逐步完善。在原有产品老化、吸引力下降的情况下,开发新产品是较好的选择。特别是在原有旅游区域狭小的情况下,采用外延式扩张的开发方式是必要的。新产品开发对旅游景区而言,一是可以完善旅游景区景观和丰富景观内涵,如颐和园修复耕织图,恢复历史旅游景区的完整,让游客有更丰富的体验;二是可以拓展旅游景区容量,缓解旅游景区承载压力,为游客提供宽松舒适的旅游环境;三是可以增强旅游景区吸引力,为老旅游景区注入新的活力,使游客常看常新。贵州省的茅台酒厂围绕酒文化这个龙头,利用茅台酒的品牌效应和独具特色的工业资源,向市场推出了酒文化旅游产品,使工业旅游成了贵州省旅游精品之一,并基本形成了具有特色的文化旅游产业体系。这项旅游产品的推出不仅促进了当地旅游业的发展,而且还带动了区域经济的持续增长。一般而言,全新旅游产品的开发周期比较长,而且所需的投资和风险都较大。

2. 内涵式升华

对旅游景区产品进行内涵式升华,即对产品进行深层次开发,实现产品的高级化。这不仅是注入新的资金、更新设备,更重要的是对资源文化内涵的挖掘。例如,自然旅游资源应重视其自然文化导向,深掘其科学、美学内涵,以科普教育、原始风光、探险、生态考察为主题;人文旅游资源应以历史文化为导向,以民族性、艺术性、地域性和传统性来创意。

设计具有文化品位和艺术氛围的旅游项目。比如,苏州以古典园林而享有盛名,中外游客慕名前来观赏的是古典园林,但是长期以来只是作为静态的"盆景"展示,化静为动、焕发古园林活力方面显得不足。网师园开展古典夜园游特色活动,园内8个厅堂、楼台景点分设的昆曲、评弹和民间歌舞、民族乐器等地方传统戏曲表演,令中外游人陶醉其中,流连忘返。

3. 优化产品组合

无论是横向的外延式扩张,还是纵向的内涵式升华,其实质都是对产品组合进行优化。优化旅游景区产品(如住宿、饮食、疗养、健身、娱乐、购物、游览、参观等)这一过程包括旅游景区产品的组合设计,也包括旅游景区产品组合的实施,这是旅游景区产品创新的最终目标。产品组合包括广度、深度和关联度三个要素。对于旅游景区产品而言,广度是指一个旅游景区有多少旅游产品系列,产品的数量越多,产品广度就越大。深度是由一个旅游景区各产品系列内平均包含的产品项目来表示的。关联度,即产品系列之间的关联程度,是指旅游景区产品之间在满足旅游消费需求、拓展销售渠道等方面可以存在某种联系,也可以互不关联。产品组合的规划要从实际出发,既要充分考虑目标市场的需要,又要兼顾旅游景区自身的营销目标和营销能力。

思考与练习

一、填空题

1. 狭义的旅游景区产品是_____,是旅游旅游景区借助一定的_____、_____而向旅游者提供的_____和_____的总和。
2. 广义的旅游景区产品是多种_____的组合,如旅游景区内的_____、_____等。

二、名词解释

1. 旅游景区产品 2. 旅游产品生命周期

三、简答题

1. 旅游景区产品有何特点?
2. 旅游景区产品开发的原则是什么?

四、技能实训

走访所在城市周边旅游景区及同类产品竞争者,分组对旅游景区资源、市场、主题、产品资料进行搜集和实地调研,结合旅游景区产品开发与创新的相关理论知识,从主题、结构、功能等方面提出旅游景区产品创新策略,并填写表2-8。

表2-8 旅游景区状况调研表

旅游景区名称	资源特色	市场范围	主题定位	旅游景区产品		
				产品层次	产品类型	产品功能
旅游景区1						
旅游景区2						
旅游景区3						
旅游景区4						
旅游景区5						
……						

模块三　说说旅游景区营销管理

如果旅游景区是船,那么旅游景区营销就是帆。随着全球旅游业规模的迅速扩张,旅游景区的竞争日趋激烈,旅游景区营销和品牌塑造已成为抢占市场、提升旅游景区核心竞争力的关键。

在日常旅游景区管理中,一般由市场营销处负责旅游景区的市场调查与具体的营销方案、营销策略的制订。市场营销处的管理与工作内容主要集中在市场营销计划的制订、旅游景区节庆活动的策划、营销宣传与品牌的推广、市场分析与总结的实施、营销工作的检查与考核等方面。本章重点从市场调查、市场细分与目标市场选择、市场营销组合等方面,重点介绍旅游景区营销管理的主要职能。

学习目标

1. 知识目标
（1）了解旅游景区市场调查步骤及方法。
（2）熟悉旅游景区的市场细分及定位。
（3）掌握旅游景区营销的概念、特点及要求。
（4）理解旅游景区营销策略组合。
2. 技能目标
（1）能够运用所学知识,为旅游景区设计一套切实可行的市场调查方案。
（2）能够运用所学知识,为旅游景区制订一套年度营销策划方案。

任务一　了解旅游景区营销管理

【工作情境】

郑州某职业学院旅游管理专业学生在顶岗实习过程中,5 名同学被派往旅游景区市场营销处,参与旅游景区市场调研、市场细分、目标市场选择、市场营销战略与市场营销策略的选择等市场营销的全过程。宽松的工作环境、年轻的工作团队、辛苦的市场调研、创意的工作过程,是 5 名同学对市场营销处的第一印象,而熟悉旅游景区营销管理的具体工作内容,是 5 名实习生入职后亟须完成的第一项任务。

案例讨论

案例1 澳大利亚大堡礁的事件营销

大堡礁位于澳大利亚东北部昆士兰省对岸,是世界上面积最大的珊瑚礁群,是世界七大自然景观之一,也是澳大利亚最引以为傲的天然景观,被誉为"透明清澈的海中野生王国"。尽管大堡礁久负盛名,但随着海水升温以及游客增多,大堡礁的珊瑚虫一度濒临灭绝。经过一段时间的休养生息,大堡礁生态环境得到了改善,但知名度却大不如以前。加上当地旅游业受金融危机冲击,游客数量大减。为了恢复并提高大堡礁的国际知名度,昆士兰省旅游局精心策划了一场事件营销活动。

2009年年初,昆士兰省旅游局推出"世界上最好的工作"招募活动,面向全球招聘大堡礁看护员。这次活动历时半年,从全球近3.5万应聘者中进行海选,吸引了全球的目光,大大提高了大堡礁的国际知名度。昆士兰省旅游局为这次活动预算投入了170万美元,但却收获了价值超7 000万美元的宣传效应,成为这次事件营销的大赢家。

案例2 口碑互动营销——上海欢乐谷啤酒狂欢节活动

上海欢乐谷位于松江区佘山国家旅游度假区核心区域,占地90公顷,于2009年8月16日正式开园,作为"动感、时尚、欢乐、梦幻"的大型主题公园,是上海乃至全国规模最大、景色最美、科技含量最高的主题公园。

以"看世博会,玩欢乐谷,畅享啤酒狂欢"为主题的2010上海欢乐谷首届啤酒狂欢节,从7月3日开始,8月29日结束,历时58天,七大主题娱乐区的五大洲风情演艺、八大品牌啤酒周、十大狂欢盛典等精彩活动,打造了上海乃至长三角的夏日旅游盛事。为了更好地吸引长三角目标游客体验参与欢乐谷啤酒节活动,带动夜场门票销售,欢乐谷市场营销部门在网络上除了投放常规的网络广告来增加曝光度以外,还运用了网络口碑营销。

整个网络口碑传播分为两个阶段,第一阶段通过帖子"盖楼"、点评网站报名等形式招募体验网民;第二阶段是体验分享和游园攻略,引爆话题。选择媒体种类有BBS类论坛,如猫扑、新浪论坛等50家;SNS社区,人人网、开心网;还有wiki类互动问答社区,如新浪爱问、雅虎知识堂、百度知道和搜搜问问。通过活动预热和炒作,增加了啤酒节在网民中的口碑传播,取得了很好的传播效果。

资料来源:驴妈妈旅游网。

案例分析:

澳大利亚大堡礁的事件营销被视作营销的经典案例。它的成功主要有三个原因:首先,充分利用网络营销,所有关键工作都在网上开展,一方面为网上申请提供了便利,另一方面也达到了更广泛的宣传效果。其次,抓住社会热点,在当时全球金融危机、大批企业裁员的形势下,提供被称为"世界最好的工作"的职位,吸引了全球无数人的眼球,引来各大媒体争相报道。最后,活动覆盖范围广,报名成本和应聘条件低,形式有趣,许多人都乐于参与。

俗话说"金杯银杯不如老百姓的口碑"。口碑营销成功率高、可信度强,是许多企业注重的一种营销方式。上海欢乐谷正是抓住了口碑营销的这一特点,并充分利用网络覆盖面广、方便快捷等特点,进行网络口碑营销,取得了良好效果。

【任务执行】

1. 任务发布

5名同学走进旅游景区市场营销策划部,收集旅游景区已有的营销活动资料;了解市场营销策划部的岗位设置及岗位职责;结合案例中旅游景区营销成功的经验,学习、评价旅游景区营销管理制度,对不完善的地方提出修改意见。

2. 任务分析

结合案例中旅游景区营销成功的经验,根据所在旅游景区已有的营销活动资料,对旅游景区营销管理制度进行梳理和评价。通过学习旅游景区营销管理制度,有助于同学们理解和掌握旅游景区营销管理的内容。

3. 任务实施

(1)听取旅游景区市场营销策划部工作人员对部门的岗位设置介绍,然后绘制岗位设置图。

(2)收集旅游景区举办过的营销活动资料,对应旅游景区市场营销策划部的管理制度进行梳理和评价,对不完善的地方提出小组修改意见,形成任务成果书(表3-1)。

表3-1 任务成果书

任务成果书	
实训任务:旅游景区营销管理认知	任务性质:分析报告
成果名称:小组分析报告	
成果要求: (1)阶段成果:旅游景区岗位设置图 (2)最终成果:旅游景区营销管理制度分析报告	
成果形式:分析报告(不少于2000字,A4纸双面打印,标页码)	

【相关知识】

一、旅游景区营销管理概述

旅游景区营销管理是旅游景区为满足游客的需求并实现自身经营和发展目标,通过旅游市场实现交换的一系列有计划、有组织的社会和管理活动。

旅游景区营销管理的最终目标是满足游客的需求。旅游景区营销管理是通过旅游市场分析,准确确定目标市场,为旅游者提供满意的产品和服务,为旅游景区产品实现交换的全过程管理,是一种游客需求的管理。

由于许多旅游景区旅游资源的不可再生性,旅游景区营销不仅要考虑游客的需求,而且要考虑到旅游资源的保护,要将市场需求与旅游资源保护结合起来,使市场营销与环境保护协调统一可持续发展。

二、影响旅游景区营销的因素

(一)影响旅游景区营销的外部因素

1. 游客需求的层次不断提高

游客对旅游景区产品和服务的需求是复杂多样、经常变化的,并随着旅游的发展,需求的层次也在不断提高。因此,旅游景区必须注意研究游客市场需求,并预测其变化趋势,不断开发新项目,以提高旅游景区的应变能力和竞争能力。

2. 日趋激烈的市场竞争

竞争是影响旅游景区营销的重要因素之一。旅游景区在经营过程中会面临众多竞争者,不同的竞争形势会对旅游景区营销产生不同的影响。竞争对手会通过更先进的技术手段、提供更多的旅游产品、运用更新的营销方式等,与其他旅游景区争夺同一细分市场。在这种日趋激烈的市场竞争中,旅游景区要吸引更多游客来开拓市场,就必须不断分析竞争对手的数量、规模和竞争手段等,确定旅游景区各自的相对竞争优势和劣势,通过旅游景区形象的策划与传播,强势品牌的打造与经营,构造旅游景区独特性、排他性的核心价值,从而增强旅游景区的竞争力。

3. 科学技术的应用

现代科技的发展特别是网络技术的运用,也给旅游景区提供给了先进的营销管理和服务手段。很多旅游景区积极利用互联网开展网络营销,开通网上订票业务,通过网络平台对旅游产品设计、宣传、销售进行一体化运作。

(二)影响旅游景区营销的内部因素

1. 经营的高固定成本和低变动成本

旅游景区的初期投资通常较高,而随后经营过程中的成本却相对较低,因此游客数量的增加并不会大量地增加旅游景区成本;而游客数量的减少也不能大量地减少成本,这一点对于旅游景区营销,特别是定价和促销两方面都很重要。

2. 受季节影响较大

许多以自然资源为主的旅游景区,由于气候等因素的影响,存在着明显的季节性波动。根据相关数据,许多旅游景区最大容量或需求量运营的时间通常一年中只有20天左右,其中每一天的接待量占全年游客总数的1%。考虑到景区的环境承载能力,许多旅游景区不得不对高峰期的流量进行限制,因此,旅游高峰期将旅游者拒之门外的现象在许多旅游景区都屡见不鲜。针对这一特点,旅游景区营销主要目的之一就是在旅游旺季之外创造尽可能多的需求。

3. 资源的不可再生性

由于许多旅游景区的旅游资源属于不可再生资源,因此旅游景区的营销战略不仅要考虑到旅游者的需求,还要充分考虑到对这些资源的保护,注意旅游景区资源的可持续发展。例如世界遗产敦煌莫高窟洞窟多达492个,但出于文物资源保护的考虑,每年只轮流开放40个,珍贵的特级洞窟更是很少对外开放。

4. 回头客比率低

有些旅游景区具有吸引回头客的资源,而大多数旅游景区游客只光顾一次,回头客比率低,尤其是那些参与性低的旅游景区更是如此。随着旅游景区竞争的加剧,能在一年内重复惠顾同一旅游景区的旅游者是极少数,因此,通过旅游景区营销活动发掘新的客源,并鼓励其前来参观游览成为大多数旅游景区关注的首要问题。

三、旅游景区营销的内容

旅游景区的营销是一个复杂的过程,它遵循一般市场营销的原则和规律,同时具有自身的内容和特点。旅游景区营销管理的内容主要包括:

(1)分析市场。营销信息调研、营销环境分析、旅游者动机分析。

(2)目标市场细分与定位。预测需求量、市场细分、目标市场选择。

(3)设计营销战略。旅游景区开发战略、形象定位、市场定位、旅游景区生命周期战略。

(4)策划营销方案。旅游景区产品组合、服务项目、门票方案、分销渠道、促销方案等。

(5)营销活动的组织、执行与控制。旅游景区组织部门设置、营销规划、营销政策等。

> 行业新动态

精准营销

旅游市场日渐成熟,旅游景区发展竞争加剧,因此,营销模式受到更多旅游景区的重视,精准营销便是趋势性选择之一。旅游景区精准营销是在充分了解游客信息的基础上,针对游客偏好和特征,有针对性地进行一对一的营销,通常由直接营销、数据库营销等多种手段组成。

旅游景区开展精准营销可以准确定位目标市场,降低多方成本,保持稳定增长,便于游客的管理,提升游客满意度。

实施旅游景区精准营销主要包括以下措施:

1. 注重精准营销研究

精准营销需要在深入分析旅游景区特点的前提下,积极寻求与相关研究机构合作,并通过多种渠道,加大对旅游景区精准营销研究的政策和经费支持,以坚实可靠的理论基础为旅游景区精准营销活动提供支撑。

2. 旅游景区 TRM 建设

CRM(Customer Relationship Management)即客户关系管理,是精准营销的核心,对于旅游景区来说,可以称其为游客关系管理,即 TRM(Tourist Relationship Management),TRM 是面向游客,一切围绕游客为中心来运作管理,需要一套专门的软件来实现管理,类似于酒店现有客户管理系统。

3. 培养精准营销团队

精准营销对于旅游景区来说,还是一个很粗浅的概念,人才缺乏是重要原因之一。旅游景区应该有意识地培养自己的营销团队,并有专业化的精准营销成员。

4. 整合化运营

旅游景区精准营销需要对宏观环境、旅游行业与产品发展态势进行分析,与区域政策和整体的营销目标相统一,与旅游景区自身的资源特点和战略发展相一致。此外,旅游景区在分析游客区域性、还须依据战略指导和科学数据分析,结合其他营销方式,实现与精准营销互补。

精准营销在很多行业体现出它的优势,未来的时代是"精准"的时代,精准营销将逐渐成为旅游景区需要关注探索的营销模式。

业内点评:

旅游景区精准营销是根据旅游景区营销内容,对目标市场进行细分,根据细分市场设计营销战略、策划营销方案、组织营销活动,从而做到有的放矢。

任务二　掌握旅游景区的市场调查

【工作情境】

经过一周的学习期和适应期,5名同学正式走上了顶岗实习岗位,而摆在大家面前的第一个工作任务是调查旅游景区市场,为旅游景区制订下一年的市场营销计划提供建议。

案例讨论

案例1　云台山旅游景区市场调查

10年来,云台山根据不同游客群的不同需求,围绕"云台山水,峡谷极品"的品牌形象,加大国内旅游市场宣传力度,成功策划了一系列多形式、多层次、多角度的营销活动。而要做好市场营销,必须通过深入详细的市场调查,细分市场,选择目标市场。

为深入了解旅游景区客源市场,以前每到周末、节假日,云台山旅游景区安排工作人员在进入旅游景区的路口对旅游车辆分车型、车牌照进行手工统计,然后按照小车4人、中型车15人、大巴车35人进行估算人数,以此来分析旅游景区的市场结构。2006年,作为住房和城乡建设部确定的全国18家数字化旅游景区建设示范单位,云台山投资6200万元全面实施了数字旅游景区建设工程,其中包括先进的车辆统计系统和停车场管理系统。通过停车场管理系统,及时准确对进入旅游景区车辆的车型、车牌照等信息进行了统计,然后通过软件统计分析旅游景区的客源市场分布和市场规模。同时,云台山还在旅游景区230辆观光巴士上悬挂游客意见本,每周进行统计,及时了解游客的客源分布、出行习惯、组织方式、认知旅游景区的途径以及游客对旅游景区设施、服务等方面的评价,为找准目标市场提供科学的依据。

资料来源:河南日报,2011年9月28日,作者有改动。

案例2　旅游景区从大数据中掘金

旅游该对着谁营销?一般各旅游景区较为普遍的办法是抽样调查,通过发放问卷了解客源结构,然后根据客源比重进行营销。但是,随着新媒体时代的到来,这样的调查方法显得落后而且不准确。

2013年9月至10月,山东省旅游局以一种新方式重新分析客源结构。他们与当地移动公司合作,在全省50个旅游景区测定进入范围的手机。通过对手机的判定,山东省旅游局可以知道外地的游客的数量,以及在旅游景区逗留时间、离开的时间等信息。

经过每天的汇总,发现山东本地游客占到游客总量的74%。进一步追溯以往的数据,发现从2008年开始,外省游客比例下降,本省游客比例上升。以青岛为例,在旅游淡季时本省游客占比达到80%。通过监测,50个旅游景区有了营销目标。在极具说服力的数据面前,山东省旅游局认为,未来营销重点应该放在本省。此外,山东省旅游局还和百度合作,借助百度强大的数据分析能力,对搜索泰山、烟台、青岛、威海等关键词的地区来源进行分类,通过百度数据分析发现客源市场在哪里。

资料来源:山西日报,2014年5月12日。

案例分析:

市场调查是营销工作的起点。通过市场调查,能够有针对性地选择目标市场开展营销工作。随着科技的发展,旅游景区也越来越多地借助信息技术进行市场调研工作,从而提高了市场调研的效率。

【任务执行】

1. 任务发布

参考案例中旅游景区的调研活动,设计适合所在旅游景区的客源市场调研问卷,并以小组为单位,进行旅游景区的客源市场调查。

2. 任务分析

通过对旅游景区客源市场调查的理论掌握,设计旅游景区客源市场调查问卷,先进行预调查,对问卷不合适的地方进行修改,完善问卷,再以小组为单位调查旅游景区的客源市场。

3. 任务实施

(1)设计旅游景区客源市场调查问卷。

(2)调查旅游景区客源市场,撰写调查报告,形成任务成果书(表3-2)。

表3-2 任务成果书

任务成果书	
实训任务:旅游景区客源市场调查	任务性质:问卷调查
成果名称:小组调查报告	
成果要求: (1)阶段成果:旅游景区客源市场调查问卷 (2)最终成果:旅游景区客源市场调查报告	
成果形式:调查报告(不少于2000字,A4纸双面打印,标页码),附调查问卷	

【相关知识】

在旅游需求日趋个性化和多元化的今天,旅游景区要为旅游客源市场上所有的客人提供产品与服务几乎是不可能的。旅游景区类型不同,面对的目标市场也各不相同。旅游景区要想取得竞争优势,就必须对客源市场进行合理的细分,选择旅游景区的目标市场。要做到这一点,旅游景区首先必须做好市场调查,对旅游景区自身经营与发展的现状以及相关外部因素进行调查和分析,这是制定旅游景区营销规划、进行旅游景区营销管理的第一步。

一、旅游景区市场调查的内涵

(一) 定义

旅游景区市场调查是运用科学的方法和手段,针对旅游景区目标市场游客的需求特征、数量结构所做的调查与分析,以获得与旅游景区目标市场游客有关的信息。

(二) 内容

旅游景区市场调查的内容非常广泛,旅游景区内部、外部环境现状调查与分析的内容既包括对旅游景区本身发展现状及其竞争对手的分析,又包括对旅游客源市场的分析,还包括对旅游中间商以及政治经济环境等因素的分析判断。具体包括如下内容:

1. 旅游景区自身的发展现状以及存在的问题

本旅游景区在近年来的经营状况如何,顾客接待量和收入的趋势是增加还是减少;旅游景区产品及服务所处的生命周期阶段,旅游景区的景区环境、旅游营销、形象定位、知名度、美誉度等方面情况如何。

2. 客源市场的发展情况

主要包括游客的人口学特征(学历、性别、年龄、职业等),消费行为,消费心理(旅游动机、旅游偏好等)以及游客的地理特征。通过对游客情况的分析,从而了解各个层次客源市场的特征。

3. 竞争对手及其相关情况

包括竞争对手的营业收入、市场占有额、产品设计、游客的人口学特征等。

4. 旅游景区的外部宏观环境

主要有政策法规的变化(如政府的旅游政策),经济因素的变化(如收入水平的提高,私家车数量的增加等导致出游方式的转变),社会文化要素的变化(如法定假日制度的变化、生活方式的转变、人口结构变化、教育的发展等),科技因素的变化(如新型预订系统,互联网技术等对旅游业产生的影响),等等。

此外，旅游景区的市场调查还包括旅游景区市场的主要发展趋势，旅游中间商的情况，等等。

通过上述情况的调查，了解旅游景区外部环境现状，分析评价这些信息对本企业未来营销的意义，从而为企业制定营销战略提供依据。

二、旅游景区市场调查的步骤

（一）确定问题和调查目标

旅游景区的调研人员在确定旅游景区市场调查的问题以及调研工作所要达到的目标时，要反复研究，避免因盲目行事而收集大量无价值的信息，浪费时间和费用。

（二）制订市场调查计划

在这一步骤中，旅游景区的调研人员要明确旅游景区调研需要收集哪些信息，确定如何有效地收集这些信息，并提交书面的调研计划。旅游景区调研收集的信息资料可以分为二手资料和原始资料两种。二手资料是已经由别人收集并整理过的信息资料，原始资料是调研人员为本次调研直接从调查对象处收集的信息资料。旅游景区调研人员一般先从收集二手资料开始。

（三）实施调研计划

调研计划的实施主要包括收集、整理和分析信息等工作。信息收集是旅游景区市场调查投入最大、容易失误却又最为关键的阶段。信息的准确与否直接关系着调研工作的成败，因此调研人员应尽可能按计划进行，保证信息的可靠性。

信息收集后，调研人员要对所收集的信息加以分析和处理，得出全面而合乎逻辑的调研结果。

（四）撰写调查报告

调研人员最后还要撰写调研报告，通过列举调研的数据及统计公式，对调研的结果进行简明扼要的总结和分析，为营销工作提供直接依据。

三、旅游景区市场调查的方法

旅游景区市场调查的方法主要是指收集原始资料的方法。主要有三种。

（一）观察法

观察法是指旅游景区调研人员在调查现场观察有关调研对象和事物的方法。观察法获得的信息资料生动、客观，但所获得信息只能是一些表层现象，对于深层的信息如游客的职业、文化层次、收入水平等很难通过观察法获得。

（二）询问法

询问法是指调查人员通过向调研对象提问，根据其回答结果获取信息资料的方式。询问法具体可以分为三种。

1. 电话访问

这种调研方法成本低，获得信息迅速方便，但由于时间限制，不能提很多问题，并且受访调研对象仅限于电话联系上的人。

2. 发放问卷

这是目前旅游景区运用最多、适应面最广泛的调查方法。可以分为邮寄发放、上门发放、街头发放等形式。这种调研方法送达率高，容易被调研对象接收，但问卷回收率一般较低。

3. 面谈

这是调查人员直接访问调研对象获取原始资料的方式。面谈法的方式最灵活，内容可多可少，可以根据调研对象的内容随时调整访问内容，但这种方法成本最高，获得信息的准确性在很大程度上受调研人员访问水平的影响。

（三）实验法

实验法是指将调研对象置于特定的控制环境中，通过控制外部变量，测量调研对象反应而获得信息的方法。

任务三 熟悉旅游景区市场细分与目标市场选择

【工作情境】

实地调研和大量二手资料的收集整理，使在旅游景区市场营销处定岗实习的5名同学意识到市场营销工作的艰辛与困苦，但不服输的精神让5位年轻人坚定了信念。在完成了旅游景区客源市场的问卷调查后，5名同学立即配合旅游景区市场营销策划部的工作人员，投入到了对问卷的数据处理中，根据数据分析进行市场细分与目标市场选择。

案例讨论

案例1 无锡旅游景区市场分析与定位预测探析

旅游景区必须给自己找到合适的市场定位，根据游客需求的多元性，来进行市场细分，才能为旅游景区提供竞争保护，提高自己的市场占有率。以下是通过对无锡市旅游状况和旅游景区发展状况的调研，对无锡旅游市场的分析与定位。

1. 市场总体特征

无锡市旅游经过20多年的发展，已经成为全国著名的旅游城市之一。从旅游发展的主要指标上看,无锡市旅游业呈持续快速发展的态势。

2. 旅游人口学特征

无锡市旅游市场的调查统计数据表明,旅游者中城镇居民占96.1%的比重,而非城镇居民只占3.9%,城镇居民是旅游市场的绝对主体。

3. 旅游目的构成

无锡市旅游者旅游目的调查表明,首先,观光游览仍然是主要出游目的,其次是度假休闲和探亲访友。

4. 市场竞争分析

根据市场调查表明,无锡三国水浒城旅游景区在无锡市各大主要景区中的知名度是比较高的,其仅列在无锡灵山旅游景区之后。从长江三角洲地区著名景点的市场影响上看,无锡太湖的知名度是比较高的,属于无锡太湖旅游圈的重要景点之一的三国水浒旅游景区也将占据这个优势。

5. 客源市场定位

(1)一级目标市场定位在以长江三角洲地区市场为主体的华东地区客源市场。

另外,我国的港澳台地区,已经成为旅游市场的主体,过往率高、再访率高、停留时间长。

(2)二级目标市场定位在华东地区以外的地区,主要为环渤海地区、珠江三角洲地区以及湖南、安徽、湖北、河南、江西、福建等省区。

(3)境外的国际市场一级客源目标市场包括两个地区:

一是包括日本、韩国和东南亚地区客源市场。

二是北美、西欧和大洋洲和俄罗斯旅游客源市场。

另外北欧、中欧、中亚、南亚可以作为国际二级旅游客源目标市场开发。

资料来源:华东旅游报,2007年2月6日,有改动。

案例2　神农架大九湖国家湿地公园市场分析

"五一"假期,某大学师生对神农架大九湖国家湿地公园进行了市场调查,采取抽样调查的方式,随机发放问卷调查表。调查结果如下:

1. 游客结构

到访大九湖的游客以中青年为主;家庭月收入多在2000元至5000元之间;游客职业以公务员、企事业管理人员、文教科技人员和学生为主。

2. 游客分布

从游客的地域分布来看,旅游客源市场以省内为主,其中90%为湖北省内游客,10%为外省游客和境外游客。省内游客主要集中在武汉、宜昌等地,占省内游客总量的 96.48%。

3. 消费结构

到访大九湖的游客中,90% 为观光游览。70% 为家庭旅游或与亲朋结伴游,80% 为自驾车游。

4. 旅游偏好

到访游客中,主要对沼泽湿地、高山草甸、珍稀动植物、落水洞等地文景观比较感兴趣。

从市场调查的结果可以看出,从年龄的角度,大九湖旅游的主要客源市场为中青年;从社会地位的角度,重点是高端市场;从地域的角度,以周边近距离客源市场为主。可将一级市场定位为湖北省内客源,二级市场定位为周边省份和东部经济发达省份,三级市场定位为国内其他省、市(包括台湾地区)和海外市场(主要为日本、韩国)。

资料来源:中国旅游报,2009 年 10 月 19 日。

案例分析:

市场细分是进行市场定位的基础,一般来讲,市场细分包括了地理标准、人口标准和心理行为标准。在进行市场定位时还应该充分考虑市场的大环境以及竞争对手的情况,以便有效把握时机,为旅游景区产品树立一个与众不同、特色鲜明的形象。

【任务执行】

1. 任务发布

根据问卷调研结果的统计,以小组为单位,进行旅游景区市场细分,然后进行目标市场选择。

2. 任务分析

参照案例中旅游景区的市场细分,以收集的问卷调研结果为依据,按照旅游景区市场细分的标准,撰写市场分析报告。

3. 任务实施

(1)对调研问卷进行处理和归类。

(2)依据数据处理的结果,进行旅游景区市场细分。

(3)按照旅游景区市场细分,撰写旅游景区市场分析报告,形成任务成果书(表 3-3)。

表 3-3　任务成果书

任务成果书	
实训任务：旅游景区的市场细分与目标市场选择	任务性质：分析报告
成果名称：分析报告	
成果要求： （1）阶段成果：旅游景区市场细分报告 （2）最终成果：旅游景区客源市场分析报告	
成果形式：分析报告（不少于 2000 字，A4 纸双面打印，标页码）	

【相关知识】

一、旅游景区的市场细分

（一）旅游景区市场细分的概念

旅游景区市场细分是从旅游消费者的需求差异出发，根据旅游消费者消费行为的差异性，将整个的旅游景区市场划分为若干不同的消费群体。

（二）旅游景区市场细分标准

旅游景区市场细分的依据是客观存在的市场需求的差异性。一般情况下，旅游景区市场的细分标准及构成因素可概括为三大类，如表 3-4。

表 3-4　市场细分标准及构成因素

细分标准	构成因素
地理标准	地理位置、城市规模、自然气候、人口密度、城乡分布
人口学标准	年龄、性别、家庭人数、经济收入、教育程度、职业、宗教、国籍、社会阶层、身体状况等
心理、行为标准	旅游动机、旅游类型、旅游方式、旅游频率、品牌依赖度等

1. 地理标准

主要是地理位置。尽管有些旅游景区具有足够的影响力和知名度，可以吸引大量的游客不远万里前来参观游览，突破了地理位置对游客流量的影响，但大多数情况下，人们还是习惯于按方便原则在自己的居住地或临时居住地周围选择旅游景区。因此，对于多数旅游景区而言，地理位置因素往往决定着其客源的类型和数量。地理位置是旅游景区营销时进行市场细分的主要依据。

2. 人口学标准

人是构成旅游景区市场的基本因素,也是旅游景区经营活动的最终对象。因此,旅游景区市场细分的过程中,还要根据人口学标准研究一个特定区域由于年龄、经济收入、教育程度、宗教、国籍、社会阶层、身体状况等因素而造成的旅游需求差异,准确选择旅游景区的目标市场。

3. 心理、行为标准

①心理细分是根据旅游者的旅游动机来细分旅游客源市场。如美国学者奥德曼把旅游动机分为八大类:健康动机、好奇动机、乐趣动机、宗教动机、商业动机、访友动机、自我尊重。旅游景区可以根据旅游者的不同动机,把旅游市场细分为观光游、休闲度假游、商务会议游等。由于旅游动机不同,旅游者对旅游的需求也不同。旅游景区通过这样的细分,便能透过旅游者不同的旅游动机,选择适宜的目标市场,针对性地选择与心理特征相契合的营销方案。

②行为细分是按照旅游者旅游时间、旅游方式、旅游频率等行为来细分旅游市场。

二、旅游景区目标市场的选择

(一) 旅游景区目标市场的含义

市场细分的目的在于有效地选择目标市场。目标市场既是旅游景区经营的市场,也是旅游景区提供产品或服务的市场对象。一般来说,旅游景区的目标市场是旅游景区准备从事经营活动的一个或几个特定的细分市场。

旅游景区的市场细分与目标市场的选择既有联系,又有区别。旅游景区的市场细分是按一定标准划分不同旅游者群体的过程,而目标市场的选择是旅游景区选择细分市场的结果和做出经营对象决策的过程。旅游景区目标市场的选择是在市场细分的基础上进行的。

(二) 影响旅游景区目标市场选择的因素

1. 旅游景区区位

(1) 与客源地的距离。

旅游景区距离客源地越近,吸引力就越大;反之则越小。

(2) 与相邻旅游景区的比较。

如果旅游景区与相邻旅游景区产品特点反差很大,可以形成互补,增加对游客的吸引;反之则会形成竞争同一客源的对手。

(3) 与中心城市的距离。

中心城市是旅游景区市场开发的依托中心。旅游景区距离中心城市近,则发展较快;距离远,则受到一定的限制。

(4) 交通条件。

旅游景区的交通条件优越，可以大大提高旅游景区的可进入性，吸引客源；反之则会限制进入旅游景区的客源。

2. 旅游景区的质量

根据旅游景区的服务质量、环境质量、景观质量以及游客意见，目前我国的旅游景区划分为 AAAAA、AAAA、AAA、AA、A 五个级别，对于等级越高的旅游景区，对客源的吸引力越大。

3. 市场规模与发展潜力

在旅游景区细分市场中，旅游景区必须考虑各个细分市场的规模和发展潜力。如果市场规模过小或是消费量过小，发展潜力不大，旅游景区市场开发的成本就会过大，不会为旅游景区带来较高的利润。

4. 竞争状况

细分市场的竞争状况，影响着旅游景区的经营和发展。由于旅游景区的固定成本很高，转产十分困难，因此旅游景区必须充分研究细分市场上竞争对手的数量，制定出恰当的营销策略。

任务四　运用旅游景区的营销组合策略

【工作情境】

通过之前的旅游景区市场调研活动和市场细分，旅游景区市场营销处负责人发现近年来旅游景区客源市场结构发生了较大的变化，旅游景区重新明确了营销对象，开始有针对性地制订年度营销方案。5 名实习生也幸运地参与了这项富有创意的工作。

案例讨论

案例1　泰山携手淘宝网推出团购优惠"大餐"

2011 年 9 月，泰山旅游景区与全国最大的网上购物网站淘宝网合作，通过淘宝"聚划算"平台，面向全国推出优惠套餐。具体内容包括泰山旅游景区成人大门票 2 张和四星级泰山名人酒店标准间一晚。参与活动者只要花上 418 元，便能享受到原价为 1050 元的价格优惠，相当于 4 折。下单预订后，相关系统会自动发送一条二维码短信或彩信到购买者的手机。凭此电子票，购买者可办理登山及入住酒店等事宜。

本次团购电子票的有效期截止时间为9月30日,在此期间,登泰山的游客都可凭团购成功后接收到的手机二维码短信,在泰山旅游景区天烛峰售票窗口通过终端解码器认证换票,完成消费过程。

据泰山旅游景区工作人员介绍,举行此次大型团购活动,是为了进一步推广天烛峰线路和封禅大典项目,丰富泰山旅游景区的旅游线路,延长游客的滞留时间,分流客源。"5·19"中国旅游日泰山旅游景区重启了秦汉封禅古道,旅游景区内山道蜿蜒曲径通幽,幽谷深壑流水潺潺,是欣赏古松与明月的绝佳境地。

资料来源:中国旅游报,2011年9月26日,有改动。

案例2　武汉两旅游景区首次执行淡旺季票价

2012年年初,武汉市批复了4家市管旅游景区的调价申请,其中,东湖梅园、马鞍山森林公园两个旅游景区将首次实行淡旺季价格。新价格公示6个月后执行。

根据批复,东湖梅园门票每年1~3月将执行旺季价格40元/人,其他时间执行淡季价格10元/人。马鞍山森林公园每年3月11日至6月10日、9月11日至12月10日执行旺季价格20元/人,其他时间执行淡季价格7元/人。

另外落雁旅游景区门票价格由现行10元/人调整为13元/人,武汉植物园门票价格由30元/人调整为40元/人。

以上旅游景区对现役军人、残疾人、1.2米以下儿童、年满70周岁以上老年人实行免票;对学生和60周岁以上不满70周岁的老年人实行半票。

据物价部门解释,按照相关规定,票价的调整周期为3年,以上旅游景区现有价格均执行了三年或以上,符合调价规定。以上旅游景区新票价公示期满后,须在旅游景区醒目位置将门票价格、服务价格、价格优惠政策、12358价格举报投诉电话等内容挂牌公示,接受社会监督。

资料来源:新华网,http://news.xinhuanet.com,有改动。

案例分析:

随着网络技术的不断创新和消费者消费习惯、消费理念及消费时间的变化,旅游景区运用网络营销、淡旺季营销等不同的营销组合策略,方能出奇制胜。

【任务执行】

1.任务发布

同学们根据市场分析报告,以小组为单位(划分四个小组),针对营销对象,根据

"4P"营销组合策略分别负责产品开发、价格管理、销售渠道、产品促销的策划方案。

2. 任务分析

参照案例中旅游景区的部分营销策略,针对市场分析结果,参照"4P"营销组合策略,分别撰写营销方案。

3. 任务实施

(1)根据本小组负责的内容收集相关的资料。

(2)依据收集资料,小组讨论拟订策划方案。

(3)将小组策划方案进行讨论、修订、组合,完成营销组合方案,形成任务成果书(表3-5)。

表3-5 任务成果书

任务成果书	
实训任务:搜集相关资料撰写旅游景区年度营销策划方案	任务性质:营销策划方案
成果名称:旅游景区年度营销策划方案	
成果要求: (1)阶段成果:产品开发策划方案、价格管理方案、销售渠道方案、产品促销策划方案 (2)最终成果:旅游景区年度市场营销组合方案	
成果形式:策划方案(A4纸双面打印,标页码)	

【相关知识】

一、旅游景区产品开发策略

在以游客为导向的营销观念指导下,旅游景区的产品要以游客的感受和认同为标准,重视游客的体验和需求。在旅游资源一定的条件下,提高旅游景区产品尤其是核心产品的质量,应加强旅游景区空间的全面管理,对旅游景区线路进行人性化设计和创新。

(一)加强整个旅游景区环境的管理

旅游景区是一个旅游产品系统,同时也是一个整体旅游产品。旅游景区往往很重视核心产品和景观建设,因为核心产品和景观是吸引游客的主要原因。基于旅游者全面旅游体验的营销观点,旅游景区还必须在重视核心旅游景区环境建设的同时,关注游客的视觉体验,关注边缘景观的管理,向游客提供舒适、安全的服务,使游客无论在旅游景区内部还是外部都能感受到旅游景区良好的氛围。

（二）设计综合旅游体验产品

传统旅游产品以观光为主，旅游景区给游客提供的是视觉上的体验，因此旅游景区产品设计往往从旅游景区的外观、规模、品牌符号等方面强调其视觉效果，增强旅游景区的吸引力，以求给游客留下深刻的印象。但随着游客体验的变化和丰富，旅游景区产品应从单一的视觉体验转向为旅游者提供综合体验。除了视觉体验之外，还包括旅游者的听觉体验、嗅觉体验、味觉体验、情感体验等。例如为加强游客的听觉体验，有些旅游景区设计开发与旅游景区环境相协调的音乐表演，丰富游客的旅游经历，缓解旅游疲劳；有的旅游景区根据自身的资源状况、社区生活习俗，为旅游者提供特色餐饮，加强游客的味觉体验。

（三）优化创新旅游景区游览线路

旅游景区游览线路是旅游景区连接和沟通景点、景物和设施的必要条件，也是引导、组织游览活动的必要方式。旅游线路的设计能够影响到旅游者的旅游体验和旅游者对旅游景区的感知度和满意度。旅游者在旅游景区的游览活动是旅游者对旅游景区产品的消费过程，要提高旅游景区产品的质量，就要重视旅游景区游览线路的设计与创新，合理的线路设计可以提高旅游者旅游体验的满意度。随着旅游景区开发的深入、客源市场的变化，旅游线路也应相应调整与创新。

二、旅游景区的价格管理

价格管理是营销管理中极为重要的一个部分，价格制定的恰当与否，直接关系到旅游景区竞争力的强弱，以及市场营销目标的实现。由于目前我国多数旅游景区以门票为主要收入，因此旅游景区对价格的管理主要集中在门票价格的管理。

（一）影响旅游景区门票价格的因素

1. 旅游景区资源的内在价值

旅游景区资源的内在价值是构成门票价格的基础。目前我国旅游景区价格总体上是刚性的，只升不降，有的甚至远远高于国外景区门票价格，其原因一是旅游景区为了增加收入，包括地方财政收入；二是很多旅游景区的旅游资源具有独特性、稀有性和不可再生性，将资源的损耗作为资源使用费纳入门票价格中。

2. 旅游景区开发管理成本

旅游景区的开发管理成本决定了门票价格的底线。旅游景区的开发管理成本可分为固定成本和变动成本。旅游景区的固定成本，是指一定时期内不随客人数的增减而变动的成本，它包括旅游景区开发建设费、资源的维护费、宣传促销费、办公费用和员工工资等；旅游景区的变动成本指的是随着游客人数变化而变化的成本，包括游客一次性消耗的物品、旅游景区的水电费、营业税金、卫生维护费等。由于旅游景区的固定资产通常占的比重较大，因此旅游景区高固定成本构成了门票价格的主要部分。

3. 旅游景区的等级

按照国家旅游局《旅游景区(点)质量等级划分与评定方法》,根据旅游景区的服务质量、环境质量、景观质量以及游客意见,目前我国的旅游景区划分为AAAAA、AAAA、AAA、AA、A 五个级别。对于等级较高的旅游景区,价格可以定得相对高些;对于等级较低的2A、1A级旅游景区,门票价格可以定得相对低些。

4. 旅游景区的区位状况

一些旅游景区交通不便,距离主要客源地较远,旅游者前往就需要花费较高的成本,如果旅游景区的门票价格还比较高,就会大大挫伤游客购买的积极性。

此外,影响旅游景区门票价格的因素还包括游客的满意度、地域性差异、旅游景区发展的趋势和方向等。

(二)旅游景区门票的定价策略

1. 实行优惠票价

游客对景点游览的需求具有一定的差异性,而各旅游景点的功能定位是有区别的。为适应游客的不同需求,游览参观点门票价格形式应多样化。可区分不同人群,如对老人、儿童、军人等实行门票减免优惠。可针对同一旅游景区不同的季节、时间段或游览段制定多样化价格,使每一时段实现最大收益。例如我国庐山、九寨沟等以自然景观为主的旅游景区实行淡旺季两种票价,以便在旅游淡季时刺激旅游消费;法国巴黎的罗浮宫每天下午3点一过,门票减半;游览埃菲尔铁塔,使用不同的上升工具到达不同的平台,均有不同的门票价格。

2. 转移定价

将整个旅游景区收益看作"一盘棋",门票价格定得低些,通过游客在旅游景区内的其他消费,例如购物、餐饮、住宿和其他娱乐消费补偿。

杭州西湖环湖公园从2003年10月1日开始,实行24小时免费开放,成为全国唯一不设门票的5A级旅游区和国家级风景名胜区。虽然西湖旅游景区失去了门票收入,但却带旺了西湖周围的商机,环绕西湖边上的各种冷饮店、小商品部、茶楼和餐馆随处可见,而且鲜有冷清的店铺。此外,西湖旅游景区另一大块的收入来自游船,各种类型的湖上设施,有游船、自划船、游艇等,不仅满足了游客的多样化需求,而且增加了旅游景区收入,赢得了上亿元收益。

西湖免费开放后,游客人数、旅游总收入大幅增加。免费开放前,杭州一年的旅游总收入为549亿元,而2013年杭州的旅游总收入达到1392亿。

3. 联系定价

联系定价就是将有明显需求差异的几个景点合在一起制定一个套票价格,但其价格又略低于几个景点价格之和。使用这种方法时应注意联票和单票双轨制,即游客如果想去单个景点,仍可以单独购票,以免被误认为捆绑销售或变相涨价,而遭到游客和旅行社的抵制。

三、旅游景区的销售渠道

旅游景区的销售渠道又称流通渠道,是指旅游景区通过各种方式将产品转移到游客手中的途径。

(一)销售渠道的类型

1. 按是否经过中间环节划分

按照产品从旅游景区到旅游者手中是否经过中间环节划分,销售渠道可以分为直接销售渠道和间接销售渠道。

(1)直接销售渠道

直接销售渠道是指旅游景区直接把产品卖给旅游者,不经过任何中间环节。这是一种最简单、最短的销售渠道,有利于减少中间环节,从而降低营销成本。这种渠道运用范围小,只适合在本地或最主要客源地使用,但随着网络技术在旅游景区营销中的推广运用,弥补了这种因客源市场太大、太远而渠道范围小的缺陷。

(2)间接销售渠道

间接销售渠道是旅游景区通过代理商、批发商、零售商等中间环节,向旅游者销售旅游景区产品。这些中间环节通常为旅行社、宾馆酒店、交通企业等。

①旅行社。旅行社的主要业务之一是设计和销售旅游线路,而各旅游景区是旅游线路中的重要组成部分。旅行社对旅游活动的组织,不仅方便了游客购买旅游景区产品,也为稳定旅游景区客源提供了保障,避免了旅游景区因完全依赖散客市场而靠天吃饭的弊端,否则就可能出现天气好时旅游景区内人如潮涌,雨雪天气可能无人游览的状况。

②宾馆酒店。宾馆酒店每年都要组织许多各种各样的会议,接待各种客人,在提供接待服务的同时,宾馆酒店可以向这些客人推荐就近的旅游景区景点,因此,旅游景区应与宾馆酒店建立良好的合作关系,通过其向游客销售旅游景区的各种产品。

③交通企业。许多公路、铁路、航空公司及出租车公司,除了向游客提供交通运输之外,还以旅游中间商的身份为旅游景区推销产品。例如南方航空公司与广西桂林漓江沿线国家级5A级旅游景区联手,推出了"南航行——新版如画漓江"的旅游套餐,即将机票与景点门票整合成"机票+游览"的电子旅游套餐,旅客持机票游玩桂林的愚自乐园、冠岩、世外桃源、古东等旅游景区,可以享受近30%的门票优惠价格。

2. 按中间环节多少划分

按照旅游景区旅游产品到旅游者手中经历的中间环节多少,可将销售渠道分为短销售渠道和长销售渠道。经历的中间环节越多,销售渠道就越长。

3. 按每个中间环节容纳中间商的多少划分

按照每一个中间环节中容纳的中间商的多少,可将销售渠道分为宽销售渠道和窄销售渠道。旅游景区每个环节容纳中间商越多、销售网点越多,则销售渠道越宽;反之,每个环节容纳的中间商越少、销售点越少,则销售渠道就越窄。

(二)旅游景区销售渠道的选择

旅游景区在选择销售渠道时,可以根据产品以及自身的实际情况,选用不同的销售渠道策略。

1. 直接销售渠道策略

旅游景区直接销售策略主要适用于近距离游客的销售。对散客和近距离的大型企事业单位,选用直接销售渠道比较有利。例如一些大型主题公园可以向周边的学校直接上门进行销售。

2. 间接销售渠道策略

(1)密集型销售渠道策略。它是指旅游景区在一个旅游市场中广泛地选择中间商来推销自己的产品。这种策略可以扩大自己产品的覆盖面,方便旅游者购买,但是销售成本较高,客户流动性大,难以建立固定的销售网。

(2)独家销售渠道策略。旅游景区在同一旅游市场中仅选择一家经验丰富、信誉度高的中间商来推销自己的产品。旅游景区在开拓新市场时,采取这种策略可以密切与中间商的协作关系,促进与提高中间商的积极性,有利于产品市场的开拓和信誉的提高。另外对一些特殊的高价旅游产品也常采用这种策略。

(3)选择性销售渠道策略。旅游景区在一个客源市场上选择少数几家实力强、信誉好的中间商来推销自己的产品。这种策略有利于旅游景区和中间商的密切配合,降低销售费用,并可增加旅游景区的游客数量。

3. 旅游中间商的选择

对旅游景区来说,能否选择到合适的中间商,直接影响着旅游景区经营活动的效果。旅游市场上中间商众多,规模实力各不相同,旅游景区在选择中间商时,主要从以下因素综合考虑。

(1)地理位置及销售覆盖面。中间商所处的地理位置应在旅游景区目标客源相对集中的地区,以便于旅游者及时买到旅游景区的产品。中间商销售区域的大小也会直接影响到旅游景区产品的销售。

(2)合作意向。必须选择确实有与本旅游景区合作意愿的中间商。对本旅游景区的产品有兴趣,有合作诚意,这是双方合作顺利的基础。

(3)经营本旅游景区的业务比重。中间商经营本旅游景区业务的比重不同,与旅游景区关系的密切程度也不相同。

(4) 财力与信誉。中间商在推销旅游景区的产品时需要投入一定的宣传资金,同时品牌信誉好的中间商也有助于提升旅游景区产品的形象,因此旅游景区应尽量选择财力状况好、品牌信誉度高的中间商。

(5) 销售对象。不同的中间商有不同的销售对象,旅游景区选择中间商的销售对象应与旅游景区目标市场一致,这样两者才能有机地结合起来。

行业新动态

旅游景区期待电子票务市场成熟

业内人士分析认为,实行电子门票将是旅游景区票务未来发展的趋势。据了解,目前国内许多旅游景区已经开始向智慧旅游方面升级,并在刚刚过去的"五一"小长假中尝到了甜头。如山东泰山旅游景区利用门禁票务系统,做到实时统计分析客流数据,为旅游景区指挥调度客流提供了信息基础。

然而目前通过手机购买电子门票的游客绝大多数是年轻人,因此电子票务发展的速度进程缓慢,例如今年"五一"小长假的第一天,山东千佛山旅游景区使用电子门票共计771张,而当日有2万人通过传统购票方式进入旅游景区。分析人士认为,购买电子门票的前提是熟悉网络操作与在线支付,这在很大程度上决定了电子门票的接受者以年轻人为主。不少旅游景区的负责人认为当前整个市场还没有做好接受这样销售模式的准备。北京一家5A级旅游景区的相关负责人坦言:"我们旅游景区引进了网上售票,相比之下,外地游客的使用率远低于本地游客,多数外地游客仍习惯到现场购票。一种新习惯的形成,须要靠商家和运营商积极推广和培育,估计需要3年时间游客才能够完全接受这样的消费模式。"

资料来源:中国消费者报,2014年5月21日。

业内点评:

目前不少旅游景区有超过半数以上的客人都是散客,这就要求旅游景区必须以吸引散客为主要任务,把服务做精做细,力求突出旅游景区特色,做差异化销售推广。而信息化销售是旅游景区拓展市场的最好途径,因此旅游景区也十分期待电子票务市场的成熟。

四、旅游景区的促销策略

(一) 旅游景区促销的作用

1. 提供信息

通过旅游促销活动,旅游景区就能把其产品、服务以及价格等有关信息提供给目标市场及广大旅游消费者,使他们对旅游景区以及产品和服务了解并熟悉,从而在选择旅游产品目标时,将其纳入选择范围。一般来说,旅游者在选择旅游景区时,往往倾向于比较熟悉和了解的旅游景区,特别是著名的旅游景区。

2. 增加需求

旅游景区促销的目的,从根本上说,就是促进旅游景区经济活动的发展,更好地满足旅游者的需求。促销的结果不仅可以增加旅游景区的游客数量,而且可以促进旅游景区经营管理水平的提高、产品及服务质量的改进,促使旅游景区在生产和经营中把旅游者的需求摆在首位。通过促销活动,旅游景区向旅游者介绍有关旅游景区产品和服务的信息,不仅可以引导需求,同时还能创造旅游需求。

3. 突出特点

在旅游市场竞争激烈的情况下,许多旅游产品只有细微的差别,旅游者往往不易察觉。通过促销活动,可以使旅游者认识到旅游景区的不同之处,从而产生需求。例如央视无锡影视基地和横店影视城同样都是影视基地,同样是做"影视文化旅游"这一旅游产品,但在宣传促销时可以把二者区分开:无锡影视基地是过去十多年中国发展最成功的"电视拍摄基地",拍摄了《三国演义》《水浒》等央视大戏;而横店影视城是未来中国最大的"电影生产基地",陈凯歌的《荆轲刺秦王》、张艺谋的《英雄》等影片都是在横店拍摄的。

4. 提高效益

旅游景区作为一个经营企业,不仅要提供适合旅游者需求的旅游产品和服务,而且还要不断地改进和扩大经营活动,以求在旅游市场上取得更多份额。在旅游市场竞争的情况下,各个旅游景区的经营活动面临着严峻的考验。旅游市场竞争的外在压力,促使旅游景区必须采取恰当的促销策略和活动,与旅游者沟通、交流,使产品和服务销售增加,不断提高旅游景区经济效益。

要达到上述目的,旅游景区不仅要通过旅游代理商,而且要直接通过广告、营业推广和推销人员,有目的、有计划地把各种促销形式结合起来,综合运用,形成一个促销网络。

(二) 旅游景区的促销手段

旅游景区在促销活动中,可采用多种促销手段,常见的促销手段有四种。

1. 广告

广告是一种最普遍、最常用的促销方式。旅游景区的广告按照媒体划分,可以分为报纸广告、电视广告、广播广告、杂志广告和网络媒体广告等。不同的广告媒体有不同的特点,见表3-6。

表 3-6　旅游景区常用广告媒体比较

媒体类别	优点	缺点
电视	传播性能多样,传播范围广泛,及时、灵活	费用高,印象逝去快,缺乏选择性
报纸	覆盖面广,时效性强,灵活性强	内容繁杂,阅读仓促,缺少形象表达手段
杂志	对象明确,选择性强,阅读和保存时间长,印制效果良好	缺乏灵活性,传播范围有限,时效性差
广播	传播速度快,传播空间广泛,传播方式灵活	不能持久保存,选择性差
户外广告	信息传播范围广,保存时间长,费用低廉	接受对象选择性差,内容有局限性
网络	覆盖范围广,费用低廉,方便快捷,可进行互动	覆盖率低,效果不易评估,广告位选择有限

旅游景区在选择广告媒体时,除应了解各类媒体的主要特点外,还应考虑目标游客的偏好、产品和服务种类、成本费用和广告时机。

2.直接营销

(1)直接邮寄。旅游景区把有关旅游景区的宣传资料直接邮寄给客户,方便他们从中了解有关旅游景区的产品,做出选择。

(2)人员推销。旅游景区可以派出专职或兼职的推销人员,直接向游客或潜在的游客宣传介绍旅游景区产品及服务,以达到促进销售的目的。例如旅游景区可以派销售人员登门拜访旅行社,介绍旅游景区的特点,以达成合作意向。

(3)电话营销。电话营销是将广告、营销调研以及人员推销的各个方面结合在一起的一种直接营销方式。旅游景区的销售人员通过电话向游客或潜在的游客介绍旅游景区的产品,吸引他们购买。在打电话时,有经验的旅游景区销售人员会仔细斟酌打电话的最佳时间,并对需要回访的电话做好记录。

3.营业推广

营业推广又称销售促进,是指旅游景区在一定时期内采用各种激励手段,用来鼓励购买或销售产品和服务的方法。旅游景区营业推广的目标主要有三类人员:游客、中间商和推销人员。

(1)面向游客的推广。可以采用向游客赠送纪念品、门票,举办有奖销售及各种优惠活动,刺激游客的购买欲望。

(2)面向中间商的推广。可以采用交易折扣、津贴、销售竞赛等方式,调动中间商的积极性,促进旅游景区的销售。

(3)面向推销人员的推广。可以采用销售佣金、推销竞赛、业务提成等方式,鼓励推销人员不断开拓新市场，寻找更多的潜在顾客。

4. 公关营销

旅游景区的公关营销指的是旅游景区利用多种公关、传播手段，包括同旅游消费者、中间商、社区民众、政府机构以及新闻媒体在内的各方面沟通感情，以建立良好的社会形象和营销环境。相比较于广告和直接营销，公关营销是一种成本低而收益高的促销手段。旅游景区开展公关营销活动，可以采用以下几种办法。

(1) 征选、倡议活动。旅游景区可以面向社会开展征选或倡议活动，提高企业的知名度。例如很多旅游景区面向社会征集有关旅游景区的摄影作品、旅游景区广告语、旅游景区标志等。例如，2011年西安临潼华清池旅游景区举办"中华七夕情人节"，征集了77对热恋情侣在华清池共度浪漫七夕。

(2) 新闻报道策划。旅游景区可以撰写或组织新闻媒体采访景区有关企业、产品、服务的新闻，或举行活动创造机会吸引新闻界和公众的注意，扩大影响，提高知名度。例如，2010年年初，《南京日报》以《盱眙：美景美食不容错过》为题，用整版推出了盱眙县委书记的专访，全面系统地介绍了明祖陵旅游景区和盱眙龙虾。一时间盱眙美景美食成为热门话题，全国诸多媒体争相转发，形成了"蝴蝶效应"，到明祖陵旅游景区自驾游的客人络绎不绝，当年游客突破300万人次。

(3) 事件营销。旅游景区还可以采用事件营销的方法来提高旅游景区的知名度。一些旅游景区可以利用其特有的旅游资源通过举办主题鲜明的会展、节庆活动，在丰富旅游景区旅游产品的同时扩大旅游景区的影响力，例如博鳌亚洲论坛的举办，使博鳌这个不为人知的小渔镇名扬天下。

除此之外，旅游景区还可以利用旅游景区外部社会上发生的一些突发事件、重大事件、标志性事件甚至是旅游危机事件开展营销工作。

(4) 编制图文、音像资料。旅游景区可以通过编制有关旅游景区的各类导游文化丛书或光碟音像资料，全方位地对旅游景区进行宣传、介绍。旅游景区还可以通过提供赞助等方式，邀请艺术家以旅游景区为背景，拍摄影视作品，这对于宣传旅游景区，将起到极大的推动作用。例如《走遍中国——神农架》的热播，不仅揭开了神农架神秘的面纱，而且带热了旅游景区的旅游，神农架的"自传"式影视营销功不可没。电影《非诚勿扰Ⅱ》的拍摄给三亚亚龙湾热带森林公园鸟巢度假村增添了浪漫气息，《西风烈》则呈现了甘肃敦煌的原始地貌，这都是影视营销的成功案例。

(5) 网络营销。随着网络技术的发展和散客旅游市场、自助游的兴起，旅游景区还可以充分运用微博、视频网站、虚拟社区、网络论坛等社会化媒体开展营销工作，例如华山旅游景区腾讯官方微博建立于2011年3月，现已有14万多名粉丝。为加大旅游景区微博营销的宣传力度，2011年华山旅游景区建立了全员营销发微博的工作模式,其中深圳万科公司董事长王石,著名演员保剑锋、刘涛等名人都已经成为华山风景名胜区微博的听众。

☞ **知识链接**

旅游景区的网络营销

旅游景区网络营销,是旅游景区借助互联网科技的发展,将计算机技术、电子通信技术与企业购销网络系统,运用于旅游景区分销渠道而形成的一种新型的商务活动。包括了旅游景区在网上传递与接收信息;订购、付款、客户服务等网上销售,网上售前推介与售后服务;开展旅游景区品牌宣传、市场调查分析、财务核算及旅游产品开发设计等内容。旅游景区网络营销包括三大策略。

1. 网络社区互动营销策略

国际上90%的旅游市场是散客市场、自助游市场。在中国,旅游市场散客化和自助化趋势也越来越明显。借助社区网站,可以充分发挥互联网跨越时空的优势,大大延伸旅游景区营销的触角和范围。

2. 口碑营销策略

据市场调查,旅游口碑营销是大多数游客获得旅游信息并据此做出旅游决策的主要途径。互联网发展到如今,不再只是一个灌输平台,当更多的人拥有了发言权,对于旅游景区,最好的营销方式就是口碑传播。

运用网络进行口碑营销,应着眼于"口碑的建立",为旅游景区找到游客中的"意见领袖",并通过这些"引爆点"使某一旅游目的地的知名度迅速扩张、流行。

3. 博客营销策略

博客互动性强,费用低廉,拥有无穷的创造性与极强的知识性、自主性和共享性,正是博客的这种性质决定旅游景区完全可以把博客融入旅游景区市场营销的全过程。在游客、成本、方便和可信度等方面充分发挥博客的作用,实现旅游景区市场营销整个流程的再造。

第一,博客能够向游客传播他们渴求的知识与信息,并且促使游客产生实地一游的愿望。

第二,博客的信息传递无须直接费用。通过介入博客营销,旅游景区减少了对收费昂贵的相关媒体(如电视)的依赖,从而降低了成本,获取了竞争优势。

第三,博客的内容题材丰富,发布方式方便。潜在游客通过阅读博客文章,可以深入了解旅游目的地的信息。

第四,博客文章形式正式,可信度高。博客文章所具有的最大优势在于:每一篇博客文章都是一个独立的网页,而且博客文章很容易被搜索引擎收录和检索,这样使得博客文章具有长期被用户发现和阅读的机会。

资料来源:根据网络资料整理。

思考与练习

一、填空题

1. 旅游景区营销是旅游景区为_____并实现自身经营和发展目标,而通过旅游市场实现交换的一系列有计划、有组织的_____和_____活动。

2. 市场细分的标准主要有人口学标准、_____标准和_____标准。

二、选择题

1. 旅游景区市场调查的步骤主要包括(　　)。

   A. 确定问题和调查目标　　　　　　B. 制订市场调查计划

   C. 实施调研计划　　　　　　　　　D. 撰写调查报告

2. 影响旅游景区定价的因素包括(　　)。

   A. 旅游景区的等级　　　　　　　　B. 旅游景区资源的内在价值

   C. 旅游景区的区位状况　　　　　　D. 旅游景区开发管理成本

三、简答题

1. 列举旅游景区的定价策略。

2. 旅游景区常用的促销手段有哪些?

3. 旅游景区的营销组合策略包括哪些内容?

四、技能实训

以小组为单位,为某个熟悉的旅游景区设计一个年度营销方案。

模块四　关注旅游景区游客管理

旅游景区游客管理是旅游景区管理的重要组成部分。良好的旅游景区游客管理将有利于保护旅游景区的环境和资源,并为游客提供良好的游览体验,从而实现旅游景区的可持续发展。

目前,旅游景区一般都设置了旅游景区游客中心,具体负责旅游景区游客的接待、服务与管理。游客中心的工作内容包括:向游客提供旅游景区游览信息咨询服务;导游讲解服务;失物招领、广播寻人服务;投诉受理;物品寄存、儿童车及电子解说器租赁服务;旅游纪念品展示和销售;邮政服务;医疗救护等。本章重点介绍旅游景区游客中心的游客行为管理和游客体验管理。

【学习目标】

1. 知识目标
(1)了解旅游景区游客管理的概念。
(2)熟悉旅游景区游客的行为特征。
(3)掌握旅游景区游客行为管理的方法。
(4)掌握旅游景区游客体验管理的方法。
2. 技能目标
(1)能够运用所学知识,对旅游景区游客行为进行分析。
(2)能够发现旅游景区游客行为管理中存在的问题,并针对这些问题选择合适的旅游景区游客行为管理方法。
(3)能够发现旅游景区游客体验管理中存在的问题,并针对这些问题选择合适的旅游景区游客体验管理方法。

任务一　了解旅游景区游客管理的概念

【工作情境】

旅游"黄金周"即将到来,旅游景区游客中心为保证服务质量,专门对游客中心工作人员进行部门培训,针对可能出现的游客拥堵、游客在旅游景区内的不文明行为以及可能存在的安全隐患等游客管理工作问题进行了安排。被派往旅游景区游客中心实习的5名同学也参加了会议。会后，5名同学和游客中心工作人员一起，就部门培训中遇到的案例以及会议内容展开讨论。

案例讨论

案例1　九寨沟游客滞留事件的反思

2013年10月2日，四川九寨沟旅游景区迎来客流高峰。当日12时许，在犀牛海公交换乘站大量游客滞留。因不满长时间候车，部分游客围堵旅游景区接送车辆，导致上下山交通线路瘫痪。旅游景区交通瘫痪后，大批游客被迫步行十几公里下山。10月3日凌晨，游客围住售票处要求退票。

对此，有游客认为造成拥堵的原因是旅游景区管理不当，旅游景区内已经很拥挤，却还在不断放游客进入。而九寨沟管理局认为造成滞留的主要原因是少数游客在正常候车时间内急于赶车，不听从管理人员指挥，强行拦车，导致部分站点观光车辆受阻，无法正常运行，而该现象引发连锁反应，造成整个运营系统无法循环运转，大量游客无法正常乘车，部分游客心生怨气，不听劝阻，翻越栈道，走在公路上，导致整个客运系统瘫痪截至10月2日19时，景区共滞留旅客4000余人。

事发后，九寨沟管理局协同相关部门迅速启动应急预案，全力开展疏导工作。同时，全面开展退票工作。通过多方努力，截至10月2日22时左右，滞留游客全部安全疏散。

分析造成这次滞留事件的原因，诚然是有一部分游客以自我为中心，不守秩序，强行拦车，导致观光车辆受阻无法正常运行，并由此引发连锁反应。但旅游景区在游客管理中存在的诸多问题，如站点设置不合理、车辆调配不及时、游客疏导不利、应急处理不力等，是造成该事件的主要原因，包括当日旅游景区接待游客的数量是否超过了最大承载量，都是景区管理部门需要反思的问题。科学的旅游景区游客管理不能仅仅寄希望于游客文明旅游、错峰出行，还应该考虑旅游景区的总体规划是否合理、游览线路设计是否丰富、预警机制是否到位等多种因素。

针对旅游景区接待游客的承载量，2013年10月1日开始施行的《旅游法》第四十五条明确规定："旅游景区接待游客不得超过旅游景区主管部门核定的最大承载量。"由此看来，旅游景区游客管理不仅要保护旅游景区资源、保障游客旅游体验，而且要符合法律规定。

资料来源：根据网络资料整理。

案例2　黄山旅游景区游客管理的对策

2010年,"黄山旅游"成为中国驰名商标,进一步提升了黄山的品牌影响力,黄山旅游景区接待游客数量的也在大幅增加。提升游客管理水平成为旅游景区管理建设的重要课题。

一、游客容量管理

目前,黄山在游客容量管理方面,主要采取分区管理(管理监测和实时监控)、网上门票预售的方式,对游客人数的总量进行控制,并对游客的分流进行管理。同时,还采取了核心景点(莲花峰、天都峰)轮休制度,以便进行生态环境的保护。

实际上黄山旅游景区的游客容量限制在于其核心景点的线路较为单一,步游道空间容量较小,索道运载量有限。解决这一问题的关键便是扩大旅游景区的游览空间,提供运载和能力更大的交通工具。此外,旅游景区还可以采取预约制和多渠道的提前告知方式,以控制每天的进出人数,形成游客游览时间的合理分布,降低旅游景区游客容量的压力。

二、游客行为管理

目前旅游景区对游客行为的管理多是基于在户外设置对游客环境行为和安全行为的告知标识,这其中分为温馨提示类和警示类。当某些地点缺少告知标识或者人流稀少时,破坏环境和不安全的行为就容易发生。

对游客行为的管理可以采用"意识"引导的方式,即在游览前进行环境教育和安全教育来实现对游客意识的明确引导。具体的措施包括:随门票附赠游客《行为指南册》;在游客中心、博物馆组织游客观看旅游景区环境教育影片;要求导游人员提前讲解游客行为规范,并在游览过程中随时提醒游客;在进山前为游客免费发放可降解的环保材质垃圾袋,鼓励游客自带垃圾下山,以减少山上垃圾的转运量和随意丢弃垃圾,等等。通过这些方式,可以让游客提前树立环保意识和安全意识,让游客明确意识到黄山在保护生态环境和游客安全上所采取的措施和努力,从而自觉地约束自身的行为。

三、排队管理

等候时间、天气状况等因素都容易让游客的满意度大大降低,可以设置更多的人性化设施和措施。例如增加遮阳棚、坐椅,夏天温度较高时进行喷雾降温、设立老年人绿色通道等。同时,可以借鉴银行叫号管理模式,在游客购买的索道票面上打印排队号码,并显示游客需等待的时间,在等待期间游客可以自行安排游览或休息,从而减少排队时间。

四、游程时间管理

黄山景区分时门票为分时间段销售团队和散客门票,从而限定团队、散客的进入时间,形成错行分流进入,从而缓解排队压力,达到控制旅游团队和散客行程时间的效果。

"智慧黄山"数字化系统的建设也为旅游景区进行游程时间管理提供了基础。黄山景区可以采用计算机仿真模型提前预测旅游景区的游客空间分布状况,安排好整个旅游景区的游客在线性的游览空间内合理分布。错时出行、人性化服务、门票预约、潜意识教育等都应成为旅游景区游客管理的重要发展趋势。特别是针对我国旅游景区游客量大、游客高峰集中的特点,更应因地制宜地提出相应的管理措施,为游客提供安全、舒适的游览空间和满意的游览体验。

案例分析:

随着我国旅游业进入大众化的发展阶段,广大人民群众的旅游需求持续增长。每逢节假日,旅游景区出现"井喷"的现象屡见不鲜,不仅给旅游景区环境带来了诸多负面影响,而且容易造成游客拥堵、滞留等现象,直接影响了游客的旅游体验,因此,旅游景区必须针对这些可能发生的问题做好预案。特别是散客化的发展趋势,给旅游景区的游客管理带来了新的挑战,因为缺乏团队的约束和导游的引导,散客的管理难度更大。如何避免或降低游客的不文明行为,并保障他们在旅游景区内的游览体验,也是旅游景区游客管理必须思考的问题。此外,智慧旅游的发展也为旅游景区游客管理提供了新的技术和思路,现代旅游景区游客管理在体现"人性化"的同时还应该体现"智慧化"。

【任务执行】

1. 任务发布

以6人为一组,结合上述案例,根据对旅游景区的理解,分组讨论以下问题:
(1)什么是旅游景区游客管理?
(2)旅游景区游客管理的目标是什么?

2. 任务分析

从游客管理的具体内容中提炼、概括旅游景区游客管理的概念,并在此基础上提炼游客管理的目标。

3. 任务实施

(1)各小组阅读案例,用头脑风暴法,每组写出旅游景区游客管理的三个关键词。
(2)根据小组的集体讨论,写出本小组对旅游景区游客管理概念的界定。
(3)根据各小组对旅游景区概念的界定,提出旅游景区游客管理的目标。
(4)各小组上台展示完成的成果,并形成任务成果书(表4-1)。

表 4-1 任务成果书

任务成果书		
实训任务:了解旅游景区游客管理的概念	任务性质	小组任务
成果名称:旅游景区游客管理的概念、目标		
成果要求: (1)概括旅游景区游客管理的概念 (2)提出旅游景区游客管理的目标		
成果形式:概念、目标(A4 纸打印或手写)		

【相关知识】

一、旅游景区游客管理的起源和发展

游客管理的理论研究与实践起源于西方国家公共公园的管理。20 世纪初,经济的发展和社会的繁荣使西方国家公共公园的游客数量不断增加,特别是 20 世纪 60 年代,西方国家步入大众化旅游阶段,游客人数的迅速增多使旅游活动对旅游目的地环境的负面影响逐渐增大,为了保证这些资源得到可持续的利用,游客管理变得越来越重要,因此,环境保护是游客管理研究与实践工作的直接动因。

进入 21 世纪,旅游业竞争的加剧使游客的体验质量逐渐得到重视,而游客管理是提高旅游体验质量和游客满意度的重要手段,这成为现代游客管理得到重视的另一主要原因。半个多世纪以来,游客管理在西方的许多国家公园得到了发展,并扩展到一些普通的旅游景区以及发展中国家的旅游目的地。人们对游客管理的认识也经历了从旅游环境容量控制到游客人数和利用强度控制,再到游客活动和游客影响控制,最后逐步形成较为规范的游客管理框架的过程。

在欧美等旅游业发达国家,游客管理的理论研究与实践都较为成熟。我国的游客管理源于对自然保护区、森林公园等旅游目的地的保护,并逐步影响到其他旅游目的地。由于我国的旅游业相比较于西方国家起步较晚,加上我国大多数旅游景区经营管理的过程中过于追逐经济利益,因此,我国旅游景区的游客管理理论研究与实践都还处于不太成熟的阶段。

二、旅游景区游客管理的概念

游客管理是指旅游景区经营管理者以游客为管理对象,对游客在旅游景区内

活动全过程的组织、管理,是旅游景区管理的重要组成部分。从旅游景区尤其是保护地游客管理的实践活动来看,人们对游客管理通常有三种理解:第一,游客管理就是游客责任管理,其实质内容是游客行为管理,目的是为了规范与引导游客行为,以减少对旅游目的地的环境和资源的破坏;第二,游客管理是游客体验管理,其目的是为了提高旅游体验质量,增加游客满意度;第三,游客管理是协调环境保护与游客需求关系的一种工具。

三、旅游景区游客管理的目标

(一)保护旅游景区的资源和环境

旅游景区相当一部分旅游资源属于珍稀资源,并且不可再生,因此旅游景区的环境极为脆弱,一旦破坏难以恢复。游客的大量进入给旅游景区的资源和环境造成了极大的压力,特别是一些游客的不文明行为对资源和环境的破坏性更大,因此,旅游景区游客管理的首要目标是限制旅游景区的承载量,引导、管理和约束游客行为,尽可能避免游客的不文明行为对旅游景区资源和环境的破坏。

(二)提升游客的体验质量和满意度

旅游景区的游客管理在实现旅游景区资源和环境保护的同时,可以维持旅游资源质量,优化游览环境,保证游客心情舒畅,从而提升游客的满意度。一般而言,最能满足游客体验的环境往往也是资源能够得到最适宜保护的环境,有些天然满足游客体验的条件会在一定程度上自动约束游客的数量。以泰山的索道为例,修索道破坏了自然美景,大大影响了徒步登山者对泰山的旅游体验。所以就满足游客的旅游体验而言,索道是不适合修建的,而且不修索道自然减少那些对山水兴趣不大、没有动力登山的游客。

此外,旅游景区的保护需要大量资金,目前国内外许多旅游景区的资金来源都无法依赖政府,而要来源于游客自身,实现自给自足。对此,学者 Paul Eagles 曾指出:"正在出现的客户满意概念是以和旅游为基础的资金自给自足的类似概念紧密相连的,满意的顾客很可能再来,并给其他人提供积极的信息,对服务给出恰当的评价,捐资并遵守规定。"如果不考虑游客体验和满意度的问题,旅游景区将很可能没有充足的资金来为资源保护提供有力的保障,所以游客管理可以间接为旅游景区的保护提供资金来源。

☞ 行业新动态

"智慧旅游景区"让游客更满意

信息化已经成为实现旅游业"人民群众更加满意的现代服务业"国家战略定

位的重要手段。"智慧旅游景区"利用信息化手段,创新了资源保护的方式方法,转变了经营服务的模式和理念,提升了旅游管理的水平,为旅游景区转型升级提供了强有力的科技支持。

以黄山旅游景区为例,2010年,旅游景区投资近800万元建设了古树名木环境监测系统、雷电预警系统。因为黄山海拔高,雷击现象经常发生,雷电预警系统可以在雷电即将到来前半小时,通过短信平台发给旅游景区及宾馆、酒店、旅行社等管理人员,告知雷电出现的概率、级别和避险方案,降低因雷电而导致伤亡实际发生的概率。

通过信息化系统的建设,旅游景区可以更加实时、准确地获取各类信息,为领导决策提供依据,为游客服务提供便利。如通过电子门禁系统,能够实时了解到每个门票口进山游客人数,每个索道票口乘坐缆车人数等信息;通过智能分析视频监控系统,能够实时监测到客流集散地、交通要塞、人流密集地等场所的图像信息。另外,旅游景区还结合实际,采用了手持机与闸机相结合的方式,并利用手持机具有高性能、体积小、可移动以及方便维护和使用的特点,做到了根据客流实际情况增减通道。电子门禁票务管理系统可以通过数字及图表形式实时显示当前进山人数、乘坐索道人数,并可以分类显示每个索道票口和门票口的实时人数。同时,还可提供10年来的历史数据分析、统计、对比等功能。据黄山风旅游景区信息中心主任梁炎介绍,该系统的有效运行,实现了票务管理信息化,降低了管理成本,提升了管理效率,为旅游高峰期游客调度、索道运力调度提供了科学依据,提升了决策的准确性和及时性。

据了解,旅游景区还给每个一线工作人员都配备了专用手机,通过GPS人员和车辆管理系统,可以对一线管理人员及公务车辆进行实时定位。管理人员可以实时获知车辆及人员的时空信息,并能查询相关人员及车辆的行驶轨迹以及对人员或车辆进行实时通信指挥调度,在旅游景区精细化管理和应急救援上发挥了重要作用。梁炎还告诉记者,这套系统在在全国风旅游景区率先实现了GPS定位与三维数字地形图相结合,让后台管理者可以更清楚地进行指挥调度。

资料来源:中国旅游报,2012年4月23日,有改动。

业内点评:

随着信息化技术的不断发展和市场消费方式的不断变化,游客管理方式和手段也日新月异。

任务二 理解旅游景区游客的行为特征

【工作情境】

2013年"十一"黄金周九寨沟旅游景区的游客滞留事件让很多旅游景区反思，旅游景区客流量高峰时段的繁忙与拥堵让很多旅游景区措手不及。为了应对黄金周期间的旅游接待压力，提高旅游景区服务质量，旅游景区游客中心负责人成立临时攻坚项目组，根据历年游客接待数据和相关信息，对旅游景区游客行为特征进行研究，顶岗实习的2名同学因自身的专业背景和优势，也被抽调到项目组中，对旅游景区每天、每月和每年的旅游景区客流量时空变化进行研究，总结游客行为特征及其产生原因。

案例讨论

案例1 故宫游客量超上限一倍多

2013年"十一"黄金周的第二天，故宫接待游客数量出现大幅增长，全天接待游客17.5万人，超过故宫测算的游客量上限一倍多。据北京市旅游委发布的旅游景区游览舒适度指数显示，当天故宫的游客量都较大，9时的实时游客量为4.42万人，游览舒适度指数为3，比较舒适。从10时开始到14时，游览舒适度指数均为1，属于拥挤的状态，其中10时的游客量为6.11万人，11时的游客量为7.38万人，12时的游客量为7.83万人，13时的游客量为7.65万人，14时的游客量为6.94万人。到15时，游客量开始下降到5.92万人，舒适度指数为2，较拥挤；16时游客量进一步降到4.93万人，但游览舒适度指数仍为2，较拥挤。

针对这种情况，故宫计划2014年扩大区域限流，继御花园节日期间实行分流限流后，故宫有望扩大动态限流区域，改善客流微循环。据测算，故宫每天参观游客在3万人次左右时是最佳游览状态，上限为8万人次。故宫曾于2011年尝试每天8万人次停止售票，但在刚性需求强烈的情况下，短期内还无法采取硬性停止售票的限流措施，否则会激化现场矛盾，酿成安全隐患。

目前，故宫已开始尝试对重点区域动态分流限流，疏导游客，改善宫内微循环。故宫正着手进行"客流安全监测系统"项目建设，力争做到对游客人数精确统计、游客流量监测，为研究最佳游客容量、容量预警、游客导引提供数据，为游客管理提供基础信息。

资料来源：北京青年报，2013年10月3日，有改动。

案例2　泰山"分段截流"疏导游客

为避免黄金周期间发生游客滞留、踩踏事故,泰山旅游景区利用"数字泰山"系统监控游客分布,预判可能出现的客流拥堵,并采取"分段截流"的措施,尽量使游客更加均匀地分布,确保旅游安全。

10月4日早上7点,一队武警进驻泰山旅游景区红门售票处,广场台阶下站成人墙。根据部署,每隔5分钟放进一批游客,其余时间则暂停放行。记者注意到,当日泰山旅游仍然在高峰运行,红门售票处下的山路上,黑压压的游客队伍绵延数百米。

游客进入红门不久,左侧出现一条新辟出的道路,武警站岗,引导下山游客由此分流。此举避免了上山客流与下山客流之间的拥挤。同样,在南天门和中天门之间的药王峪景点处,也辟出一条分流道路。

据了解,长假前三天,泰山累计接待游客183 518人,同比增加21.65%,尤其是3日达到长假以来的最高峰。4日上午10点前后,其中相当一部分看完日出下山的游客,在南天门旅游景区一带与上山游客高峰相遇,形成客流"对冲"之势。当天,中天门景点经历最强的上山、下山客流"对冲"高峰。针对这种情况,武警战士、工作人员拉起缆绳,将等待乘坐缆车下山的游客挡在道路一侧,另一侧道路用于接纳涌上中天门的登山客。尽管现场人多拥挤,但并未发生混乱。

泰山旅游景区负责人介绍采取"分段截流"的办法疏导游客,可掌控90%游客的登山活动。其中上山通过调整售检票速度、客运车辆运力、调控盘道客流的行进速度来实现;下山在南天门至中天门之间的开山段,开辟一条近2公里的山路,不仅可分流下山游客,还可以根据上、下山游客量,随时调换或并道通行。根据以往经验,只要确保客流不停下来,就不会导致拥堵。

资料来源:齐鲁晚报,2013年10月6日,有改动。

案例分析:

要对旅游景区游客进行有效的管理,达到保护旅游景区环境资源的目的,必须是建立在旅游景区游客行为特征分析的基础上。在不同的时间和空间范围内,旅游景区的客流量变化是不同的,提前采取应对措施,对旅游景区的客流量进行调控,也是旅游景区游客管理的一个重要方面。

【任务执行】

1. 任务发布

以6人为一组,结合上述案例,根据在旅游景区的观察,分组讨论以下问题:

（1）案例中旅游景区在不同的时间段，客流量是如何变化的？针对这种变化，旅游景区可以采取哪些应对措施？

（2）案例中旅游景区不同的空间范围内，客流量是如何变化的？针对这种变化，旅游景区可以采取哪些措施？

2.任务分析

以小组为单位选择旅游景区的重要节点进行观测记录，掌握旅游景区客流量随着时间和空间的变化规律。

3.任务实施

（1）各小组阅读案例，讨论并总结时间和空间的不同旅游景区客流的变化特征。

（2）根据小组的集体讨论，写出本小组对旅游景区游客活动时空特征的概括。

（3）各小组上台展示完成的成果，并形成任务成果书（表4-2）。

表4-2 任务成果书

任务成果书			
实训任务：旅游景区游客活动的时空特征		任务性质	小组任务
成果名称：旅游景区客流的时间特征；旅游景区客流的空间特征			
成果要求： （1）总结概括旅游景区客流的时间特征 （2）总结概括旅游景区客流的空间特征			
成果形式：分析报告（A4纸打印或手写）			

【相关知识】

一、旅游景区游客活动的时空特征

由于在旅游景区内各功能区分布、游览线路、旅游活动项目吸引力大小等内部因素以及休假制度、游客居住地与旅游景区距离等外部因素的共同作用下，在旅游景区内部表现出了游客"进入旅游景区、停留、离去"的客流现象。

（一）旅游景区客流的时间特征

1.旅游景区客流的日变化特征

在一天之中，旅游景区客流的强度是不均衡的，表现出明显的时段性。高峰时段会形成游客排队等待，低谷时段则游客稀疏。由于旅游景区与游客集散中心的距离、开放时间、活动内容等不同,在一天的不同时段,会形成客流的高峰和低谷。进入高峰期,旅游景区入口处客流量巨大,会形成游客排队现象;在没有开展夜游的旅游景区,黄昏时段是游客离开旅游景区的高峰期,在旅游景区出口,客流量强度较大。

2. 旅游景区客流的周变化特征

旅游景区客流的周变化主要表现在两个方面:一是周内变化,另一是周际变化。周内变化主要表现为工作日——周末的周期变化,周际变化主要受节假日的影响,特别是旅游"黄金周"的影响最为显著(参见图4-1)。对于我国大多数出游人口而言,由于工作等原因,平时一般没有外出旅游度假的时间,所以周末是近程距离旅游的高峰期,中、远程距离的旅游往往集中在节假日,特别是"黄金周"期间。

图4-1 "黄金周"期间武汉黄鹤楼旅游景区游客如织

3. 旅游景区客流的月变化特征

旅游景区客流的月变化反映了旅游景区客流的周期性波动,这种波动客观地表现了旅游景区客流分布的季节性。

由于气候等自然条件的变化,旅游景区的植被、地表景观等一年四季呈现出节律性的变化,因此,我国许多以自然资源为依托的室外旅游景区都表现出明显的季节性。从接待游客数量来看,有明显的淡季和旺季之分。例如,每当冬季来临,由于九寨沟大雪封山,进入旅游景区的公路、山路路面结冰、结霜,汽车难以进入,部分游客对寒冷天气无法适应,冬季九寨沟的游客明显减少,形成淡季。又如,由于敦煌特殊的地理与气候条件,游客大多选择在5~10月期间来敦煌旅游,7、8、9三个月累计接待游客人数占全年接待量的65%。

在自然条件的季节变化、节假日、居民出游习惯等综合作用下,每年5~10月是我国大多数室外旅游景区游客的高峰期,11、3、4月是平季,12、1、2月是淡季。我国地域广阔,全国各地的旅游景区自然条件变化不同,加上人们春节传统习惯的改变(不再滞留家中,外出进行游览、观赏等活动),同时一些旅游景区开展淡季促销活动,因此,不同的旅游景区在一年中的月变化会有较大的差异。

4. 旅游景区客流的年变化特征

旅游景区客流的年际变化与产品功能存在直接的关联性。一般而言,旅游景区的客流呈逐年增长趋势,但时间分布波动性较大。旅游景区所处生命周期阶段不同,客流表现有所差异,除衰退期外,处于导入期、成长期、成熟期的旅游景区,客流一般呈逐年上升趋势。

门票是旅游景区营业收入的主要来源。客流时间分布特征直接影响到旅游景区的经营管理活动,稳定的、规模化的客流有利于旅游景区实现可持续发展,因此,旅游景区应采取相应的措施来平衡客流的时间波动。

(二)旅游景区客流的空间特征

一般而言,旅游景区都有一个或多个出入口。进入景区后,游客在导游的带领下,或在导游图、路标系统的引导下,会沿着一定的线路或景区游道游览。以最简单的一日游为例,游客要经过"到达—泊车—买票—验票进入—参观、游览、看节目等—午餐—参观、游览、看节目等—出口—取车—离去"完整的移动过程。在这个过程中,游客的空间位移过程是线性的、连续的。从旅游节奏看,有时快有时慢,有时甚至是静止的,如静静欣赏某个景物时、观看节目时、就餐时,游客流动是相对静止的。从流向看,由于旅游景区内部游道布局、游道宽窄不同,游客对出入口、游览线路选择不同,游览速度不同,游客的流向有时是单向的,有时是双向的,有时是混杂的。例如:黄山的一线天景点仅容一人通过,游人只能单向线性流动上行,另外择道下行。通往泰山顶的十八盘则是双向游道,上山、下山的游人交汇在一起。

在旅游景区的出入口、高级别的吸引物、主要游乐场、表演场所、购物场所、就餐地点、游道的交汇处等节点会形成人流汇聚,特别是在旅游旺季的高峰期,这些节点会承受超负荷的压力,对资源环境、接待设施产生较大的影响,会出现游客排队等待等现象,容易产生各种事故。

二、旅游景区游客差异化行为特征

(一)按照不同旅游组织方式划分

1. 团队游客

团队游客是由旅行社组织并安排,按照固定的旅游线路、活动日程和内容,进行一日或数日游的游客。团队游客的人数一般为10人以上。

团队游客的行为往往受到较多约束,游客的行程安排大多比较紧凑,而且可变动性差。团队游客大多统一行动,旅游活动按既定的路线和内容进行。

2. 散客

散客是相对团体而言的自行结伴的自助游客,他们根据自己的兴趣或爱好,按照自己的意志自行决定旅游线路和内容。散客的数量限制一般是9人以下,散客通常包括个体出游游客、小团体结伴出游游客和家庭出游游客等。

散客主要以年轻人为主,他们具有决策自主性、内容随机性和活动分散性等特点,旅游活动中不确定的因素很大。

团队游客相对于散客,其行为更容易引导、控制。导游在其中发挥着重要作用,游客之间也可以相互监督,但如果一个旅游团队中有几个游客发生不文明行为,这种行为就会在其他游客中起到负面示范作用,令其他游客竞相模仿,因此,团队游客对旅游景区生态环境造成的影响往往要大于散客。

(二)按照年龄划分

1. 青少年游客

青少年游客对外界事物具有强烈好奇心,易受环境影响和诱惑,自制力较差,容易激动,不会顾忌行为后果,因此,容易发生违规行为,是不良旅游行为的高发群体。

2. 中年游客

中年游客的不文明现象比青少年游客要少得多,但是中年游客往往过分强调自己思想的正确性,比较固执己见,如果出现不良旅游行为,则管理难度更大。

3. 老年游客

老年游客与青少年游客一样具有强烈的好奇心,但由于体力限制,老年游客一般不会做出格的举动,而且老年游客爱护环境的情感比其他年龄段游客更浓烈,因此出现不良旅游行为的概率较小。

(三)按照游客的气质划分

气质是游客个性心理特征之一,是个体与生俱来的心理活动的特征。个人气质与游客的活动行为之间存在较为紧密的关联性,因此,对游客气质的辨识也有助于旅游景区对游客行为进行管理。从心理学角度来看,人的气质可以分为多血质、黏液质、胆汁质和抑郁质。

1. 胆汁质

胆汁质游客大多十分热情,直爽且精力旺盛,但脾气急躁,心境变化剧烈,易动感情,具有外倾性。胆汁质的游客自制力通常较差,容易感情用事,在旅游过程中具有明显的周期性特点,在兴趣高涨时能够以极大的热情和精力投入,而一旦丧失兴趣,则情绪较易急转而下。

因此,针对胆汁质游客,旅游景区应通过游线设计和项目安排时刻保持其高涨的热情,并通过柔性服务尽量避免引发其出现暴躁行为,其行为可以得到较好的抑制。

2. 多血质

多血质游客活泼好动、机敏,热衷于参加各种活动,在旅游过程中对外界兴趣广泛而强烈,但常常有始无终。由于思维敏捷,多血质游客活动效率较高,并且不安于循规蹈矩。

对于多血质类型游客的过激行为和冒险行为,旅游景区应该明令禁止,特别要防止其过激行为而造成人身伤害。

3. 黏液质

黏液质游客反映较为迟缓,能够保持心态的平和,无论在任何情况下,都力求稳妥、深思熟虑,不做没有把握的事情。

由于黏液质游客行为较为规范,一般都遵循规章制度,不会出现超越旅游景区规则的行为,因此,对于这类游客的行为可以给予较少关注,主要依靠其自我约束。

4. 抑郁质

抑郁质游客遇到事情喜欢三思而后行,求稳不求快,因此表现为循规蹈矩且略微刻板。在旅游团队中,抑郁质游客往往极易与人相处,性格较为随和。

对于抑郁质的游客可以采取较为宽松的管理方式,即主要致力于传达旅游景区的行为规范信息。通常情况下,此类游客自律性强,不会产生旅游景区不文明行为。

此外,游客的素质、生活背景也是影响游客行为的重要因素。生活环境、受教育程度、职业、个人习惯等都对游客行为产生影响。游客受教育程度与其环境保护意识有相关性。

任务三 掌握旅游景区游客行为管理

【工作情境】

顶岗实习的 5 名同学在游客行为研究项目组中表现出色。项目组圆满完成了任务。随着黄金周的到来,5 名同学也在游客接待岗位上直接为游客提供服务。旅游景区应对游客的哪些行为进行正确引导和管理,是这 5 名同学在实习岗位上认真思考的一个重要问题。

案例讨论

案例1 五台山文明燃香成常态

"给您 3 炷香!" 2 月 6 日元宵节这天,在五台山香火最旺的五爷庙大门口,一位志愿者冒着零下20多度的严寒为中外香客们递上庙里的免费香。世界遗产五台山景区在悠扬的晨钟暮鼓与香客们的祈福中平安度过了元宵佳节。

五台山是驰名中外的佛教圣地，是文殊菩萨的道场。民间传说，每逢农历的初一、十五是人们许愿最灵验的时候，所以每逢这两天，前往五台山烧香许愿的游客络绎不绝。近年来，五台山一直积极引导进香游客和信教群众树立"敬佛只敬3炷香，文明环保又安全"的燃香观念，在旅游景区内形成了文明燃香之风。

资料来源：中国旅游报，2012年2月8日，有改动。

案例2 上海樱花节游客管理的"堵和疏"

轻盈如雪的小彼岸、紫红色的寒绯樱、灿若云霞的染井吉野……2011年3月30日，上海樱花节在顾村公园揭幕，一株株樱花如约绽放。樱花树前，赏花的游人络绎不绝。然而，与漂亮的樱花形成鲜明对比的是少数游客的不文明行为，如不少游客为了给樱花拍特写，兴冲冲从木栈道直接踏进苗圃，不少樱花树下刚种下不久的植被和花苗被踩平；更有人攀着花枝，甚至将其折断。

顾村公园管理人员注意到大量客流会对园区造成的影响，积极寻找对策。为迎接即将到来的清明小长假，他们计划在樱花林区增加提示牌并增派志愿者，提醒游客文明游园。此外顾村公园还意识到对游客行为进行管理"堵不如疏"，樱花节后，公园将会研究游客集中观花拍照的区域，初步设想在花丛间开辟曲折的小径，以便今后可以使游客既能尽兴在花间拍照，又不会踩踏到花苗。

资料来源：新闻晨报，2011年3月31日，有改动。

案例分析：

旅游景区游客的不文明行为不仅会破坏旅游景区的环境和资源，也会影响其他游客的游览体验，有时还会给游客自身带来安全隐患。因此，旅游景区对游客行为的管理首先是针对游客不文明行为的管理。旅游景区在对游客的不文明行为进行管理时，除了必要的控制性措施外，一些服务性的做法也是必不可少的，而且由于富于人情味，收效往往更好。

【任务执行】

1. 任务发布

以6人为一组，结合上述案例，根据个人在旅游景区的观察，分组讨论以下问题：

(1)案例中旅游景区游客的不文明行为有哪些?这些不文明行为会给旅游景区带来哪些负面影响?

(2)针对案例中游客的不文明行为,旅游景区采取了哪些有效措施?除此之外,还可以采取哪些有效措施?

2. 任务分析

以小组为单位,在旅游景区的不同范围收集游客不文明行为的资料,并分析造成不文明行为的原因有哪些(可以从主观原因和客观原因两个方面进行分析)。

3. 任务实施

(1)各小组阅读案例,并结合在旅游景区的观察,讨论游客在旅游景区的不文明行为主要有哪些。

(2)根据小组的集体讨论,概括旅游景区游客不文明行为的类型。

(3)根据各小组对旅游景区游客不文明行为类型的概括,分析不文明行为产生的原因。

(4)各小组讨论,针对游客的不文明行为,可以采取哪些措施,并举例说明。

(5)各小组上台展示成果,并形成任务成果书(表4-3)。

表4-3 任务成果书

任务成果书		
实训任务:旅游景区游客行为管理	任务性质	小组任务
成果名称:旅游景区游客不文明行为的类别;旅游景区游客不文明行为产生的原因;旅游景区游客不文明行为的管理方法		
成果要求: (1)概括旅游景区游客不文明行为的类别,并举例说明 (2)针对游客不文明行为的类别,列举相应的管理方法		
成果形式:分析报告(A4纸打印或手写)		

【相关知识】

一、旅游景区游客行为管理的概念

游客行为的概念分为广义和狭义两类。广义的旅游行为,是指游客以旅游为目的的空间移动、游乐活动及与之相关的生活行为,包括游客的动机、游客决策行为、游览消费行为等。狭义的旅游行为主要指游客在旅游景区内具体的游览活动,即与旅游景区内的旅游资源和生态环境密切相关的行为,尤其是游客对旅游景区生态环境产生负面影响的不文明行为。相应地,游客行为管理的概念也分为广义和狭义两类。广义的游客行为管理包括对游客行为的控制、对游客安全的监督以及对旅游景区资源的保全等。狭义的游客行为管理是对旅游景区中游客的不文明行为进行控制,即通过各种手段规范与引导游客行为,以减少对旅游目的地的环境与资源的破坏。本书对游客行为和游客行为管理的阐述都是基于狭义的概念。

随着我国进入大众化旅游时代,旅游景区接待游客的数量也在不断增长,但由于大多数旅游景区经营者过于追求经济效益,忽视旅游景区的游客管理,加上一些游客道德素质偏低,环保意识不强,在游览过程中产生一些不文明行为,如乱扔垃圾、大声喧哗、随意涂抹刻画等,导致旅游景区的旅游资源遭破坏、旅游环境遭污染。这不仅影响了旅游景区的可持续发展,也降低了游客的体验质量,因此旅游景区必须重视游客行为管理,建立游客行为管理机制,对游客的不文明行为进行控制和引导。

二、旅游景区游客不文明行为的类别及危害

按照游客不文明行为的性质,可将其分为三种类型。

第一类属于违法行为,比如在希腊参观古迹,游客如果随便拣块石头带走留作纪念,就可能被警察逮捕,并以盗窃文物罪论处,因为这块石头很可能是某个古建筑构件上掉下来的碎片。

第二类属于违背社会公德行为,如乱攀乱爬,乱涂乱刻乱画,越位游览,等等。这些行为均是破坏环境、损害别人权益、妨碍别人的不文明行为,是违反社会公德的错误行为,都要受到谴责。

第三类行为是由于文化差异而引起的失礼行为,这种行为本身并不存在是非对错,而是无意识地冒犯了其他国家、其他地区、其他民族或宗教的文化习俗。比如到寺院等宗教场所或藏民住所参观时,没有按顺时针方向行进。

这些游客的不文明行为可能造成的危害是:

第一,给其他游客游览活动中造成视觉污染,影响游兴,破坏环境气氛,进而影响其他游客的旅游体验质量。

第二,给旅游景观管理、旅游景区环境管理带来极大的困难,甚至可能给旅游景区带来灾难性的影响,如违章抽烟、燃放烟火、违章野炊等行为可能会产生火灾隐患。

第三,给自身的人身财产安全带来隐患,如违章露营、袭击动物、不按规定操作游艺器械等,都有可能给游客自身造成意外伤害。

三、旅游景区游客不文明行为产生的原因

造成旅游景区游客不文明行为的原因包括游客自身的主观原因和游客外部环境造成的客观原因,其中游客主观原因是不文明行为产生的主要原因。

(一)主观原因

1. 游客的环保意识不强、道德素质较低

这是造成旅游景区游客不良行为的首要原因。文化素养较低、环保意识差的游客很少考虑自己行为的环境影响,因而最容易在不知不觉间产生不文明行为。

2. 旅游过程中的"道德感弱化"

旅游活动是人们对日常生活的超越和背叛,游客在旅游过程中不同程度地存在着随意、懒散、放任、无约束的心理倾向。当一个人以游客身份在异地游览时,往往想摆脱日常生活中的清规戒律,道德的约束力量远不及在日常工作、生活中那样强大,所以人性中的弱点就容易不自觉地暴露出来。因此我们会发现一些游客有一定的文化素养,在日常生活中也有明确的环保意识,能约束自己的行为,然而一到旅游景区游览时便会产生种种与其日常行为迥然不同的不文明行为。

3. 游客发泄不满情绪

由于在工作中或生活中会发生使人不高兴或不愉快的事,例如工作的压力、自身的苦恼、生活琐事,对社会某些事物的不满等,游客在旅游过程中往往会发泄内心的不满情绪,把破坏环境、景观作为发泄心中不满的途径。如故意破坏旅游设施,在野生动物园中拉扯鸟的羽毛、袭击追杀动物等。

(二)客观原因

1. 旅游景区管理不完善,服务不到位

许多旅游景区游客的不文明或破坏性行为在很大程度上是由于旅游景区缺乏科学的规划、服务设施不完善所造成的。停车场的位置、游道的设计、游憩方式的选择、牌示系统的引导都与游客的拥挤和对环境的影响程度密切相关。不合理的功能分区产生游客活动对环境的负面影响。垃圾桶的数量、位置、分布、开口不合理,卫生间数量不足,缺少游人休息的设施,等等。这些客观原因都会导致游客不文明行为的发生。

此外,我国许多旅游景区管理混乱,对商贩摊点没有统一的规划管理。商贩围追游客强售商品,随意圈地占点收取拍照费,游客"挨宰"的情况经常发生;清扫人员工作不到位,不及时清运垃圾等。特别是黄金周期间,很多景点都是人满为患,处于超负荷接待状态,相关服务跟不上,缺乏必要的疏导与调控,给游客造成种种不便,导致游客与景区管理人员的冲突频频发生。

2. 旅游从业人员引导不力

我国的旅游从业人员队伍不稳定,基层管理人员素质相对较低,缺乏对从业人

员的管理能力。许多旅游景区和旅行社对从业人员的培训和管理不到位,一些从业人员缺乏责任意识,没有担负起应有的责任,不具备起码的职业修养。在国内的许多旅游景区,游客随意在文物古迹上拍照、嬉戏,或者在旅游景区乱扔垃圾,旅游景区工作人员却对这类不文明行为"习以为常"或"视而不见",很少上前劝导制止。旅行社对组织的出境旅游团很少进行必要的跨文化差异和行为举止的宣传和提示。在旅游过程中,导游和领队也没有担当起提醒和监督的职责。一些导游在讲解时,甚至宣扬迷信,误导游客去触摸文物。

四、旅游景区游客不文明行为的管理方法

(一) 服务性管理方法

服务性管理方法是一种软性的管理方法。由于游客与管理者关系的特殊性,即游客既是管理者的管理对象,又是管理者的服务对象,因而,需要管理者在为游客提供服务和帮助的过程中提醒游客哪些该做,哪些不该做。服务性管理方法是基于游客都有公德心、责任心、羞耻心等方面来考虑的,通过引导游客的行为来实现管理的目的。

1. 服务性管理应注意的问题

(1) 在管理游客的过程中充满爱心,更多地体现人情味,通过对游客的关心、理解和尊重让游客意识到自己不仅是被约束、监督甚至惩罚的对象,更是被尊重、理解和关心的对象,使他们乐于接受管理者的建议和忠告。

(2) 让游客意识到自己的不文明行为的危害性,出于对资源的保护、环境的维护,以及管理的顺利实施,必须被约束甚至惩罚。但管理者不能只是简单地惩罚,而应该了解其产生不文明行为的心理动因,对症下药,采用不同的处理方法。所以深入了解游客的行为根源,采用软性的管理方法是比较有效的,其最终目的是防止游客不再出现不文明的行为。

2. 服务性管理的具体方法

一般而言,游客在旅游景区游览时,并不十分清楚应注意什么,自己的责任和义务是什么,自己的权利有哪些。有些游客很盲目,别人怎么干,他就怎么干。所以,对于那些盲目的游客,旅游景区管理人员有必要让他们了解自己的责任,以减少对立情绪。对于不同文化背景的游客,有必要介绍旅游景区的情况,包括注意事项、环保政策、当地习俗、社会行为规范和宗教等各项事宜,以加强对游客的行为的引导与管理。具体方法如下:

(1) 实物引导法

①建立旅游标志。在旅游景区明显的位置挂和摆放规范的旅游标志——旅游警示牌,配置有亲和力的标志性说明文字及提醒文字,以达到游客提示自觉维护旅

游秩序和爱护环境的目的。例如,请不要吸烟、请爱护花木标志、清洁的环境需要您的努力等提醒文字以及危险标志、严禁烟火标志。

②完善各种设施。旅游景区应提供各种设施、设备,以防止游客不文明的行为发生。各种公共设施,如垃圾桶、卫生间、游人休息处的设置、数量、分布一定要充足合理;在旅游景区内设置最佳摄影点,提醒游客在正确的位置拍照,减少游客乱爬乱拍情况的发生;建立完善的解说和标示系统(包括导游讲解、咨询服务、影音材料、标志、牌示、地图、手册等),这样不仅为游客提供了信息,还能体现对游客安全提示、行为提示等管理功能。

看图说事

广州长隆野生动物世界"会说话"的垃圾桶

图4-2 广州长隆野生动物世界的垃圾桶

广州长隆野生动物世界里这种"会说话"的垃圾桶(图4-2),成为园内一道亮丽的风景线。垃圾桶会发出声音,时时提醒游客保护动物、保护生态环境。特别是对于小朋友来说,这种可爱的垃圾桶使他们更加易于接受"爱护动物,保护环境"的理念。请你也从游客行为管理的角度,谈一谈旅游景区完善基础设施的作用。

(2)组织引导法

①发挥导游的引导作用。带团导游可对游客的行为起到直接的引导、监督、制约作用。导游员不仅应该完成组织协调、解说等任务,而且还应负有"资源管理"的职责。在帮助游客了解、欣赏环境和景观的同时,应鼓励游客表现出对旅游景区

环境、景观负责的行为,用语言和保护环境的实际行动达到教育引导游客的目的,预防和制止不文明行为。由于团队游客对导游员比较信任,一般来说,导游员的劝说很容易被游客接受。

旅游管理部门在导游考评、导游词设计等方面可适当增加有关环境特性和景观保护常识等内容,引导和鼓励导游行使管理资源和保护环境的职责。

②发挥游客中心的功能。游客中心不但可以展示旅游景区景观,提供相关的旅游信息,出售导游手册和相关书籍,而且可以利用播放环保的声像资料的形式,让游客获得相关知识,从而在游览中主动地约束自己的行为,保护旅游景区的环境。

(3)示范引导法

旅游景区员工在履行其正常职责的过程中,可以随时与游客交流,提供游客所需要的信息,向游客阐明注意事项,并听取他们的意见。同时,要以自己的实际行动教育游客尊重环境,遵守规章。国内不少旅游景区曾组织工作人员与青年志愿者一起开展环保活动,这既可强化工作人员的环保意识,又能起到对公众对游客的宣传、引导作用。此外带团导游也要注意自己的行为,为游客树立好的榜样。

(4)教育引导法

①加强环保宣传。政府环境部门、社会环保组织、旅游管理部门应加强环境保护问题重要性的宣传,提高公众的环保意识。要大力宣传旅游与生态环境保护之间的关系,使公众认识到保护生态环境是旅游业可持续发展的前提。要大力宣传旅游活动可能会给环境造成的损害,尤其应让游客认识到不文明的旅游行为对旅游环境、景观的污染和破坏的危害性,让社会大众对旅游与环境的关系有明确的认识。

旅游景区要引导旅游景区的居民积极参加旅游景区的环保活动,充分发挥其示范与监督作用。张家界国家森林公园附近的居民做得比较出色,他们在游客进入森林公园前提醒游客不要吸烟、用火,以防止森林火灾。旅游景区内居民在环境、景观保护方面发挥的示范和监督作用,可有效地预防一些游客不文明旅游行为的发生,有利于旅游景区环境、景观的保护。

②增加环保旅游项目。旅游景区在旅游活动项目的安排中应有意识地增加与环境、景观保护有关的内容,使游客在生动有趣的活动中获得相关知识。国外许多生态旅游地在游客进入景区中心部位之前,总是先通过种种形象生动的手段如展览、讲解、培训等,对游客进行生态、游览规范等的教育和引导,旨在唤醒游客的生态责任意识。通过种种措施和手段在旅游景区内营造保持环境和景观、遵守游览规范的良好氛围,使游客时时意识到旅游景区要文明旅游,约束不文明的旅游行为。

③对游客进行事前教育。发挥旅行社的作用,在组团的过程中应当向游客介绍旅游活动类型、开放时间、人身财产安全、环境保护、旅游产品等相关事项。

④编制旅游手册。旅游手册是游客了解一个陌生旅游景区的最基本的途径。旅游手册可以清楚地告诉游客到旅游景区后要看什么,从哪看起,哪儿是旅游景区最精彩的地方,哪些地方游客容量大,需要排队等候等。手册的内容除了上述常规内容处,还要根据旅游景区自身的资源特点编制游客规则,如保护生态环境、爱护资源等方面注意事项。

手册要色彩鲜艳,生动有趣,有吸引力,最好在游客购票进门时,免费发给游客。这既可以达到宣传旅游景区的效果,同时也让游客感觉到旅游景区管理者对游客的一份关怀。

知识链接

中央文明办定义中国公民旅游中七种不文明行为

1. 不修边幅

无论是在国内旅游景区还是在国(境)外旅游景点,都能看到衣冠不整、形象不佳的游客。夏季随处可见"膀爷"(裸露上身)招摇过市。有的游客穿上新买的T恤,再打上领带。有的勾肩搭背、呼啸而过。酒足饭饱后剔牙的动作毫不掩饰,还咬着牙签东张西望;把裤脚撸到膝盖上,跷起"二郎腿",等等。

2. 不讲卫生

随地吐痰、便溺;乱扔垃圾;随处扔泡泡糖;有的中国游客就餐时喜欢用筷子夹菜给客人。

3. 不懂礼仪

不听导游讲解,不尊重服务人员,不尊重当地风俗习惯,不谦让老人妇女,在禁烟区和公共场所吸烟,在不打折的店很不礼貌地讨价还价。

4. 不守秩序

在机场办手续和安检,踩踏黄线;在飞机上争抢行李箱空位,在餐厅、商店,一哄而上"抢吃、抢购"。在等电梯时,喜欢大包小包地围在电梯口等。

5. 不遵法规

"乱刻乱画、损坏文物"一直是国内旅游难治的"顽症"。中国游客喜欢赌博;公费旅游的游客常常坦率地要求"不看古迹,去赌博或红灯区";还有些游客在自助式餐厅吃饱了还"兜"着走,等等。

6. 不爱护环境和公共设施

一些游客随意破坏旅游景区环境,损毁公共设施,如掀翻旅游景区内的石凳和长椅,砸烂路灯围栏,撕毁路标和警示牌;一些游客肆意采摘旅游景区鲜花和枫叶,有些自驾游客把车乱停乱靠碾压草坪,等等。

7. 喧哗吵闹

一些导游说,"喧哗吵闹"似乎已经成为中国旅游团队的"标志"。一些游客把国内敬酒的习俗搬出了国门,大声轮番敬酒,划拳行令,把餐厅里的顾客都吓跑了。

(二)控制性管理方法

仅靠服务性的管理方法无法实现对游客的有效管理,必要的控制性管理方法有助于管理措施更好地实施。

1. 控制性管理应注意的问题

控制性管理是制订必要的旅游景区管理规则及惩罚措施,并配备必要的人员保证实施。游客对管理规则必须遵守,违者要受到处罚。控制性管理的一个特点是严格。具体实施中应注意以下问题:

(1)制定管理规则要严密、具体,具有可操作性。在制定规则之前要做充分的调查和实证,并根据实践的变化做出必要的修改。

(2)实施管理过程中要公正严明,对所有的游客一视同仁。了解游客不文明行为产生的原因,目的是为了理解这种行为,但理解不能代替管理。对于游客已经造成的不良后果,游客应该承担责任,并按照管理规则处理。

2. 控制性管理的具体方法

(1)确定旅游景区合理的环境容量。

不同的旅游景区、景点都有一定的容客量和容时量,不同类型的旅游景区的容客量和容时量不同,所以首先应由旅游景区的环保部门对旅游景区的各项生态指标进行测量,如大气、水文、动植物、地形地貌等。另外对文物、古建筑、道路状况进行调查,并确定一系列警戒指数,定期进行观测和研究。在一系列调研的基础上,制定旅游景区合适的环境容量,并据此进行游客容量控制。

(2)合理疏散旅游人流。

针对旅游景区季节性和局部性的饱和、超载现象,管理者完全可以通过有效的管理措施加以合理分流。分流的措施如下:

①管理者在旅游景区进行现场分流,通过门票的发售来合理控制游客人数。

②通过新闻媒介及时向社会发布旅游景区旅游情况,预报信息,避免和减少游客旅游过程中的随意性和盲目性行为。

③开发新的旅游景区来分流游客。

(3)强制引导法。

①制定比较完备的规章制度对应可能出现的不文明行为,尤其是对故意破坏

行为加大制约力度,并配备一定数量的管理人员约束游客的不文明行为,包括加强管理、长期雇用看护员、对违规行为实施惩罚等。

②分区管理。如关闭某些活动场所,禁止在某些景点地域或某些时间段内从事某些活动。

③限制利用量。如限制停留时间、限制游客数量、禁止野营等。

④限制活动。如禁止超出道路和游径的旅行,禁止营火晚会,禁止乱扔垃圾等。

任务四　掌握旅游景区游客体验管理

【工作情境】

在旅游景区顶岗实习期间,为提高服务质量,实现游客旅游体验最大化,旅游景区游客中心对部门所有员工提出要求,在服务过程中要有游客满意度的反馈,主要包括对旅游景区环境、服务、游览项目等方面的意见和建议,然后进行整理。结合下列案例进行讨论。

案例讨论

案例1　美国可口可乐世界和CNN的游客管理艺术

1996年百年奥运会的举办地——美国佐治亚州亚特兰大市,有两处地标性的旅游景点——可口可乐世界和CNN总部大楼。两处景点在游客服务与管理的做法值得称道。

1. 总量控制,分时管控

两处旅游点不但提前测算并设定了每天接待的游客总量,而且还设定了每一个时间段(如每20分钟至半个小时)的游客接待量。一旦某个时间段的门票销售完毕,则该时间段不再允许游客入场,游客必须选择下一个有空余门票的时间段,按照门票规定的时间入场参观。这样既保证了场馆内部的运营安全,也保证了每个游客的参观质量。

2. 网络售票提前分流

控制了游客的入场数量,为了避免游客大量拥堵在旅游景区售票口,两个旅游点都采用了网络售票方法,通过售卖不同时间段的门票提前分流游客。此外,两个旅游点还开通了手机APP购票和电话购票,目的都是让游客提前购票、预先确定参观时间,避免集中时间段拥堵。

3. 专业导游引导游览

两处旅游点都会将同一时间段参观的游客临时组成一个团队，配备一个导游带领参观游览，并由导游提供专业的现场讲解。专业导游的专业引导，保证了游览秩序，提高了游客的游览质量；精确的时间控制，则保证了场馆的最大利用效率，提高了场馆的游客承载量。

4. 游线设计引导消费

可口可乐世界还在热门展厅的外面设置一个小的电子屏，滚动显示等候时间；门口的工作人员，准备了印有可口可乐标识的气球，引导排队的游客做空中拍打气球的接力游戏。在游客参与互动游戏中，等候时间不知不觉就过去了。可口可乐世界和CNN总部的游线设计非常巧妙，参观线路的终点，都是面积颇大的主题商品购物店。通过游线设计和空间管理，引导和释放了游客的购物需求，大大增加了景点的收入。

资料来源：中国旅游报，2014年1月3日，有改动。

案例2　美国黄石国家公园的"抽签"管理法

美国黄石公园采用抽签法来限定游客数量，使用配额限制的方法来控制游客数量。如每周一推出6000个号码球（注：通过调查，结合实际接待情况，笔者认为6000左右的容量比较合理，是假定数据），发完6000个号码球之后，便不准游客再进入，但允许当日没有领到号码球的游客抽取下一星期的号，让这部分游客下次再来。这样既可以有效地控制游客数量，也可以缓解游客因未能进入旅游景区而产生的不满情绪。为防止游客争先抢号，集中涌入旅游景区，黄石国家公园还在每个时间段推出部分号码，分散游客。

根据网络资料整理。

案例分析：

随着人们旅游经验的不断丰富，在旅游中要求也越来越高，其中一个变化就是更加注重旅游体验，而不仅仅满足于"到此一游"，因此旅游景区应针对游客的这种需求，加强游客体验的管理，才能在同类旅游景区竞争中保持优势。

【任务执行】

1. 任务发布

以6人为一组，结合上述案例，根据个人在旅游景区的观察，分组讨论以下问题：

(1)案例中哪些因素影响到了游客在旅游景区内的游览体验?
(2)为了提升游客的游览体验,旅游景区可以采取哪些措施?

2.任务分析

以小组为单位在旅游景区对游客进行随机访谈,了解他们的游览感受。比如旅游景区哪些产品或服务给他们留下了最深刻的印象? 旅游景区还有哪些地方令他们不太满意? 并请他们留下改进的建议。

3.任务实施

(1)各小组阅读案例,并结合同学们在旅游景区的实地调研,概括影响游客游览体验的因素。

(2)根据小组的集体讨论,分析旅游景区可以从哪些因素入手进行游客体验管理。

(3)讨论旅游景区游客体验管理可以采取的措施。

(4)各小组上台展示完成的成果,并形成任务成果书(表4-4)。

表4-4 任务成果书

任务成果书		
实训任务:旅游景区游客体验管理	任务性质	小组任务
成果名称:旅游景区游客体验管理的概念,影响旅游景区游客体验的因素,旅游景区游客体验管理的措施		
成果要求: (1)分析影响旅游景区游客体验的因素,并举例说明 (2)针对影响旅游景区游客体验的因素,列举对应的管理方法		
成果形式:分析报告(A4纸打印或手写)		

一、旅游景区游客体验管理的概念

旅游景区游客体验管理是指旅游景区有效地利用人力、物力、财力、信息等资源,建立起符合游客期望体验的研究、设计、生产、销售等全过程的管理活动。

旅游景区是游客参观游览的目的地,是完成旅游体验活动的主要场所,旅游景区所提供的旅游体验环境和条件,决定了游客旅游体验的总体质量。因此,旅游景区游客的体验管理非常重要。

二、影响旅游景区游客旅游体验的因素

根据旅游景区对影响旅游体验因素调控的难易程度,可以把这些因素大致分

为不可控因素、难控因素及可控因素三类。不可控因素是旅游景区不可控制的一些因素，如旅游景区自身的景观质量、当地的气候与当天的天气情况、游客文化背景与素质等；难控因素是指那些旅游景区可以采取一些调控措施，但是最后结果难于预料的一些因素，如游客的期望、行为和态度；可控因素是指那些通过一些科学的管理手段是可以调节和控制、而结果也可预知的一些因素，如旅游景区设施的质量、数量及分布，旅游景区的整洁程度，旅游景区提供的服务水平等。

三、旅游景区游客体验管理的措施

根据旅游体验因素调控的难易程度，旅游景区可以采取一些针对性的措施。对于不可控因素，旅游景区只能采取一些补救措施，如景观质量不高，可增加一些参与性强的活动项目；遇到恶劣天气，可适当推出一些特殊旅游项目。对于难控因素，虽然结果很难控制，但是更应积极采取相关措施，使结果尽可能朝所期望的方向发展。例如为了使游客期望与实际的感知不要出现太大的偏差，宣传促销时要做到实事求是，不要盲目拔高游客的期望值；而那些可控因素毫无疑问是旅游景区游客旅游体验管理最主要的切入点，旅游景区通过调节可控因素可以达到对游客旅游体验进行管理的目的。

（一）科学设计游览路线

在同一旅游景区，游览路线设计的科学与否将在很大程度上决定了游客获取信息量的大小，从而决定了游客的旅游体验。科学的游览路线应该使游客能够用最小的成本来获取最大的信息收集量，这里的成本不仅包括游客付出的实际经济成本，还包括游客所付出的精神与体力上的成本，如疲劳程度等。这里的信息收集相当于游客的收益，它包括游客得到的各种知识、愉悦和满足感等，因此，为了保证游客得到较好的旅游体验，在设计游览路线时降低游客游览成本、提高游览收益是最基本的一个原则。降低游客游览成本，主要应缩减不能给游客带来太多收益的景点间转移的距离；提高游客游览收益主要应考虑增加游览路线上景观的差异性，为游客提供更好的观景位置和观景角度等。

（二）为游客提供优质服务

良好的服务是使游客在旅游景区得到高质量旅游体验的一个重要因素，它直接决定了游客在旅游景区的舒适、便利和愉悦程度。要提高游客的旅游体验，旅游景区应该在各个环节都提供优质的服务，包括游客到旅游景区之前、到达旅游景区之时、进入旅游景区、在旅游景区的游览过程、离开旅游景区以及离开之后这些环节。要使游客能得到满意的服务，可考虑从以下方面入手。

首先，要增强员工的服务意识。长期以来，旅游景区的管理者总是把自己当作旅游景区的主人，把游客视为管理的对象，这就必然造成一些不良后果，如与游客缺乏沟通、管理手段粗暴简单、与游客经常发生冲突等。为了扭转这种现象,旅游景区应该把服务管理的原则引入旅游景区的游客管理过程中,应该视游客为客户,要优先考虑游客的需要和希望,把游客当作旅游景区的主人。当景区工作人员把游客当作旅游景区的主人对待时,管理的整个工作重心就发生了变化,这样就能够给游客提供最优质的服务。另外为了更好地为游客提供服务,旅游景区还要加强工作人员视觉识别系统的建设,旅游景区的工作人员应该统一着装,佩戴统一的臂章和徽章,形成特色视觉识别系统,这样既可以强化管理,增强服务人员的责任感和荣誉感,又方便了游客,便于游客及时找到服务人员得到相应的帮助。

其次,为了更好地为游客服务,旅游景区还要加强对游客中心的建设。游客中心是为游客服务的一个窗口,一般位于旅游景区的入口,游客中心的有无和它提供的服务内容和质量直接影响到游客对旅游景区服务的第一印象,因此做好游客中心的建设工作是相当重要的。游客中心应该提供游客所需的各项服务,如各种信息咨询服务(旅游景区的历史、成因、面积、主要的景点、最佳旅游路线、特殊景观要保护的动植物、当天的天气、注意事项等),导游服务,托儿服务,餐饮及零售服务等。

最后,旅游景区应加强服务质量的管理。旅游景区服务质量是指旅游景区服务满足明确的或隐含的游客需要的特性的总和。旅游景区要制定各个服务岗位的服务作业规程,提供整个旅游景区的服务规范,提倡标准化与个性化相结合的服务方式,以提高旅游景区的服务水平。

(三)完善旅游解说系统

旅游解说系统是旅游景区不可缺少的组成部分,它除了能提供基本的信息和导向服务以外,还能帮助游客了解旅游景区的资源及其价值,提高游客与旅游景区有关的游憩技能,因此,旅游解说系统建设的科学、完善与否直接关系到游客旅游体验质量。旅游景区的旅游解说系统包括向导式解说与自导式解说两种方式。向导式解说系统亦称导游解说系统,以具有能动性的专门导游人员向游客进行主动的、动态的信息传导为主要表达方式。它的最大特点是双向沟通,能够回答游客提出的各种问题,可以因人而异提供个性化服务。同时,由于导游一般掌握了较多的专业知识,向导式解说系统的信息量一般非常丰富,但其可靠性和准确性不确定,由导游员的素质决定。自导式解说系统是由书面材料、标准公共信息图形符号、语音等无生命设施、设备向游客提供静态的、被动的信息服务。它的形式多样,包括牌示、解说手册、导游图、语音解说、录像带、幻灯片等,其中牌示是最主要的表达方式。

(四)做好游客排队管理

当游客数量在某个时段超过了旅游景区的接待或管理能力时,游客可能就会被要求排队等候。如果游客花费了太多的时间排队,那么就相应地减少了在旅游景区游览的时间,这就必然会造成游客的抱怨及对旅游景区游客管理能力的怀疑,大大降低了旅游景区在游客心中的美誉度,也会使游客的旅游体验大打折扣。为了不使游客的旅游体验降低质量,管理者必须采取一系列措施来对排队进行管理。

一方面管理者要对游客的队列进行科学的管理,尽量缩短游客排队等候的时间。根据游客和配备的工作人员数量,可将队列划分为单列单人型(一队游客配备一名服务人员,以下类推)、单列多人型、多列多人型、多列单人型及综合队列等类型。这些类型各有优缺点,旅游景区可根据实际情况选择合适的排队方式。另外,当某个时间段游客人数较多,可考虑从其他部门抽调一些工作人员,增设售票窗口,增开服务通道,让游客快速获得他们所需要的服务。如果不能完全杜绝游客排队等候的现象时,要采取其他一些辅助措施来降低游客在排队过程中的不良感受,如让游客知道需要等候的时间,为游客提供娱乐活动以转移他们的注意力等。在欧美国家,许多著名的主题乐园会在热门游乐项目前花很大心思设计与骑乘主题一致的排队区环境,如在矿山过山车的排队区,让排队的游客穿过曲折幽暗的隧道,用各种道具和声光效果渲染环境的神秘气氛,让游客在越来越接近骑乘体验的同时积累对这种体验的期待。很多表演性游乐活动在正式表演开始之前都有丑角"捉弄"游客的表演,制造气氛,让在表演观众席等候的游客不会觉得烦躁。总而言之,旅游景区对排队的管理既要想办法缩短游客的等候时间,又要创造舒适的等候环境和营造与旅游景区相适应的特殊气氛来降低游客在等候过程中的烦躁情绪。

(五) 及时处理游客投诉

游客对旅游景区工作人员提供的某项服务不满意就有可能提出投诉。游客的投诉其实是对旅游景区的一种信任。旅游景区受理投诉并妥善地处理能使原有工作失误造成的负面影响减至最小,因此旅游景区如果能高效合理地处理游客投诉,就能重新赢得游客的信任,更好地保障游客的旅游体验。

要高效地处理投诉,旅游景区首先必须要建立一个完善的投诉受理系统,使游客对旅游景区的服务意见有一个便捷的反映渠道。投诉受理系统的建设,既可以在各主要景点设立游客投诉服务站,让游客直接到这些服务站投诉;也可以设立一个统一的投诉服务热线,投诉服务热线号码可以通过旅游景区的旅游解说系统告知游客,如门票的背面、景点介绍标牌下方等。

此外,旅游景区还需要建立一套完善的投诉处理程序,一旦接到投诉要立即在自己的职权范围根据这些处理程序做出响应,并采取相应的行动。旅游景区一旦接到游客的投诉,就要做出及时的反应,要能高效快捷地拿出令投诉游客满意的处理方案。不在自己职权范围内的投诉,要及时移交到上一级,并对游客做出解释。

（六）加强游客安全管理

游客安全问题有些是游客自身安全认知不够造成的,如在旅游景区抽烟、不听工作人员劝阻、违反游乐设施的操作规程等;有些是旅游景区管理方面的原因,如解说系统中缺乏必要的安全警示,没有定期检查旅游设施的安全、没有很好的安全事故处理机制等;有些是客观原因造成的,如地质灾害等。

对于安全问题的诱因不同,游客的安全管理就要采取针对性的措施。首先通过各种手段来提高游客的安全意识,如在危险地段设立警示牌,工作人员对游客当面的提醒,对可能带来安全问题的一些行为的劝止,等等。其次,旅游景区要制定完善的安全预防机制。安全预防机制包括对游乐设施和其他旅游服务设施定期检查,制作游客安全手册(告知游客一些禁止事项,某些活动特殊的生理和心理要求,介绍一些急救措施等)。如台湾雪霸国家公园要求登山人数不得少于3人,且2/3以上须有登山经验。对登山装备、可能遇到的疾病(高山症、休克、急性心脏病、毒蛇咬伤等)的急救措施作了要求和介绍。为防止游客住宿、游览过程中出现危及安全或毁损环境设施的行为,公园还对游客提出了一些禁止事项并制订了相应的罚则。

旅游景区对游客的安全问题应该以预防为主,但有时仍然不可避免发生安全事故,一旦发生游客安全事故,这时安全事故的处理显得尤为重要,安全事故事后妥善的处理有利于降低安全事故的影响。旅游景区要设立急救中心和培训一支训练有素的救援队伍。救援人员要掌握包括疾病救护、失踪寻找、水生救护、火灾抢险、突发事件(如塌方、泥石流、雪崩)等应急救护各种技能。另外,旅游景区还要建立一套紧急救援的程序和其他的一些事故处理程序,一旦出现安全问题,可按照这些程序快速开展科学的救援工作或事故处理工作。

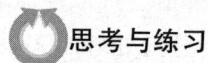 思考与练习

一、填空题

1. 旅游景区内部表现的游客流是指游客_____、_____、_____的人员流动现象。

2. 旅游景区游客行为管理方法,可以分为_____和_____。

二、选择题

1. 旅游景区游客流的时间特征可以从(　　)方面进行分析。

A. 日变化特征　　B. 周变化特征　　C. 月变化特征　　D. 年度变化特征

2. 下列选项中,属于影响旅游景区游客体验的可控因素包括(　　)。

A. 当地的气候　　B. 游客素质　　C. 游客的期望　　D. 旅游景区的服务水平

三、简答题

1. 旅游景区游客管理的目标是什么?
2. 旅游景区游客不文明的行为包括哪些类别?产生的原因是什么?
3. 旅游景区游客行为管理的方法有哪些?
4. 如何提升游客在旅游景区内的游览体验?

四、技能实训

根据所学知识,以小组为单位,调查周边某旅游景区的游客行为管理方法,分析其有效性,并提出合理化建议,完成表4-5。

表4-5 旅游景区游客行为管理方法调查表

旅游景区名称: 　　　　　　　　　　　　　　　调查时间:

游客行为管理方法	调查方法	有效性分析评价	建议

注:调查方法可采用问卷调查法、访谈、个案研究、实验法、观察法、文献研究法等。

模块五　感知旅游景区服务质量管理

旅游景区服务质量管理是旅游景区管理的核心工作之一，也关系到旅游消费者合法权益的维护，因此，旅游景区要加强服务质量管理，及时掌握旅游景区服务中存在的问题及其产生原因，持续改进服务工作，提高服务质量，增加游客满意度。

在日常旅游景区管理中，一般由质量监督管理部负责旅游景区服务质量的管理。由于各旅游景区所处经营发展阶段不同，组织单位性质、战略目标和经营规模有所差异，有些旅游景区没有设置专门的质量监督管理部门，旅游景区服务质量管理的职责一般由经营部或者督导管理部负责餐饮、住宿、交通、购物、娱乐等部门的服务质量管理。本模块从质量监督管理部的工作职责出发，阐述了旅游景区服务质量管理规范和服务质量管理。

学习目标

1. 知识目标

(1) 了解旅游景区服务质量管理的概念。

(2) 掌握旅游景区服务质量管理的方法。

(3) 掌握旅游景区服务质量管理的主要内容。

2. 技能目标

(1) 掌握旅游景区餐饮服务管理的含义和内容。

(2) 熟悉旅游景区住宿服务质量的构成。

(3) 掌握旅游景区交通服务的基本要求和内容。

(4) 根据旅游景区现状制订旅游景区服务质量管理方案。

任务一　了解旅游景区服务质量管理规范

【工作情境】

郑州某职业学院旅游管理专业学生在顶岗实习过程中，5 名同学被派往旅游景区质量监督管理部，参与旅游景区餐饮、住宿、交通、娱乐、购物等环节的服务质量控制与管理。规范化、标准化、流程化操作与控制，是质量监督管理部门对各实习岗位提出的职业要求,而熟悉旅游景区服务质量管理的各类规范与标准,是5名实习生急需完成的第一项任务。

☞ **案例讨论**

案例1　旅游景区服务质量不美产生的"蝴蝶效应"

"旅游景区服务质量不过关,玩玩都没劲头,还受了一肚子气。"家住郑州市区的陈先生谈到前不久的一次家庭旅游,依然愤愤不平。

一个春光明媚的假日,陈先生一家和亲友共计8人在网上团购了郑州郊区某旅游景区烧烤活动的门票,每位108元。8人,一共花了864元。

中午时分进入该旅游景区,陈先生一家决定先烧烤,再游玩。"先要领食材,却见旅游景区只开设了一个窗口,队伍排成长龙。"陈先生说,而且,窗口里的服务员还在忙着准备食材。"这道工序不能提前完成吗?"陈先生百思不得其解,旅游景区明知假日客流量多,还考虑不周全,明摆着给自己添乱。取食材的游客越来越多,场面混乱。好不容易领到了食材,大家都惊呆了:"就两塑料袋,远远不够8人份。"陈先生立即找到旅游景区负责人理论。对方竟然给出了令人哭笑不得的答案:"不管多少人,都只给两袋。"

东西不够吃,大人只能让小孩先吃饱。无心看风景,大家饿着肚子匆匆回家。

案例2　云台山精细化服务打造精品旅游景区

云台山从"养在深闺",到名扬海内外;从没有一个金字招牌,到首批世界地质公园、国家5A级旅游旅游景区;从河南省首届省长质量奖,到全国质量工作先进单位;从普通5A旅游景区,到全国最受关注的前三甲。在发展精品旅游景区的道路上,云台山一直坚持"质量兴景"的战略。

为了全面提升云台山的服务质量,云台山经过不断强化"不让一位游客在旅游景区受委屈""人人都是旅游环境""突出人性化""注重精细化"的服务理念,对全体职工进行了"态度决定一切,细节决定成败""人人都是旅游环境"的职业教育。在统一着装、佩戴工牌的基础上,从职工的言行举止等每一个细节入手,以最美好的形象面对游客,以最细致最贴心的行动为游客服务。

为规范旅游服务流程,云台山制定了云台山风景名胜区标准化服务体系,包括服务基础标准、服务质量标准、服务管理标准、职业资质标准、服务提供能力标准、服务安全卫生标准、服务环境保护标准、服务流程标准、岗位标准。该体系全面规范了旅游景区员工的服务操作流程,同时也使旅游景区旅游服务从简单粗放逐步转入规范有序。

案例分析：

目前，因各个旅游景区规划、经营管理模式、产品开发不同，服务细则及服务方式也有所不同。不同的旅游景区对服务的重视程度、对员工的培训程度也不尽相同。有的旅游景区甚至让未经培训的员工，在不熟悉服务基本规则、礼仪、服务内容、服务方式的情况下，直接上岗，产生了"不规范""不细致""态度不好"等不良反响。旅游景区服务质量瑕疵所带来的"蝴蝶效应"是无穷的，可能导致游客流失，影响旅游景区口碑，减少收益，因此，无论从旅游景区自身，还是从员工角度，把服务做细做精，是旅游景区走向精品的必经之路。

【任务执行】

1. 任务发布

搜集整理国家、地方（省级）及5A级旅游景区关于旅游景区服务质量管理的标准、规范和制度。

2. 任务分析

结合案例中旅游景区服务质量管理的内容，在对所在旅游景区提供的服务项目分析的基础上，对各服务项目的服务质量管理标准、规范或制度分类整理。

3. 任务实施

（1）调查旅游景区餐饮、住宿、交通、娱乐、购物等服务项目的类型、规模、档次。

（2）按照服务项目分类整理国家、地方和5A级旅游景区现有服务质量管理的标准、规范和制度，形成任务成果书（表5-1）。

表5-1 任务成果书

任务成果书	
实训任务:服务质量管理规范及标准的搜集整理	任务性质:小组任务
成果名称:旅游景区服务质量管理制度汇编	
成果要求: (1)阶段成果:旅游景区餐饮、住宿服务质量管理规范；旅游景区娱乐、购物服务质量管理规范；旅游景区交通服务质量管理规范 (2)最终成果:旅游景区服务质量管理制度汇编	
成果形式:制度汇编（打印成册，按照国家、地方、旅游景区的顺序编排；A4纸双面打印，标页码）	

【相关知识】

一、旅游景区服务质量的概念

GB/T 16766—1997《旅游服务基础术语》对旅游服务质量的定义是：旅游服务质量是指"旅游服务活动所能达到效果和满足旅游者需求的能力与程度"。

旅游景区服务质量主要表现为游客在旅游活动过程中享受到服务后的物质和心理满足程度的高低。旅游景区服务质量一方面取决于设施、设备和实物产品的质量，另一方面取决于服务者的服务观念、服务态度、服务方式、服务技巧、服务内容、礼节礼貌、语言动作等。

二、旅游景区服务质量的特点

（一）构成的综合性

旅游景区服务的质量由旅游景区员工服务质量、景观资源质量、旅游设施设备质量、旅游景区环境质量等构成，每一部分的质量都将会影响到旅游景区整体服务质量，因此，旅游景区服务质量具有很强的综合性。

（二）内容的关联性

从旅游景区服务质量的构成可知，每一部分的质量各自又由具体的因素构成，这些因素之间是相互关联、互为条件的。如旅游景区旅游设施设备老化，会影响游客对景点的观赏效果，影响到景观资源的质量，进而影响到游客对旅游景区的整体评价，因此，旅游景区必须重视整体服务质量，加强旅游景区服务全过程、全方位的监督管理，防止和减少任何疏忽和漏洞出现。

（三）对员工素质的依赖性

旅游景区服务的完成很大程度上要依赖员工的服务工作。员工的精神状态、服务意识和服务技能都直接影响旅游景区的服务质量，因此，旅游景区必须加强对员工的培训和管理，提高员工的综合素质和服务意识，从而提升整体服务水平。

三、旅游景区服务质量管理的原则和方法

（一）旅游景区服务质量管理的原则

1. 预防为主

由于旅游产品具有生产与消费同步的特点，旅游景区的服务是无法返工或重复的。这意味着一旦服务质量出了问题就很难弥补，影响消除很难。因此，防患于未然在旅游景区服务质量管理中是非常重要的。旅游景区管理部门必须事先做深入的调查和周密的安排，尽量避免在整个旅游景区服务过程中出现纰漏，尽可能保

证为游客提供的每项服务都是优质的,减少旅游投诉。

2. 以游客满意为中心

游客是旅游景区服务的主体,更是旅游景区服务质量的评判者。游客的满意程度直接关系着旅游景区的客源数量,影响旅游景区的市场竞争力,因此,从某种程度上来说,获得游客的满意就等于赢得了客源。旅游景区必须将旅游者的需求放在重要的位置,充分调查和了解旅游者的潜在和现实需求,并将其转化为旅游景区的服务质量要求。

3. 强调全员参与

要提高旅游景区整体服务质量,必须树立全员参与意识,使每个员工都参与服务质量的管理。每个员工都要将自己服务工作的环节放在整个旅游景区服务的全局中去考虑,把旅游景区的服务质量看作一个整体,任何一个环节出问题都会使整体服务质量受损。

4. 实行系统化控制与管理

旅游景区在实施服务质量管理时要将与服务质量相关的所有因素都考虑在内,将其作为一个系统化的整体加以分析,并在制订管理方案时有效利用各要素间的相互关联性,构建服务质量管理的网络。

5. 不断改进

旅游景区管理部门应该在服务质量管理过程中注意数据的收集、分析和反馈,查找游客对服务不满意的原因,进而采取有效的措施加以改进,减少和逐渐消除此类问题的再出现。通过在管理过程中发现问题、分析问题、解决问题,可以不断提高质量管理的能力和水平。

(二)旅游景区服务质量管理的方法和措施

1. 制定切实可行的规章制度

旅游景区要制定以游客为中心的服务质量管理规章制度,同时旅游景区制定的质量管理规章制度还必须符合国家现有法律法规和旅游行业规范,符合国家标准。需要强调的是,规章制度一定要切实可行,不能流于形式。过高的标准会因难以达到而无法执行到位,过低的标准则很难起到监督和控制作用。

2. 推进服务质量教育

旅游景区服务质量教育主要包括质量意识教育、职业道德教育和职业知识教育。质量意识是员工对质量的看法和认识。旅游景区要通过质量意识教育,使员工认识到质量是旅游景区经营的生命线,优质的服务质量才能赢得丰富的客源。职业道德教育主要是培养员工的道德情操。崇高的道德品质决定了对待事业和工作的自觉程度及其发展方向,在市场经济条件下,塑造有理想、有道德、有文化、有纪律的员工是一个企业成功的重要因素。职业知识教育主要是通过对员工的培训增长其与旅游景区服务相关的知识,帮助员工掌握正确的服务技能和方法,提高业务技术和服务水平。

3. 加强流动管理

随着旅游旅游景区行业的快速发展,很多旅游景区都建立了比较完善的日检、周检和月检等日常质量管理制度,取得了很好的监督管理效果。由于旅游景区服务对象的流动性很强,仅靠日常管理很难解决所有的服务质量问题,尤其是突发性的问题得不到及时的解决,因此,旅游景区应该加强流动管理,抽调专门的人员在旅游景区内进行流动巡视管理,发现服务质量问题及时就地解决,当场解决不了的迅速向管理部门报告。这样可以提高解决问题的效率,减少旅游投诉,提高整体服务质量。

4. 实行全面质量管理

全面质量管理是旅游景区质量管理的重要方法,它包括对旅游景区产品和服务的全过程管理和全方位管理两个方面。全过程管理是对游客游览前、游览中和游览后三个阶段进行管理,并对每个阶段的所有环节进行管理。全方位管理既包括对外服务部门的管理和内部服务部门的管理,也包括对前台人员(直接与游客接触的人员)的管理和对后台人员(不与游客直接接触的人员)的管理。旅游景区一定要树立全面质量管理意识,每个部门都要建立质量管理小组,每个部门都要参与质量管理。

5. 落实服务质量责任制

旅游景区应当建立责权利挂钩的服务质量责任制,明确景区各部门及个人的服务质量目标,健全服务质量激励机制、服务质量约束机制和服务质量考核机制,使旅游景区服务质量管理真正落到实处。

四、旅游景区质量标准化管理

在国家旅游行业管理部门的推动下,我国旅游标准化管理工作取得了很大的进展,绝大部分旅游景区都开始按照国家标准《旅游区(点)质量等级的划分与评定》(GB/T17775—1999)进行了等级评定,还有一些旅游景区通过了《绿色环球21》《ISO 9000、ISO 14000 国际质量标准体系》等国际标准体系的认证。

(一)旅游区(点)质量等级的划分与评定

1999年,国家旅游局与国家技术监督局联合发布了《旅游区(点)质量等级的划分与评定》(GB/T 17775—1999)》,2000年至2002年期间,国家旅游局按照这个标准评定和公布了 A 级旅游景区共1 000 多个。2003年2月24日国家旅游局发布了修订版的《旅游区(点)质量等级的划分与评定标准》(GB/T 17775—2003),并于2003年5月1日正式实施。该标准根据1999年版的质量标准近3年时间的实施情况,并结合国内外旅游区(点)的管理经验,在原标准的基础上做了一些修订,加强了对旅游区(点)的管理,提高了旅游区(点)服务质量标准,维护旅游区(点)及旅游者的合法权益,促进了旅游资源的开发、利用与环境保护。

1. 标准的主要内容

《旅游区(点)质量等级的划分与评定标准》(以下简称《标准》)的主要内容涉及旅游景区质量等级的标识以及各等级旅游景区应该具备的具体条件。

(1)旅游交通。包括旅游景区可进入性、交通设施状况、游览线路设计、交通工具等。

(2)游览设施和服务。包括游客中心设置、引导标识的设计、公众信息的发放、导游员及导游词的安排、公共信息图形的规范、公共休息设施设置等。

(3)旅游安全。包括应该符合相关安全的标准和规范、安全设施的完备性、紧急事故应对措施等。

(4)旅游景区卫生。包括旅游景区环境、相关卫生标准、公共厕所的设计、垃圾箱的设计、食品卫生标准等。

(5)邮电服务。包括有无邮政服务、通信设施的布置、通信信号的强弱及便捷性。

(6)旅游景区购物。包括购物场所的设置和管理、旅游商品销售从业人员的素质、旅游商品丰富程度等。

(7)旅游景区经营管理。包括管理体制的科学性、管理制度的完备性、管理人员的高层次、项目管理的合法性、服务管理的针对性等。

(8)旅游景区资源与环境保护。包括空气环境、噪声环境、水环境、污物排放、景观保护、旅游景区容量控制、设施的环保性能等。

(9)旅游景区资源吸引力。包括观赏游憩价值、历史文化科学价值、资源的质与量、资源的保存完好程度等。

(10)旅游景区的市场吸引力。包括旅游景区品牌知晓度、美誉度、辐射能力、品牌特征等。

(11)旅游景区的国内外游客年接待规模。

(12)游客满意度的抽样调查结果。

2. 《标准》的具体实施

在《标准》的具体实施方面,国家旅游局还配套设计了《服务质量与环境质量评分细则》《景观质量评分细则》和《游客意见评分细则》三个方面的评分细则,这些评分细则有效地推动了标准的实施。《标准》实施以来,已明显改变了我国旅游区(点)的服务质量和经营管理水平。尤其是修订后的2003年版《标准》,使旅游景区管理和服务更加人性化,促进了我国旅游区(点)开发、建设、经营、管理水平的新进展。

（二）旅游景区服务质量体系的认证程序

我国旅游景区服务质量体系认证的程序可以划分为以下四个阶段：

1. 提出申请

旅游景区按照规定的内容和格式向体系认证机构提出书面申请，同时提交质量手册和其他必要的资料。质量手册中的内容应该能够证实其质量体系满足质量保证标准的要求。质量体系认证机构在收到申请书之日起的60天内必须做出决定，并书面通知申请者，如果不受理申请应说明原因。

2. 体系审核

体系认证机构指派审核组对申请质量体系认证的旅游旅游景区进行文件审查和现场审核。文件审查主要是检查申请者提交的质量手册的规定是否与质量保证标准的要求一致。如果不一致，由申请者澄清、补充或修改。文件审查通过后才可进行现场审核。现场审核主要是通过收集客观证据检查评定质量体系的运行与质量手册的规定是否一致。然后审核组做出审核结论，并向体系认证机构提交审核报告。

3. 审批发证

体系认证机构对审核报告进行审查，凡符合规定要求的旅游旅游景区给予批准认证，然后向申请者颁发体系认证证书，证书有效期为三年。如发现有不符合规定要求的，体系认证机构应该书面通知申请者。

4. 监督管理

对获得体系认证证书的旅游景区还要进行监督管理。具体有以下几项规定：

（1）获得体系认证证书的旅游景区应按体系认证机构的规定使用其专用的标志，不得将标志使用在产品上。

（2）获得体系认证证书的旅游景区如果要改变认证审核时的质量体系，应及时将更改情况通知体系认证机构。

（3）体系认证机构对获得体系认证证书的旅游景区的质量体系每年进行一次或两次的监督审核。

（4）通过监督审核，如果发现体系继续符合规定要求时，则保持旅游景区的认证资格；否则视其不符合的严重程度，由体系认证机构决定暂停使用认证证书和标志，或撤销认证资格，收回体系认证证书。

（5）在认证证书有效期内，如果遇到某些情况需要换发证书的，由证书持有者申请换发，认证机构决定作必要的补充审核。

（6）在认证证书有效期内，由于某些原因，证书的持有者不愿保持其认证资格的，体系认证机构应该收回认证证书，并注销相应旅游景区的认证资格。

任务二 掌握旅游景区食宿服务质量管理

【工作情境】

经过为期一周的旅游景区服务质量规范、标准的分类整理,在旅游景区质量监督管理部顶岗实习的同学信心满满。就在大家跃跃欲试之际,旅游景区餐饮、住宿环节问题频发。在行业部门的暗访中,旅游景区餐饮服务得分最低;在一年的游客投诉中,餐饮、住宿服务质量投诉的比例高达43%。

案例讨论

案例1 旅游消费体验报告发布:旅游景区餐饮服务得分最低

2013年9月,山东省消费者协会开展了以乡村旅游为主的旅游消费体验活动,组成了38人的体验团,对5个城市的11个景点进行"陌生拜访",曝光了省内部分旅游景区存在的旅游购物遭捆绑、餐饮住宿问题多、安全设施不健全等问题。

多数体验者认为旅游景区内的餐饮店用餐环境不卫生,服务人员服务意识不强,对客人所提的服务要求不积极回应。体验人员在威海市大乳山旅游景区东海饭店就餐时,发现餐具消毒是用清水浸涮,提供的饭菜有异味。蓬莱阁旅游景区附近一旅游饭店,市场售价为50多元500克的海鱼,店内卖近300元。另外,体验人员参加的威海大乳山、华厦城旅游线路,宣传的住宿条件是商务酒店,但到了住宿地点,发现是一个小区的公寓式住宅。一个房间坐便器垫发霉,床单没有更换,另一个房间空调不能用,许多游客抱怨没有休息好。

资料来源:尹训银,黄伟钦.旅游消费体验报告发布:旅游景区餐饮服务得分最低[EB/OL]. (2013-09-30) http://www.ccn.com.cn/news/yaowen.

案例2 2013旅游餐饮调查:旅游景区餐馆宰客成投诉"重灾区"

全国假日办发布的2013年"十一"期间投诉数据显示,黄金周期间共接到投诉284件,宾馆饭店25件,占投诉总数的8.8%。从整个旅游市场来看,餐饮行业是"宰客"现象的集中爆发点,也是消费者投诉密集的环节。部分季节性的旅游餐饮经营者受其条件所限,难以办理经营类证件和卫生许可证,这也成为食品安全问题的隐患。

资料来源:2013旅游餐饮调查:旅游景区餐馆宰客成投诉"重灾区"[EB/OL]. http://www.022net.com/2013/1127/464876373220064.html.

案例分析：

根据全国假日办"十一"期间投诉数据和山东省消费者协会对山东省旅游景区服务质量的明察暗访，餐饮服务质量问题对游客在旅游景区的游览体验产生了重要影响，其问题主要集中表现在服务技能、服务态度、服务价格和服务环境等方面。

【任务执行】

1. 任务发布

制定旅游景区餐饮、住宿服务流程。

2. 任务分析

对旅游景区的餐饮、住宿服务质量要求进行深入分析，在餐饮、住宿服务流程制定的过程中，注意对服务质量标准的控制。

3. 任务实施

（1）制定旅游景区餐饮服务接待流程及标准。

（2）制定旅游景区住宿服务接待流程及标准，并形成任务成果书（表5-2）。

表5-2 任务成果书

任务成果书	
实训任务：接待流程及标准制定	任务性质：小组任务
成果名称：餐饮、住宿服务接待流程及标准	
成果要求： （1）阶段成果：餐饮服务接待流程及标准，住宿服务接待流程及标准 （2）最终成果：食宿服务流程及标准	
成果形式：服务标准（A4纸单面打印，标页码）	

【相关知识】

一、旅游景区餐饮服务

旅游景区餐饮服务是针对游客在参观游览过程中的餐饮需求而提供的服务。餐饮服务是旅游景区服务的重要组成部分，是旅游活动得以进行的必要手段。在传统的旅游六要素"食、住、行、游、购、娱"中，"食"排在了首位，而且中国自古就讲究

"民以食为天",因此旅游景区应根据游客的实际需要为其提供高质量的餐饮服务。

(一)旅游景区餐饮服务的基本要求

1. 安全卫生

安全卫生是游客的基本要求,因此旅游景区的餐饮服务同其他餐饮服务业一样,要把食品安全工作放在首位。食品、餐具及餐饮环境的卫生是游客关注的重点,游客进入餐厅就会自觉或不自觉地观察和判断各方面的卫生情况,一旦发现餐厅存在不清洁地方,食物烹制不卫生,服务人员不注意卫生、整洁,即便是不太显眼,也会产生反感。如果发生食物中毒,不仅会给客人带来痛苦,也会严重影响旅游景区的声誉。

2. 便捷

游客进入旅游景区的主要目的是观光游玩,不会把大量的时间浪费在等候吃饭上,因此,旅游景区向客人提供的餐饮服务,要做到使客人满意,还要注意方便客人就餐,上菜及时。

3. 价格合理

一般来说,游客都希望以合理的费用得到相应满意的饮食和服务,能获得"物有所值",最好是"物超所值"的效果。许多游客由于受消费能力的限制,非常注重食品及服务的价格,因此旅游景区提供的餐饮服务应做到质价相符。

4. 服务周到

游客的需求是旅游景区餐饮业存在的生命线,作为餐饮服务人员,在服务中要贯彻"宾客至上"的原则,满足客人用餐时需求,时刻关心客人的需求,提供周到、及时的服务。

5. 特色鲜明

游客在旅游过程中对于"吃"已经不仅仅是满足于填饱肚子,更是为了获得一种特殊的体验,希望品尝到平时吃不到的东西。为了满足游客求新、求奇、求异的需求,旅游景区餐饮在做到卫生、可口的前提下,还要做到特色鲜明。

(二)旅游景区餐饮服务的流程

1. 餐前服务

(1)客人到达旅游景区餐厅后,服务员应及时礼貌问候,引领客人到合适或客人选择的台位。

(2)客人入座后,要及时铺口布,撤筷套、翻茶杯和上纸巾,并为客人递送茶水。

(3)餐厅服务员应主动及时为客人提供点餐服务。包括征询客人就餐形式,向客人提供菜单和酒水单,向客人介绍菜品并适度推销,根据客人的要求清楚填写点菜单和酒水单,并注意与客人确认。

2. 餐中服务

(1)按照上菜顺序和服务规范提供上菜服务;依据酒水服务规范为客人展示

酒水,并开启和添加酒水。

(2)就餐过程中,应根据客人的实际需求,及时为其提供更换餐具、添加纸巾、加菜和退换菜等服务。

3. 餐后服务

(1)就餐结束后,服务员要酌情征求客人对菜品质量和服务的意见和建议,如有问题及时纠正和反馈。

(2)服务员应在客人的主动要求下,为其提供结账、签单和开发票服务。

(3)客人起身离开时,服务员应主动帮助客人拉餐椅,提醒客人带好随身物品,礼貌送客。

(三)旅游景区餐饮服务的控制

1. 重视餐饮卫生安全

旅游景区在餐饮服务中应把卫生安全工作放在首位。提供的食品原料要处于良好的卫生状态,没有腐败变质和污染;食品的加工和存放,要注意冷热、生熟、荤素分开,防止交叉污染;各种餐具要由专人洗涤保管,消毒彻底,摆放整齐,取用方便,保证餐具、酒具等光洁明亮、完好无损;保持餐厅地毯或地板整洁卫生,桌布、口布等棉织品洗涤彻底。

2. 营造舒适的就餐环境,完善就餐设备设施

旅游景区内餐饮设施的规模和数量应与接待游客规模相适应。规模过小或数量过少无法满足大量游客的就餐要求,反之,规模过大或数量过多又会造成资源浪费。就餐环境应整洁优美,通风良好,空气清新,同时与提供的菜品服务相协调。可以增加就餐环境的文化内涵——从餐厅外在的有形店景文化到餐厅的功能布局、设计装饰、环境烘托、灯饰小品、挂件寓意都能体现餐饮文化的主题和内涵。旅游景区的餐饮服务要配备消毒设施,避免使用对环境造成污染的一次性餐具。

3. 制定合理餐饮价格

景区餐饮价格要和所提供的有形及无形的食品和服务相吻合,要注重菜品的数量和质量,符合客人所支付的餐费。服务要做到使客人满意而归,永远把服务做在客人开口之前,使之没有受亏待冷落的感觉。要为游客提供完美的服务产品,即"色、香、味、形"俱佳的菜品。菜肴要色泽鲜艳、香气扑鼻、口味纯正、造型别致、选料讲究、器具配套、取名耐人寻味,使客人感到"物有所值"。

4. 提供良好的服务

餐厅的服务人员应根据就餐客人的特点,针对性地提供热情、周到的服务。旅游景区内的餐厅为游客提供的餐饮服务主要有两种方式:零点用餐服务和团队用餐服务。

(1)零点用餐服务。这是针对散客用餐,随点随吃,吃完自行结账的服务方式。散客较为分散,人数不定,构成复杂,口味需求不同,到达时间不一样,因此要求服务人员在提供零点用餐服务时,要主动、周到、反应灵敏,能够根据客人的需求及当天厨房的供应情况、菜式烹调的基本方法,向客人推荐合适的菜式,以最佳的服务满足不同客人的不同需求。

(2)团队用餐服务。这是针对团体客人就餐,按照每人每餐的用餐标准及要求提供膳食和服务。团队用餐由于用餐时间统一,人数集中,因此提供服务时,要注意集中人力做好餐前准备工作,尽力缩短客人的候餐时间,迅速上菜。另外,尽管团队餐的用餐标准统一、菜式品种相对固定,但也要注意科学合理的搭配,确保餐饮服务质量。

二、旅游景区住宿服务

旅游景区的住宿服务是针对游客在参观游览过程中的住宿需求而提供的服务。在旅游活动过程中,"游"是关键,但是旅游者的住宿需求则是他们最基本的生理需要,是旅游活动得以继续的必要条件。优质的住宿服务不仅可以使客人得到充分的休息,补充体力,还可以使客人通过住宿更深入了解当地文化风俗,因此旅游景区的住宿服务是旅游景区各项服务中的重要一环。

(一)旅游景区住宿服务的基本要求

1. 清洁卫生

旅游者在外旅游,尤为关心下榻的旅游宾馆饭店是否清洁卫生,因为它不仅对旅游者的身体健康、体力的恢复、情绪的好坏、心境的舒畅都具有生理和心理意义,而且也是旅游者精神和审美的需要。因此,无论是高档的五星级酒店还是一般的小型饭店,其内外环境的清洁卫生都是旅游者十分关注和重视的。美国康奈尔大学旅游管理学院的学生曾花了一年的时间调查了三万名游客,其中有60%的人把清洁、卫生列为住宿服务的第一需求要素。如果饭店的住宿条件不够清洁、卫生,将导致旅游者心理上的反感,从懊丧、厌恶、愤怒直到要求立即退缩或更换饭店。

2. 安全舒适

安全是旅游当中最为重要的因素,旅游安全权也是游客最基本的权利。在旅游景区的住宿设施中,有很多导致不安全的因素,例如偷盗、失火、骚扰、疾病传播等,都会给客人带来不安全感。因此旅游景区的住宿服务要把安全放在首位。可以通过完善安全设施,健全安全规章制度,专设保安人员,加强对全体员工的安全教育及对客人的安全提醒等,来保障客人的人身和财产安全。

旅游者经历劳累的旅途住宿饭店,希望有一个安静舒适的环境休息,有效地补充体力。人们休息时,普遍的心理是厌恶噪声的侵扰,因此旅游景区的住宿场所应为客人提供一个安静舒适的休息环境。一方面客房的设置要远离嘈杂的环境,例如避免临街,门窗选用隔音性能好的材料,等等;另一方面,服务人员应做到走路轻、说话轻、动作轻,努力为客人营造一个静谧宽松、和谐的氛围。

3. 平等、公道

旅游者外出旅游是为了得到一种心理满足,希望受到尊重,希望得到公平合理的接待服务,即"一视同仁",不因外表、社会和经济地位的差异受到冷落或在价格上吃亏。旅游接待服务的平等性、旅游产品价格的公道性也是旅游者的心理需求之一。只有旅游者认为在接待和价格上是公平合理的,才会从心理上接受。

(二)旅游景区住宿服务流程

1. 客房清洁准备

服务人员领取客房清扫日报表,准备好补充用品和工作车。

2. 客房清洁作业

(1)按客房程序和相关规范进入房间,首先拉开窗帘,打开窗户,检查有无损坏。

(2)检查客房物品,是否有客人遗落物品,检查设施设备是否完好。

(3)按照服务规范,撤换客房清洁床罩、枕套、床单等,做床。

(4)撤换客房内的茶具、酒具,清理垃圾。

(5)从房门开始,擦拭干净门窗家具、设备和用品等。

(6)清洁洗手间,按标准补充洗手间用品并摆放整齐。

(7)按标准补充房间内用品并摆放整齐。由里及外吸尘,吸尘后将家具复位,关好窗户、闭合窗帘。

3. 检查离房,填写清洁报表

(1)查看家具用品是否摆放整齐,是否干净无尘。

(2)填写清洁日报表,登记进离房间的时间、用品的使用和补充情况、设施的维修情况等。

(三)旅游景区住宿服务的控制

1. 服务设施规格化

服务设施是提供优质服务的物质基础。规格化的服务设施主要包括三个方面:

(1)设施配备齐全。主要设施设备包括:床铺、床头柜、壁柜、卫生间、行李架、电视等。由于旅游景区住宿设施的规模不同,因此设施配备的要求也不尽相同,例如一些家庭旅馆、青年旅馆的设施配备相对简单,但也应努力做到设施配备齐全,以适应客人多方面需要。

(2)设施组合得当。设施组合是指各种服务设施配备齐全后,将其组成一个整体,使之形成空间构图形象,给客人以美感,使用方便。科学的设施组合要根据客房面积大小、朝向、空间的具体结构,在总体设计的基础上来安排。

(3)设施设备完好。客房的设施设备是直接提供给客人使用的,设施完好率是规范化优质服务的基本要求,因此,平时必须加强保养,遇有损坏要及时维修。

2. 服务用品规范化

客房服务用品是直接提供客人消耗的物品,如果服务用品配备不全,质量低劣,客房服务就会大打折扣。具体要求包括:

(1)客用一次性消耗物品必须按规格配备,保证需要。客用一次性消耗物品需要每天补充,要保证质量,数量适当,补充及时。

(2)客用多次性消耗物品必须符合配备标准,及时更新,包括床单、被套、枕套、枕巾、毛巾和烟缸、茶杯等。

3. 服务态度优良

服务态度是服务人员职业素养、服务意识和业务素质高低的集中体现,是规范化服务的基本要求,具体来说要做到主动、礼貌、周到、耐心。

(1)主动。主动就是服务于客人开口之前,具体要求包括:

①主动迎送,帮提行李。

②主动与客人打招呼,语言亲切。

③主动介绍服务项目。

④主动接送钥匙,为客人引路。

⑤主动帮助老弱病残客人。

(2)礼貌。服务过程中要态度诚恳、热情大方、面带微笑。仪容仪表要求着装整洁、精神饱满、仪态端庄,语言表达要清楚、准确,语调亲切、柔和,行为举止要讲礼节、有修养,尊重客人,做到一视同仁。

(3)周到。要了解不同客人的生活喜好、特殊要求,有的放矢地采用各种不同的服务方法,尽量满足不同客人的不同需求。

(4)耐心。根据各种类型的客人的具体要求提供服务,工作繁忙时不急不躁,对爱挑剔的客人不厌其烦,对老弱病残客人照顾细致,要耐心听取客人的意见。

☞ 行业新动态

中国消费者协会2013年旅游、餐饮调查报告

为了提高旅游、餐饮行业的整体服务水平,了解消费者需求和消费过程中存在的问题,实现行业发展与消费者权益保护共同推进,中国消费者协会开展了2013年消费者"旅游、餐饮消费者调查评议"活动。

本次调查主要针对文明出游、预订、交通、住宿、就餐、旅游景区服务等消费者

常见的投诉问题展开,调查结果显示:

一、经济型酒店是首选

在本次调查中我们发现,经济型酒店以81.85%的绝对优势在各酒店类型中领跑,其后是民宿客栈、青年旅社等新兴的住宿选择,三星级酒店和豪华型酒店的关注度下降。对于选择住宿时考虑的要素,消费者最看重的要素依次是:卫生、价格、位置、交通、设施和服务(见图5-1)。从消费者角度来看,卫生是决定能否放心入住的基本要素。在休闲度假旅游热潮兴起的同时,消费者对体验环境的追求使得卫生要素显得更为重要。

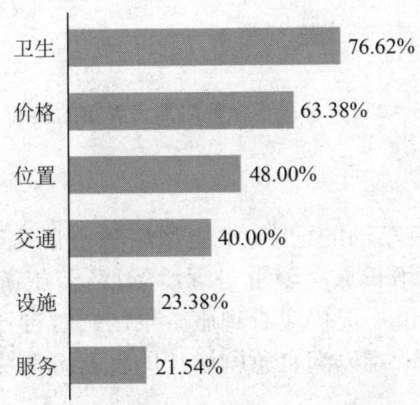

图5-1 游客选择住宿设施时最看重的要素

二、休闲旅游消费者注重美食体验,最看重食物品质

餐饮消费是旅游六大要素之一,也是旅游者享受旅行过程的一个重要组成部分。在本次调查中我们发现,92.31%的消费者表示会首选旅游目的地的特色小吃店。寻找美食本身就是旅游的一大目的和动力,这也与休闲度假旅游人群注重体验的趋势相符。

游客选择餐厅时最为看重的要素依次是:食材质量/新鲜度、口味、价格、用餐环境、餐厅服务、地理位置(见图5-2)。近年来频频曝光的食品安全问题成为中国社会的焦点。调查中79.08%的消费者选择最看重食材的质量和新鲜度,直接体现了消费者对于食品卫生安全问题的关注;排名第二位的选择要素是口味,占65.54%,这一比例超过了价格要素(58.15%)。

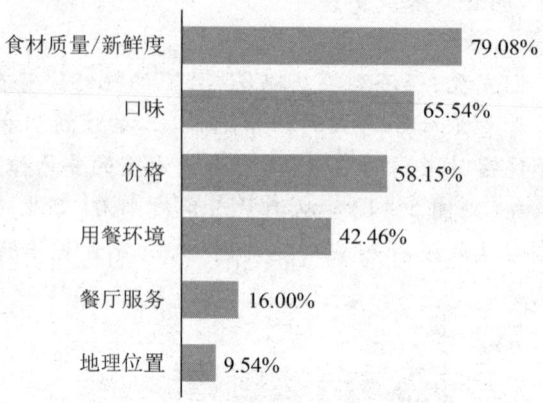

图 5-2　游客选择就餐时最为看重的要素

业内点评：

随着交通的便捷，自有车辆的增多，中短途旅游中自驾车比例大幅提升，自驾游成为中国旅游经济新的增长点。随着自驾游的盛行，旅游景区餐饮、住宿、娱乐正在形成一条完整的产业链。但仍应看到旅游景区针对自驾游游客的食宿产品数量有限，服务质量参差不齐，难以满足急剧增长的自驾游消费者需求。

任务三　掌握旅游景区娱乐购物服务

【工作情境】

在制定旅游景区食宿服务流程和服务标准的过程中，旅游景区接连发生了几起因娱乐和购物服务的纠纷。因双方争执激烈，由一起纠纷升级到恶性斗殴，旅游景区经济损失严重，社会影响恶劣。面对难以挽回的局面，如何控制娱乐、购物服务质量，是摆在旅游景区质量监督管理部门的一件大事。

案例讨论

案例1　眼睛一眨柜空了

在亲水娱乐项目中，由于游客需要更换泳衣，一般都设立专门的更衣室和储物区。不少旅游景区采用由游客自己设置储物柜密码来增加安全性，但旅游旺季时，游客量增大，工作人员通常难以判断是否是游客本人来取物品，物品失窃现象时有发生。

上海游客G夫妇在旅游景区亲水游玩时,因旅游景区工作人员说一律不准带包,故G夫妇将装有手机、钱包、首饰的小包寄存到了旅游景区的自动储物柜中,储物柜的密码是游客自己设定的,游客用了一个平时常用的密码。

待下午返回,G夫妇按密码开箱,却怎么也打不开。G夫妇随即用公用电话拨打手机,欲通过手机响声判断自己的正确箱位,也未成功。

不久,一位旅游景区工作人员根据号码判断箱子的位置,并连续打开了两扇柜门,其中一个是空箱,另一个箱内有一只黑包,黑包当即就被另一名游客取走。大家都很吃惊,工作人员可以随意打开游客储物柜柜门!

游客随即与旅游景区工作人员发生了激烈冲突,冲突中游客和工作人员因恶语相向,随即升级为打架流血事件。

资料来源:王昆欣.旅游景区服务与管理案例[M].北京:旅游教育出版社,2008.

案例2　纯真玉器变成了"翡翠处理品"

2013年1月,陈某前去某旅游景区游览,并参观了旅游景区某玉石购物店。该店老板自称是陈某的老乡,可以将两个缅甸纯真玉器以2 000元的成本价卖给陈某。旅游结束后,陈某将玉器送到X省珠宝首饰检测中心鉴定,鉴定结论为该玉器是翡翠处理品(漂白填充,染色)。

陈某愤怒至极,先后向旅游景区所在省、市旅游质监所投诉,并与新闻媒体联系进行曝光。

案例分析:

在旅游六要素中,娱乐和购物与餐饮、住宿、交通、游览相比,并不是旅游景区直接相关的要素,但与其他要素共同构成了游客在旅游景区内的体验,延长了游客在旅游景区的停留时间,增加了旅游景区的旅游收入。劣质的娱乐、购物服务,可以从根本上颠覆旅游景区的良好社会形象。

【任务执行】

1. 任务发布

制定旅游景区娱乐、购物部门的娱乐、购物服务流程。

2. 任务分析

对旅游景区的娱乐、购物服务质量要求进行深入分析,在娱乐、购物服务流程制定的过程中,注意对服务质量标准的控制。

3. 任务实施

(1)制定旅游景区娱乐服务接待流程及接待标准。

(2)制定旅游景区购物服务接待流程及接待标准,并形成任务成果书(表5-3)。

表5-3 任务成果书

任务成果书	
实训任务:制定服务流程及标准	任务性质:小组任务
成果名称:娱乐、购物服务流程及接待标准	
成果要求: (1)阶段成果:娱乐、购物服务标准 (2)最终成果:娱乐、购物服务流程	
成果形式:服务标准(A4纸单面打印,标页码)	

【相关知识】

一、旅游景区娱乐服务

旅游景区娱乐服务是指旅游景区通过一定的活动设施和工作人员向游客提供的表演欣赏和参与性活动,使游客得到视觉及身心愉悦的服务。旅游景区娱乐活动涉及体育、文艺、保健等许多领域。随着时间推移,旅游景区娱乐范围越来越广,许多体力劳动也都成为旅游景区的娱乐项目,例如农家乐旅游中,游客可以学做农活,与农民一起采摘水果、蔬菜。

(一)旅游景区娱乐服务的基本要求

由于现代旅游景区的娱乐项目众多,各种设施设备更新换代很快,工作环节和程序复杂,因此要求服务人员认真、负责,把游客的安全放在首位。

1. 保障游客的人身和财物安全

(1)营业场所的环境应干净整齐,客用设备及用具必须定期清洗消毒。

(2)对一些机械类设施要定期保养,每天接待游客之前还应该进行测量和检查。服务人员要不厌其烦地向客人讲解正确的使用方法,为游客进行安全装置检查及进行必要的运动保护(比如潜水),对游客出现的一些不规范操作要及时地劝阻。某些游乐活动如对游客有健康条件要求,或某些项目不适合某种疾病患者参与的,应在该项活动入门处以"警告"方式予以公告。

(3)要强调游客的人身和财物安全保障,制定具体的保护措施,例如对游客的物品寄存设立寄存处或保险箱,并且制订安全巡逻制度。

2. 做好各项娱乐项目的配套服务

某些娱乐项目需要一些配套服务。娱乐部门要提前准备好配套用具,由服务人员耐心、细致地帮助、指导游客使用用具。例如观看四维电影时的专用眼镜,打保龄球时的专用鞋袜等。

3. 培养服务人员的服务意识

由于娱乐服务某些项目内容枯燥、形式单一,且工作时间较长,服务人员容易产生烦躁情绪,因此服务人员必须具备良好的服务意识,才能做好娱乐服务。

(二)旅游景区娱乐服务流程

为了保证娱乐服务的服务质量,必须制定相应的规章制度,来规范服务人员的工作。娱乐项目类型多样,不同的娱乐项目,服务程序也不尽相同,下面以机械类娱乐项目为例,介绍服务流程。

1. 营业前的准备工作

(1)服务人员应提前到岗,换好工作服,佩戴好服务标牌,考勤签到,做好服务准备工作。

(2)每日运营前的例行安全检查要认真负责,建立安全检查记录制度。没有安全检查人员签字的设施、设备不能投入营业。营业前试机运行不少于两次,确认一切正常后,才能开机营业。

2. 营业中的服务

(1)门岗当值人员应熟悉本游乐园(场)规定的各种票券的使用方法,迅速、准确地验收票券,主动、正确地引导游客顺序进场。

(2)引导游客正确入座,系好安全带。严禁超员,不偏载。

(3)在游乐活动开始前,向游客详细介绍游乐规则、游艺机操纵方法及有关注意事项。谢绝不符合乘坐条件的游客参与游艺活动。

(4)开机前先鸣铃提示,确认无任何险情时方可开机。

(5)游艺机在运行中,操作人员严禁擅自离岗。

(6)在游乐过程中,维持游艺秩序,劝阻游客远离安全栅栏。密切注意游客动态,及时制止个别游客的不安全行为。

(7)如游客发生安全意外事故,应按规定程序采取救援措施,认真、负责地做好善后处理。

(8)设备运行结束后,服务人员应主动为游客解开安全装置,引导游客退场。

(9)服务人员要随时掌握游客动态,准确回答游客问询。

3. 营业后的结束工作

营业结束后,服务人员要再次整理、检查设备,清扫游乐场地,确保整齐有序,清洁干净,无安全隐患。

二、旅游景区购物服务

旅游购物指的是旅游者为了旅游或在旅游过程中购买各种实物商品的活动。它不仅包括专门的购物旅游行为,还应包括旅游中一切与购物相关的行为总和。但不包括旅游者出于商业目的而进行的购物活动,例如为了转卖而进行的购物活动。

(一)旅游景区购物服务的基本要求

1. 重视旅游商品的设计与开发

(1)针对客人的心理需求,突出地方民族特色。旅游商品要既具有较高的科技含量、文化含量和时代气息,又要突出当地风景名胜的特色和民族风情。要开发有浓厚地方特色的旅游纪念品,尤其是只有在某个目的地才能买到的纪念品,使纪念品成为旅游产品,以吸引游客。旅游商品在设计上要突出旅游资源,满足游客的心理需求。

(2)系列化、多样化、配套化,以满足不同层次旅游者的需求。旅游商品的开发设计在题材、式样、规格、原料、色彩、包装、价格、功能等方面,力求多样化、系列化、配套化。

(3)提高旅游商品的制作工艺,注重旅游商品的包装。因为很多游客购买旅游商品的目的不是留为己用而是作为礼品馈赠亲友同事。旅游商品应附有中外文说明,介绍产品的意义、传统和背景。另外旅游购物商品的设计与开发还应树立产权意识,注重知识产权保护意识,为旅游购物商品注册商标。可以与世界著名旅游商品企业合资或合作,开发新型旅游商品,在旅游景区内设立旅游商品连锁专卖店。

2. 制定合理的价格

游客在旅游过程中对价格是非常敏感的。2001年北京游客购买力调查表明,有74%的游客表示可以购买10~50元之间的旅游纪念品,愿意购买单价在300元以上的游客只有4%。由此可见,旅游商品的价格必须适应大众化的要求,才能形成大市场。另外旅游景区内应对商品明码标价,让客人明明白白消费。

3. 营造舒适的购物环境

悠闲宜人的购物环境是旅游购物的一个重要吸引力。保存完好的老街(例如丽江古城),环境卫生、文明经商、礼貌待客的步行街、商业街都能成为旅游者的驻足处。为了营造舒适的购物环境可以采取以下措施:

(1)对购物场所进行集中管理,保持购物场所环境整洁,秩序良好,杜绝围追兜售、强买强卖现象。购物场所一般可以分为零散型特色购物点、购物街、专业购物店三种类型。

①零散型特色购物点是游程中的休息点和兴奋点,一般安排在休息节点,比如登山节点、码头、出门前、索道站、旅游景区核心区等地方。

②购物街一般在游憩中心、大型转车车站、游览后出门至停车场的通道、大型停车场区内等地方。

③专业购物店是专业的旅游购物场所,是一种独特的商业模式,由导游引导游客进入。

(2)购物场所的橱窗、柜台布局要合理,陈列既有艺术性又能方便游客选购。旅游区商业店铺的建筑要做到统一规划,统一布局。不同的店铺可以具有不同风格,但必须保证店铺和旅游景区风景的和谐一致性。

(3)旅游景区的购物商店要提供便利的购物服务。目前,一些旅游景区的购物商店只接受现金,不接受信用卡,造成旅游者购物不便。旅游景区可以与银行联系,提供国际流行的信用卡服务。在涉外接待量大的旅游景区内要提供便捷的货币兑换服务,设立更多的兑换点。旅游景区应与邮政部门联系设点,方便游客邮寄商品。

(二)旅游景区购物服务流程

1. 准备工作

(1)参加班前会,按规定着装,佩戴工作牌,仪容整齐,化妆得体。

(2)查看商场柜台门窗、保险柜、验钞机等设备及柜台内商品是否正常。

(3)搞好商场柜台内外的清洁卫生工作。

(4)根据需要到财务部兑换钱币,保证每日所需的零钞。

2. 交易工作

(1)主动热情地迎接客人,耐心、周到地为客人服务。

(2)主动介绍商品特点、性能、用途、产地、价格等。

(3)耐心解答客人提出的各种问题,不能表现出不耐烦的情绪。

(4)在客人较多的情况下,要做到"接一应二联系三",让客人感觉到时刻都在受到关注。

(5)当客人犹豫时,要多为客人提建议和意见,为客人当好参谋。

(6)客人购买商品后,要将商品进行包装,包装要美观大方且牢固。

(7)不能埋怨、责备、讽刺、挖苦客人。

(8)客人离开柜台或商场时,向客人道别,说"再见""欢迎下次再来"。

3. 售后工作

(1)临近下班仍有客人时,不能提前清扫地面、整理柜台,以免客人产生被驱逐的感觉。

(2) 做好每日每月盘点工作,保证账款相符,做到准确无误,并认真填写相应的报表。

(3) 结束营业后,将当日报表及钱款交旅游景区财务部门。

(4) 做好工作日记,搞好卫生,关闭门窗、保险箱等,切断电源,下班离开。

(三)购物服务技巧

1. 善于接触客人

掌握好接触客人的时机,注意讲好第一句话的艺术,可以直接影响客人的购物行为。当客人走进商店尚未接近柜台与商品时,服务人员要精神饱满,做好服务准备,寻找接触客人的最佳时机,努力给客人留下一个良好的第一印象。

2. 及时展示商品

接近客人后服务人员热情、主动地向客人展示商品,使客人通过接触商品,对商品产生信任感,最后作出购买决策。展示商品时要注意:

(1) 要将商品的使用状态展示给客人,通过客人的直观感知促进客人联想。

(2) 尽量让客人触摸商品,用手触摸能产生强烈的刺激。

(3) 充分展示商品特性。展示时要注意将商品的重要部位、优点与特点都展示出来,例如将商品的正面或贴商标的一面朝向客人,便于客人看清商品的概貌与特点。同时注意展示商品时要用双手递送到客人手中或面前,而不能抛扔商品。

(4) 多种类展开,任其挑选。客人要求多拿几种或同样商品多拿几个挑选时,要予以满足,做到百拿不厌、百问不烦。

(5) 由低中档商品向高档商品展示。服务人员要根据客人的购买能力从低中档向高档推荐。这样既能满足客人购物价格心理,又维护了需要低档商品客人的自尊心。

3. 介绍商品,促进信任

(1) 侧重介绍商品的成分、性能。对有特殊效能商品的介绍,应从其成分、结构讲起,再转到其效能。例如介绍无锡宜兴的紫砂壶,侧重介绍其成分和性能。

(2) 侧重介绍商品的造型、花色、式样。工艺品、玻璃器皿、丝绸等商品,往往造型别致,别具风格,在介绍这些商品时宜侧重介绍其风格特点、艺术价值。

(3) 侧重介绍商品的质量特点。对一些高档商品,服务人员要抓住构成商品质量的主要因素、商品质量的标准等给予积极引导。

(4) 侧重介绍名牌商品的特点。对享有盛誉的名牌商品,应该对其文化和传统意义加以说明。例如苏州的苏绣、杭州西湖的龙井茶、贵州的茅台酒,都是享誉世界的名牌产品。服务人员应就这些产品的产地、历史、工艺等进行介绍。

（5）侧重介绍商品的独特风格及风味。有些商品具有独特的风格,有些商品具有独特的性能,有些商品具有独特的风味。在介绍时,要侧重介绍这些商品独特的风格、性能或风味,以引起客人的兴趣,促使客人购买。

（6）侧重介绍商品的用途。旅游者购买商品的目的是为了使用,因此,服务人员应对商品的用途向客人进行介绍。有些商品具有多功能用途,营业员在介绍时,应突出介绍其功能;有些商品具有特殊效能,服务人员在介绍时,应突出介绍其特殊效能;有些商品在用途上有相互关联性,如枕套与枕巾,茶叶与茶壶等,服务人员在成交某一商品后,要随即向客人推荐关联的商品。介绍时要注意措辞得当,有的放矢地诱导客人,切忌强行推销商品。

（7）介绍商品的相关知识。为了增加客人的信任,促使客人购买,服务人员在介绍商品还应介绍商品的使用、辨别等相关知识。

商品使用方法是否得当,直接影响商品的使用效果以及使用寿命,因此,服务人员在向客人推销商品时,还应向客人介绍商品的正确使用方法。例如,介绍茶叶时,要讲述如何才能泡出一杯香茶,对泡茶的水温、茶具、操作方法等一一作以介绍。

介绍商品的辨别方法。商品的真假、等级不同,商品的价值也相差悬殊、因此,商店的服务人员还应向客人介绍如何辨别商品的真假或等级,增强客人的信任。例如,在云南购买玉石,一些购物商店会把真假不同、等级不同的玉石商品放在一起向客人展示并介绍如何辨别。

任务四　掌握旅游景区交通服务

【工作情境】

"五一"黄金周期间,为了迎接客流高峰的来临,旅游景区各个部门严阵以待,但是景区内部游览车辆数量不足、调配不力,仍然造成交通拥堵,投诉不断。如何确保交通通畅,提高交通服务质量,是黄金周过后旅游景区质量监督管理部门亟待解决的问题。

案例讨论

案例1　云台山解决交通拥堵,引进高档景区客车

2005年4月,云台山旅游景区开始陆续引进高档旅游景区客车,彻底解决了旅游高峰期的交通拥堵问题。

目前，云台山投资 6000 多万元订购了 130 辆尾气排放达欧Ⅲ标准的豪华客车，建立了便捷、高效的内部交通网络，实现了旅游景区的人车分流。

与此同时，为确保游客在旅游景区内的安全性，考虑到景区弯道较多、山路陡峭等因素，云台山选择的景区旅游客车全部带有缓速器和空调，而且，驾驶员年龄全部在 30 岁以上，均拥有 8 年以上驾龄。旅游景区通过面试、路况实际操作考试等选择驾驶员，以保证车辆的完好使用和乘客的安全。另外，引进车辆均采用了缓速器制动（采用普通制动，乘客容易有急停感而导致晕车），乘车的舒适性大大提高。

案例 2　九寨沟景区交通拥堵数公里，武警出动维持秩序

2013 年 10 月 2 日中午，四川九寨沟旅游景区发生游客滞留事件。九寨沟旅游景区管理局相关负责人回应游客情绪激动引发堵车情况。当天 21 点左右，滞留游客开始逐步撤离。

据央视报道，10 月 2 日，九寨沟旅游景区游客量达到了四万多人。由于区间车等候的时间较长，部分游客强行拦停区间车，造成了旅游景区道路几近瘫痪，无法运行。

管理人员说，部分游客因没有赶上区间车，导致交通线路瘫痪，拥堵数公里长。旅游景区一度出动武警维持秩序。

记者致电九寨沟旅游景区管理局相关负责人。"今天犀牛海景点发生游客滞留的情况，不是因为承载量的问题。今天是国庆黄金周假期，游客量本来就较大，旅游景区内的游览车候车时间相对较长，有的游客情绪激动发生了堵车的情况。我们现在已经将游客劝导疏散。我们在此也呼吁，游客在旅游景区游览时要遵守相关的规定，不要翻越栈道走到公路上，影响旅游景区游览车的行驶。"该负责人说。

10 月 2 日 21 点左右，60 辆大巴在警车带领下抵达诺日朗换乘站，滞留在这里的 2000 多名游客开始逐步撤离。很多乘客已经滞留 5 个小时以上。

案例分析：

旅游景区交通服务是旅游景区接待服务的一个重要组成部分。旅游景区为旅游者在旅游景区内提供安全、便捷、舒适的交通营运服务十分重要。良好的旅游景区交通服务是实现旅游资源商品价值的重要环节，是衡量游旅游景区接待服务工作质量优劣的重要指标。

【任务执行】

1. 任务发布

制定旅游景区交通服务流程。

2. 任务分析

通过旅游景区交通服务要求的分析,根据交通服务内容,分类制定旅游景区交通服务流程。

3. 任务实施

(1)制定旅游景区停车服务流程及标准。

(2)制定旅游景区换乘服务流程及标准。

(3)制定旅游景区营运服务流程及标准,并形成任务成果书(表5-4)。

表5-4 任务成果书

任务成果书	
实训任务:交通服务流程及标准的制定	任务性质:小组任务
成果名称:交通服务流程及标准	
成果要求: (1)阶段成果:停车服务流程及标准、换乘服务流程及标准、营运服务流程及标准 (2)最终成果:交通服务流程及标准	
成果形式:服务标准(A4纸单面打印,标页码)	

【相关知识】

一、旅游景区交通服务的要求

(一)安全便捷

安全是旅游活动的前提。旅游者对旅游交通服务具有安全的心理需求,并且是最为关注的、首要的需求,所以,旅游景区交通服务只有在确保游客安全的前提下,才能构成有效的服务。

便捷也是旅游者对旅游景区交通服务的要求。如果旅游景区范围比较大,而景区内的交通服务不便捷,旅游者就会产生厌烦的情绪体验和疲劳的生理体验。

(二)舒适有趣

旅游是一种娱乐活动,追求的是精神层次多方位的享受。这种精神上的享受很大程度上取决于舒适的感受。旅游景区交通服务的舒适、有趣迎合了游客的生理和心理需求。因此，旅游景区交通服务不仅要为旅游者提供"行"的方便，还要为旅游者提供"行"的舒适与有趣。旅游景区交通工具的多样性与趣味性、车厢的整洁卫生程度、车窗的宽敞程度、车内空间的拥挤程度、座椅的舒适度、运行时的平稳度、工作人员的服务态度等，都会直接影响游客的舒适度体验。

（三）旅快游慢，游旅结合

便于旅游者游览是旅游景区内交通工具有别于一般社会交通工具的主要特征之一。其体现在两个方面：一是要"旅快游慢，旅短游长"，即对空间位移为主的交通运输服务，旅行速度要快，旅行时间要短，使旅游者把尽可能多的时间用于参加各种观光、娱乐、休闲、购物等活动。二是要"旅中有游，游旅结合"，即把旅行与游览合二为一，使旅游者在乘坐交通工具的过程中得以欣赏沿途风光、风情，并体验乘坐特色交通工具的乐趣。

二、旅游景区停车服务

（一）停车服务流程

1. 准备工作

(1)停车场管理人员应着装整齐，并佩戴明显标志。

(2)检查停车场场地，地面平整坚实、卫生整洁，停车位画线清楚。

2. 停车服务

(1)入口指引。指挥车辆进入。

(2)泊车引导。合理停放，保持车道畅通，不发生堵塞现象，车辆分类停放，整齐有序。

(3)签停车单。提醒收费依据和停车时间。

(4)取车引导。指挥车辆出场，保持车道畅通，不发生堵塞现象。

(5)收费。做到收费合理，出具正式票据。

(6)做好记录。

3. 后续工作

(1)做好每日每月盘点工作，保证账款相符，做到准确无误，并认真填写相应的报表。

(2)营业结束后，将当日报表和钱款交给旅游景区财务部门。

(3)做好工作日记，搞好卫生，关闭门窗，下班离开。

（二）停车服务难点

1. 旅游旺季旅游景区"停车难"

每逢周末、黄金周或者节假日等旅游旺季，各地旅游景区的停车难问题更加突出,而且随着私家车剧增,停车成为旅游景区游客投诉中的一个新问题。旅游景区淡旺季明显,停车紧张的情况一般出现在旺季。因此,在旅游旺季,旅游景区可以利用周边已建成停车场来缓解旅游景区停车紧张状况。

（1）停车场工作人员调查清楚周边距离（指游客可接受的从停车点步行至旅游景区的距离）和停车场数量,了解这些停车场在旅游旺季是否可以对外开放供游客使用,调查后,根据旅游景区旺季一般需要的停车位数量确定可以合作的停车场,并与这些停车场达成协议。

（2）确定好合作的停车场后,制作详细的停车场位置地图,确定每个停车场的车位数量,在旅游景区入口处设指示牌,并由专职管理人员引导,让游客提前了解旅游景区的停车场情况,方便旅行。

2. 旅游大巴"乱停放"

许多旅游大巴车为了节省停车费或省时间,一般不将车辆停放在旅游景区指定的停车场,而是见缝插针在旅游景区空地或错车道停放,有的甚至直接停在路边。旅游大巴占道乱停给旅游景区交通带来了较大的压力,而且很多游客在路边上下车,导致旅游景区交通更加混乱,这给游客也带来了安全隐患。

（1）在旅游景区入口处提供停车示意图,对进入旅游车辆进行停车提示和停车引导。

（2）旅游景区停车管理人员在旅游车辆经常乱停放的地点设置明显禁停标志,进行定时广播和宣传教育。

（3）设置停车监控或进行巡逻,对乱停放车辆予以处罚。

3. 停车场"乱收费"

旅游景区内各个停车场收费标准大多不统一,一些旅游景区甚至出现停车场"坐地起价"现象,停车场"乱收费"是目前旅游景区投诉较多的问题。

旅游景区应通过制度的制定来规范停车场收费标准,并将收费标准在停车场明显位置公示,同时,通过培训来提高旅游景区停车服务人员服务意识,规范服务。

此外,国内一些旅游景区还采取门票"一票通"的做法,将游客在旅游景区的停车费用和乘车费用全部包含在门票里面,或者在旅游景区售票处出售门票时,一并出售旅游景区停车票,游客凭票可以在旅游景区各停车场免费停车。

4. 过夜停车服务

两日游或休闲度假的旅游车辆一般都在旅游景区过夜,旅游景区应加收停车费,为游客提供过夜停车服务。

旅游景区停车场应设置监控设施,并安排值班人员定时巡逻,负责停放车辆的安全,发现问题及时上报处理。

三、旅游景区换乘服务

由于旅游景区停车场和交通道路承载力有限，随着旅游景区游客接待规模的扩大和自驾游旅游方式的兴起，旅游景区内部停车和交通压力越来越大，特别在旅游旺季，停车难、行路难是各个旅游景区面临的突出问题。同时大量交通工具进入景区，也使旅游景区生态环境受到严重的威胁。

进入旅游景区，换乘景区的观光车，实现游客在旅游景区内部各个景点的空间移动和转换，可以一定程度上缓解景区交通的压力。换乘服务流程及难点如下：

（一）换乘服务流程

1. 准备工作

（1）总调度员的准备工作。

①根据以往调度经验和旅游团队包车情况，估计当天可能进入旅游景区的人数和景区高峰时间，提前安排能够满足旅游景区内游客需要的观光车辆。

②根据司乘人员的轮休情况，准备当天值班司乘人员的值班表（包括司乘人员名单、联系方式及车辆号码）。

③提前掌握旅游景区各路段的路况信息及维修情况，并告知各司乘人员。

④制订特殊时间（如黄金周等旅游旺季和一天中的高峰时段）的车辆调度方案，并指导实施。

（2）各景点调度站站长的准备工作。

①掌握总调度员、当天值班司乘人员和协助工作的本景点调度员的联系方式。

②掌握游客在本景点游览中时间和地段的分布特征。

③掌握本景点车辆的运行规律。

④掌握本景点各个路段的路况信息。

2. 换乘服务

（1）总调度员在换乘期间的工作。

①监检和指导负责各级调度员的工作。

②与安全检查部门及其救护部门协调，安排道路抢修、车辆故障抢修和人员救护。

（2）各景点调度站站长在换乘期间的工作。

①负责观察当日进入景点人数，指导景点调度员及时疏散游客。

②接收各个景点调度员的站点游客信息和请求要车的汇报。

③巡视检查、指导和监督景点内交通秩序状况。

④及时与救护和安全检查部门协调，对本景点内的道路、故障车辆进行抢修，对人员进行救护。

⑤指导景点调度员统计车辆的行驶里程。
⑥向总调度员汇报本景点的交通异常情况。
(3)各景点调度站调度员在换乘期间的工作。
①指挥本景点过往车辆运行。
②观察站点附近的旅客情况,引导候车游客有序乘车。
③与前向站点和后向站点调度员联系,指挥车辆运行。
④向站长汇报景点内的交通异常情况,及时排除景点内车辆、道路故障和交通拥堵。

3. 后续工作
(1)总调度员的后续工作。
①对各级调度员上报的材料及时进行分析、总结,发现问题并采取预防措施。做好工作日记。
②从游客接待中心了解旅游团队包车情况和旅游团队到来的高峰时段,并制订次日交通调度方案,下发给各景点调度站站长。
③将次日司乘人员值班表和司乘人员行车路线下发给各景点调度站站长。
④指导和监督司乘人员进行车辆安全的例行检查和检修。
(2)各景点调度站站长的后续工作。
①对景点调度员上报的材料及时进行分析、总结,发现问题并采取预防措施,做好工作日记。
②了解次日司乘人员值班表和司乘人员行车路线。
③指导和监督景点调度员检查和检修景区内道路故障及危险道路情况。
(3)各景点调度站调度员的后续工作。
①根据一天的调度工作情况,做好工作日记。
②检查和检修景点内道路故障和危险道路情况。
③检查和检修景点内候车区相关设施设备的安全情况。

(二)换乘服务难点

1. 高峰时段车辆的科学调度

总调度员和各景点调度站站长在车辆调度过程中,首先要得到的是游客的要车需求和游客分布信息,然后才能考虑车辆如何进行调度。有些旅游景区景点因为难以实现游客需求信息的管理和确认。一方面导致"车找人、人等车"的状况,其结果是车辆的运行效率不高,经常出现空跑、迂回跑等现象,另一方面,待乘的大批游客得不到车辆的合理服务,进一步导致车辆调度的复杂和无序。

有些旅游景区采用了智能交通系统,在旅游景区所有的观光车停靠点安装了摄像头,通过它对游客需求信息分方向(进景点、出景点、进旅游景区、出旅游景区)进行实时采集。然后将采集的需求信息通过光纤传输到车辆调度指挥中心,车辆调度指挥中心在获得游客需求信息的基础上,结合车辆的位置分布、车载人数、行驶方向、线路条件、司机作息时间等,运用现代化调度技术,做出调度决策,向各车辆、各停靠点发布调度命令。

有些旅游景区运用智能交通系统,对团队游客和散客进行划分。针对团队游客,根据游客抵达旅游景区时间和旅游景区内交通状况,进行科学游览线路引导,实现游客分流,并提前获取团队游客进出各景点时间,在团队游客进出景点前提前安排车辆等候;针对散客,各景点适当增补一些小型观光车,根据旅游淡旺季和一天中的高峰时段,临时安排加班司乘人员运输,从而避免车辆空跑和游客等待,节约了经营成本,减少了游客候车时间。

2. 候车服务的有序性和便捷性

目前,很多旅游景区在换乘服务中接到游客投诉最多的问题,是候车秩序混乱、候车时间过长。针对这种情况,旅游景区各调度站站长和旅游景区调度站调度员应该采取措施,提高候车服务的有序性、便捷性。

(1)针对游客候车时间过长现象,各调度站调度员应根据游客进入景点时间和旅游景区内游览时间,对团队游客用车时间进行记录和判断,并记录团队游客的领队或导游的联系方式,在预计用车时间前10~15分钟联系,确认团队用车时间,提前与总调度站和其他调度站点联系调车。

(2)针对游客候车秩序混乱现象,各景点调度员在客流高峰时段一定要在现场维持秩序。在游客候车期间,将团队游客和散客分开进行排队,发放团队排队序号和散客排队序号,按号上车,杜绝"加塞",避免拥挤现象。

(3)提供候车区候车座椅和茶水等,提高游客候车的舒适性。有条件的旅游景区可在候车区播放各景点的游览人数、游览状况和观光车运行信息,让候车游客理性选择游览线路。

四、旅游景区营运服务

(一)营运服务流程

1. 准备工作

(1)着装整齐,男司机不穿短袖背心,女司机不穿超短裙。佩戴明显标志,并按规定携带营运证件。

(2)做好出车前的检查工作,确保车况良好。

(3)保持车厢无异味,座位无灰尘、无异物。

(4)正确使用空调,为游客提供舒适的乘车环境。

(5)了解本地风土人情、名胜古迹、风景点概况,掌握旅游及卫生救护常识。

2. 营运服务

（1）游客上车时，面带微笑，主动问好。

（2）照顾游客上车，帮助游客提拿放置大件行李包。游客上车后，问清游客去向。

（3）开车前检查车门是否关牢。

（4）在与游客结算交通费用时，应按规定标准收费，唱付唱收，并将专用发票和找补零钱交到游客手中。

（5）游客主动聊天时，应予回应，但应注意选择话题，可以谈论天气、当地风俗、特产、名胜及沿途景观等话题，忌谈个人隐私、宗教民族等敏感话题和小道消息、八卦新闻。不能在游客面前吸烟、吃东西。

（6）严格执行营运调度的有关规定，不得擅自改行短线和绕道行驶。

（7）到达目的地后，营运人员应按游客要求，在规定允许停车路段靠边就近停车。游客下车时，应主动向游客道别，并提醒游客拿好携带物品，注意安全。

3. 后续工作

（1）游客下车后，应检查车内有无游客遗忘的物品。发现游客遗忘物品时，应及时归还失主；若当时找不到失主，应及时报告并在2小时内交旅游景区相关部门，不得私自截留。

（2）做好每日每月盘点工作，保证账款相符，做到准确无误，并认真填写相应的报表。

（3）结束营业后，将当日报表和钱款交给旅游景区财务部门。

（4）做好工作日记，搞好车辆卫生，检修车辆设备设施完好，下班离开。

（二）营运服务难点

1. 旅游景区交通的观赏性和安全性

旅游景区交通与一般公共交通相比，更强调游客在旅行途中的观赏性和趣味性，因为旅游景区景观层次丰富、环境优美，旅游景区交通更要满足游客在空间移动过程中的观光、游览需求。旅游景区交通车速应限制在20～50公里/小时以内，以便游客观赏车窗外两侧景观。

另外，由于旅游景区自然环境的限制，景区的有些道路坡度较大，一些道路拐弯处较急，或者道路狭窄，路况复杂、曲折，因此要聘用有丰富驾驶经验和娴熟驾驶技术的驾驶人员驾驶旅游车。景观丰富的旅游景区，应在每辆旅游车上配备专职讲解员，也可以播放讲解录音。

2. 旅游景区旅游车辆的故障处理

在营运过程中，旅游景区交通车辆有可能突然发生机械故障，影响游客顺利游览，因此司乘人员要做到：

（1）在旅游景区交通车辆营运前，进行车辆机械设备的例行检查，禁止车辆"带病"上路。

（2）在营运过程中，旅游景区交通车辆一旦发生故障，应及时检查故障发生原因并及时抢修。如果需要抢修则迅速与旅游景区交通总调度联系，调配离事故发生地最近的车辆前来救援，并确定救援车辆到来时间，明确告知游客。

（3）安抚游客情绪。因等待时间过长有游客要下车时，要引导游客避开交通要道，以免发生危险。

3. 旅游景区道路故障

在营运过程中，旅游景区突然发生道路损坏或者塌方、泥石流、山体滑坡等现象，应及时告知游客实情，并组织游客有序下车，安抚游客情绪。

游客下车后，应组织游客避开交通要道、事故发生地和事故周边悬崖，以免险情再度发生。

如果有其他道路，查明其他道路情况，绕道而行；如果没有其他道路，而事故发生地道路损坏面积不大，则与旅游景区总调度联系，请求派距离事故发生地最近的车辆前来救援；如果没有其他道路且事故发生地道路损坏面积较大，应征求旅游景区领导和抢修施工方意见，了解等候时间，劝说游客在安全地耐心等待；如果抢修时间过长，应征得旅游景区领导同意，安排游客就近游玩或住宿。

如果旅游景区道路损坏属于旅游景区责任，应征得旅游景区领导同意，给予游客一定的经济补偿并取得游客谅解；如果旅游景区道路损坏属于不可抗力，则应将情况讲明，征得游客的理解和同意，安排游玩游客住宿，旅游景区予以一定的帮助。

思考与练习

一、填空题

1. 旅游景区餐饮服务的流程分为_____、_____和_____。

2. 旅游景区娱乐服务是指旅游景区通过一定的_____和_____向游客提供的_____和_____活动，以使游客得到视觉及身心愉悦的服务。

二、简答题

1. 简述旅游景区餐饮、住宿服务控制难点。

2. 简述旅游景区交通服务控制难点。

三、技能实训

1. 模拟旅游景区娱乐服务流程，掌握服务流程、服务标准和服务技巧的应用。填写表5-5。

表 5-5　娱乐服务流程、服务标准和服务技巧

服务流程	服务标准	服务技巧
运营前例行检查		
熟悉各种票券		
引导游客入座		
介绍注意事项		
维持游乐游艺秩序		
安全事故处理		
引导游客退场		
回答游客咨询		

2. 模拟旅游景区购物服务流程,掌握购物服务流程中服务标准和服务技巧的应用及注意事项,并填写表 5-6。

表 5-6　购物服务流程、服务标准、服务技巧及注意事项

服务流程	服务标准	服务技巧	注意事项
迎接游客			
介绍商品			
积极推荐			
检查商品			
成交致谢			

模块六 体验旅游景区设施设备管理

旅游景区的设施设备是旅游景区开展经营活动的物质载体。设施设备质量的优劣、运行的好坏,直接关系到游客的游兴和满意度,体现了旅游景区产品质量和服务水平。管理好旅游景区的设施设备,充分发挥旅游景区设施设备的服务功能,确保旅游景区设施设备处于良好的运行状态,是旅游景区设施设备管理的重要内容。

在旅游景区日常管理中,一般由园务管理部门负责旅游景区设施设备的购买、操作、维修和管理。由于旅游景区所处经营发展阶段不同,组织单位性质、战略目标和经营规模有所差异,有些旅游景区没有设置专门的园务管理部门,一般由经营部、基建部或工程维修部负责旅游景区设施设备的购买和日常管理工作。本模块从园务部的工作职责出发,介绍旅游景区设施设备管理具体内容。

学习目标

1. 知识目标
(1) 了解旅游景区设施设备的概念和分类。
(2) 熟悉旅游景区设施设备的具体要求。
(3) 掌握旅游景区设施设备管理的意义和管理过程。
2. 技能目标
(1) 能够运用旅游景区设施设备管理的基本知识,做好旅游景区设施设备购买前的调查研究工作。
(2) 能够运用所学知识,分析和解决旅游景区设施设备管理中的实际问题。

任务一 熟悉旅游景区的设施设备

【工作情境】

郑州某职业学院 2 名同学进入旅游景区园务管理部门顶岗实习。走上实习岗位的第一天,2 名同学就遇到旅游景区因山体护栏脱落而导致游客投诉一事。园务部经理忙得焦头烂额。旅游景区游览设施老化、维修不及时、设施设备不充足等一系列问题,严重影响了旅游景区的形象和可持续发展。园务部经理立即决定趁现在旅游淡季,组织两队人马,一组负责分析旅游景区内设施设备的使用现状;另一组到本地优秀旅游景区实地考察,引进其他旅游景区使用的先进设施设备。

案例讨论

案例1　中国多地推进"厕所革命"

"方便不方便"是许多外国游客在中国旅游时最发愁的问题。正在此间举行的2011世界厕所峰会上,"中国的如厕环境问题"再次成为焦点。可喜的是,中国多地政府已经将厕所改造视为民生工程,展开了大规模的改造工作,一些地方还在本次峰会上展示了当地公共厕所的建设成果。

自2010年开始,海南省把厕所建设和管理列为一项基础性工作,先后制定出台了一系列规章制度,计划用3年左右的时间,彻底改变全省旅游厕所和城镇公共厕所布局不合理、质量不达标、管理不到位的问题。

广西壮族自治区桂林市规定,村落要想获得旅游主管部门颁发的旅游资质,必须要建设一定数量和标准的公厕,只有这样才能接待团队游客。

除了旅游城市外,随着农家乐等乡村旅游的逐渐兴起,农民对于生态厕所的需求变得积极主动,"厕所革命"也在乡间悄悄展开。一些地方政府还采用补贴的形式鼓励农民改建生态厕所,这也大大提高了农民的积极性。

随着中国经济的快速发展,越来越多的人追求更好的卫生环境。若能提供清洁卫生舒适的厕所,以及良好的维护,中国的很多名胜古迹定会吸引更多的游客。而中国农村如厕环境的改善也将大大提高环境卫生的质量。

资料来源:新华网,2011年11月23日,有改动。

案例2　"栽下梧桐树,引得凤凰来"

2009年,山东海阳旅游度假区成功跻身国家AAAA级旅游景区、山东省重点服务园区、国家级海洋特别保护区,荣获"国家沙滩体育健身基地""中国最佳旅游休闲目的地""山东省自驾游营地""中国休闲创新奖""恋人圣地"等殊荣。借势2012亚沙会这一亚洲体育五大赛事之一的平台,海阳旅游度假区被国家旅游局确定为4个国家级旅游度假区试点单位之一。

海阳旅游度假区围绕基础设施服务功能的配套完善,累计完成投入3.7亿元,修建路网50公里,高标准绿化360万平方米,完成了亮化工程。仅今年就新开工道路、亮化、绿化、景观等基础设施工程31项,新硬化道路3990米,完成道路改造罩面20万平方米,改造提升绿化面积21万平方米,新增绿化面积13万平方米,新增海滨海洋生物雕塑 30 组;完成了海滨景观带、路网绿化带、凤凰台公园、军事公园、康体公园等的提升改造;投资 855 万元完成了度假酒店、高层建筑、海滨公路建设设施和主要道路两侧沿街建筑及绿化带的 LED 亮化工程,增设了海滨高杆灯和射灯、LED 屏,打造了亮丽的夜景。基础设施的日臻完善,吸引了以商务度假、休闲娱乐、康体健身为主要内容的 44 个项目落户,其中投资过亿元的项目 32 个,投资过 10 亿元的项目 6 个,累计完成项目投入 60 多亿元。

案例分析:

海阳度假区通过加强基础设施建设,得到了游客的认可,由此可见旅游景区的设施设备是其发展的物质基础,而"厕所革命"体现了游客对于旅游景区环境和硬件设施的要求,建设一定数量和标准的公厕是旅游景区文明健康发展的重要内容。

【任务执行】

1. 任务发布

结合旅游景区的硬件建设,对当地旅游景区的设施设备情况进行调查,评估旅游景区现有设施设备的现状。

2. 任务分析

通过对旅游景区设施设备基本知识的掌握,调查当地旅游景区现有设施设备的现状,并分析旅游景区哪些设施设备需要改善。

3. 任务实施

(1)调查当地旅游景区现有设施设备的现状。
(2)提出旅游景区设施设备改善的具体项目。
(3)形成最终的任务成果书(表 6 - 1)。

表 6 - 1 任务成果书

任务成果书	
实训任务:旅游景区设施设备现状调查	任务性质:小组任务
成果名称:旅游景区设施设备现状调查	
成果要求: (1)阶段成果:当地旅游景区现有设施设备现状的调查 (2)最终成果:旅游景区设施设备改善方案	
成果形式:调查报告(不少于 2 000 字,A4 纸双面打印,标页码)	

【相关知识】

一、旅游景区设施设备的概念

旅游景区的设施设备是构成旅游景区固定资产的各种物质设施。它是提供旅游景区服务的生产资料，是旅游景区从事经营活动及为旅游者提供服务或其他旅游产品的物质基础。

不同类型的旅游景区设施设备的类型、质量存在着较大的差异，如一些生态旅游景区，除了游道和宿营地以外，其他设施设备较少；而主题公园设施设备的类型、数量、分布密度等都较大。

 特别提示

旅游景区的设施设备除了要求具备最基础的使用功能外，还必须具备特定的旅游功能，有时某一种旅游功能还承担着吸引旅游者的特定任务。

二、旅游景区设施设备的分类

旅游景区的设施设备类型多种多样，根据其用途，可以将其分为旅游基础设施设备、旅游服务设施设备和游憩娱乐设施设备三类。

1. 旅游基础设施设备

旅游基础设施设备主要包括道路交通设施、给排水设施、电力通信设施、安全救护设施、绿化卫生设施等。

2. 旅游服务设施设备

旅游服务设施设备主要包括接待服务设施、导游服务设施和购物服务设施。接待服务设施有接待、住宿、餐饮设施等；导游服务设施有游览标志、解说设施等；购物服务设施有商业网点建筑、商品经营设备等。

3. 游憩娱乐设施

游憩娱乐设施，一类是指附属于接待服务设施的各种设施，如健身房、KTV包房、室内游泳池；另一类是指散布于旅游景区内的各种设施，如漂流设施、过山车、山地滑雪（草）场地和设施等。

三、旅游景区设施设备的要求

（一）旅游基础设施

旅游基础设施是游客顺利完成旅游活动的基础保障，没有基础设施，游客无法实现旅游景区内的空间转移,所有的旅游服务几乎都无法正常提供。同时,与景观协调、富于美感的基础设施还是构成旅游景区吸引力的因素之一。

1. 道路交通设施

旅游景区的道路交通设施连接贯穿旅游景区,为游客提供导向,是保证游客在旅游景区正常合理流动的前提条件,是游客使用最普遍、最基本的设施。旅游景区的道路交通设施主要有旅游景区内部交通道路、停车场、运输设施及相应的服务设施。

(1) 车行道

车行道主要用于景点间的游客运输和供应运输,这种道路必须路面平整,无尘土,符合行车安全要求。车行道要求配备的设施有:各个景点设立供游客上下车的停车站(参见图6-1)或站牌;根据道路情况设立的交通标志等。旅游景区内部交通工具主要使用电瓶车、液化汽车,有利于旅游景区的环境保护。

图6-1 云台山旅游景区内的游览车停车站

(2) 步行道

步行道是游客参观游览的主要游线。旅游景区里的各个景点道路一般都以步行道路为主。步行道要做到线路布局合理,要根据线路的长度和攀登的高度,适当地设立休息点,使游客随时可以休息;同时,线路尽量设计为环形,不走回头路,使游客有新奇感。线路还应有多条,有险有平,可供不同年龄的游客选择,并留有入口和出口,利于游客疏散。

景观内步行道主要采用生态型材料建设,根据旅游景区实际情况,采用木板、竹板、卵石、石板等铺设,有利于生态和环境保护,又同时具备民族或地域特色(参见图6-2、图6-3、图6-4)。

图 6-2 三亚蜈支洲岛的情人桥

图 6-3 云台山的石桥

图 6-4 重渡沟的山路

(3)停车场

停车场一般位于旅游景区出入口的外围。随着国内自驾车旅游的兴起,旅游景区停车场的需求规模越来越大。旅游景区停车场建设的要求主要包括四个方面。

①停车场建设的大小。停车场应根据计算出的游客客流量或根据游客实际人数统计量,以及游客到旅游景区乘坐交通工具的方式等综合考虑停车场建设的大小。

②停车场的地面。根据旅游景区的具体情况可建设成平整的生态硬化地面、沙砾地面或者泥土地面等。生态停车场是指有绿化停车线和绿化停车面的停车场。

③停车场的建筑风格。停车场的建筑要与旅游景区景观相协调,否则会破坏旅游景区的景观。

④停车场的服务设施。旅游景区停车场上必须设立停车线、回车线。停车场应进行分区,一般分为大车停车区和小车停车区。大车停车区主要停放大型旅游车、大型公交车或大型卡车;小车停车场主要停放轿车、中巴车等中小型汽车。停车场应设立出口和入口,地上应有方向指示标志,以便车辆能够顺利、井然有序地进出。停车场还应配备汽车维修、清洗服务、消防等设施设备。

(4)交通运输设施

根据旅游景区不同的地理环境和地形状况,旅游景区内使用的交通工具也不尽相同,主要有电瓶观光车(参见图6-5)、索道、缆车、云梯、轿子、游船、漂流竹排(参见图6-6)、空中交通工具等。这些设施使旅游景区内的观赏游览与空间位移同步发生,步移景异。一些富有特色的交通工具,增加了旅游景区的吸引力。旅游景区内要采用清洁能源和环保动力的交通工具。

图6-5 三亚南山旅游区的观光车

模块六 | 体验旅游景区设施设备管理

图6-6 桂林漓江的竹排

☞行业新动态

厦门海沧建设公共自行车交通系统

厦门海沧区提倡"健康绿色出行",将建立一套科学合理、先进便捷的公共自行车交通系统,破解海沧市民出行"最后一公里"难题。据了解,海沧区计划在海沧生活区、东孚片区等地打造公共自行车系统。依托城市绿道、非机动车道、专用自行车道等,通过站点建设、自行车配置、租赁与运营服务,建立一套可便捷到达海沧主要交通节点、公园、社区、商业网点及各类机构的绿色环保出行系统,让市民游客在公交换乘、运动休闲、旅游观光、出门办事等时候充分享受便利。

此外,海沧区还将于9月举办"周末到海沧骑自行车"大型活动,当月的每个周末还免费提供200辆自行车供市民体验;同时,举行相关的配套活动,如单车宝贝表演、"骑行海沧风情摄影"征集赛、免费直通车游乐活动等,增加市民、游客的幸福感。

资料来源:中国旅游报,2013年9月11日。

业内点评:

特殊交通工具的出现,不仅可以满足游客在旅游景区内空间上的转移,节省游客交通成本,还能满足游客在旅行过程中丰富的旅游体验。

2. 电力、通信设施

电力设施是旅游景区设施设备的动力源和夜间照明的能源,通信设施是旅游景区内游客和管理者与外界联系的基本保证,因此,旅游景区内有一个保质、保量、安全可靠的供电输电网，以及方便、快捷的通信设施，才能确保旅游景区的正常运转，为游客提供旅游服务。

(1)电力设施。旅游景区集中了大量现代化的设施和设备，这些设施设备大部分都是以电力为能源，所以景区必须有可靠的、能满足要求的电力供应系统。旅游景区配电设施系统的基本原则是满足用电要求和安全用电。

旅游景区的电力系统保证供电的可靠性和持续性，任何时间不能中断供电，一旦线路发生故障，要立即采取补救应急措施，要防止整个旅游景区断电，或造成重大损失和伤亡。各种电力、通信线路应尽量埋设在地下管道中，以保持景观的完整和美观。

(2)通信设施。为保证游客与外界联系方便快捷，以及旅游景区内部运行的信息传递，旅游景区必须有必备的通信设施，以提供便捷的服务。主要通信设施有邮政、电信和网络等。

旅游景区邮政设施要能为游客提供信函、电报、包裹等服务，并提供纪念邮票、明信片等。旅游景区电信设施要能为游客提供国际国内直拨电话、宽带信息网络和移动电话信号覆盖等服务。固定通信设施要与旅游景区景观相协调，不能影响旅游景区景观的整体美感。

3. 给排水设施

为了保证旅游景区的正常运营，必须要建设给排水设施，主要包括上下水管道、提水蓄水设施，以及排水管道、污水处理系统。旅游景区给排水设施应满足旅游景区供水和排水要求，水质要符合国家《地表水环境质量标准》和国家《生活饮用水卫生标准》，污水处理设施处理过的水要达到国家要求的排放标准。

4. 绿化卫生设施

旅游景区的绿化卫生设施是旅游景区的重要内容，起着改善环境、美化环境和平衡生态的作用，能够为游客创造优美健康、干净整洁的旅游环境。

(1)绿化设施。绿化设施主要是各种绿化花草树木。绿化设施既可观赏，还具有分割空间和隐蔽有碍景观建筑物的功能。旅游景区绿化选择花木时，宜选择本地树种为主。花木的种类要多种多样，如花木、果木、乔木等都要选择。绿化要考虑季节变化，合理搭配，使旅游景区内四季有景，步移景异。

(2)卫生设施。卫生设施主要有公共(旅游)厕所、垃圾箱和垃圾处理设施等。这些设施保证了旅游景区内环境整洁、卫生。公共(旅游)厕所要建在隐蔽、通风、便于排污的地方，同时要易于寻找，方便到达，既不影响旅游景区整体景观，又方便游客使用，其造型应与景观协调一致。垃圾箱要美观、整洁(参见图6-7)，与环境相协调。垃圾处理设施要按照国家有关规定建立。

图6-7 云台山的垃圾箱

5.安全救护设施

为了保证游客在旅游景区内的安全,需要按规定建立消防、救护、保安等安全救护设施。危险地带安全保护设施有保护栏、岸边警戒线等。要配备消防栓等消防设施。设立医务室,配置医疗救护设备。

(二)旅游服务设施

旅游景区服务设施是旅游景区游客直接使用的设施,其完备程度、质量直接影响旅游景区产品的使用价值、使用效果。旅游景区服务设施主要包括接待服务设施、导游服务设施和购物服务设施三部分。

1.接待服务设施

接待服务设施包括旅游景区入口接待设施、游客服务中心接待设施和食宿接待设施等。在旅游景区入口处设立门栏,有秩序地导入游客。游客服务中心配置电脑触摸屏、影视介绍系统、游客休息设施、旅游景区导览宣传资料等,提供流程线路图,明示旅游景区活动、节目预告,提供导游服务等。住宿餐饮设施包括各种宾馆、饭店、野营地、度假村、民居等。住宿餐饮设施建筑风格要与旅游景区环境一致,尽可能体现地域或民族特色(参见图6-8),尽量采用当地的、生态环保建筑材料,选址应注意交通便利。

图6-8　三亚海边供游客休息的蘑菇式亭子

2. 导游服务设施

导游服务设施包括游客引导设施和解说设施两类。游客引导设施是指对游客行为具有提示、引导性文字的符号或图案，主要包括公共信息标志和空间位置标志。解说设施是对旅游景区总体以及主要景点进行讲解、介绍的图文解说和多媒体解说系统。

（1）游客引导设施。公共信息标志在旅游景区公共场合为游客提供信息，如禁止吸烟、请勿攀登等。公共信息标志应该按国家标准《标志用公共信息图形符号》（GB/T 10001.1—2000）的要求制作。空间位置标志主要是为游客提供空间导向和位置指向（参见图6-9）。空间位置标志要求一般应设置于步道、行车道、岔路口等处，要求信息准备无误，指示文字和图示简洁醒目，中英文对照。

（2）解说设施。解说设施是通过文字或图片来向游客传达有关旅游景区的信息，包括导游全景图、景物介绍牌、标志牌等。解说系统地点和色彩的选择应与景观相和谐，易于引起游客注意；内容表达力求简洁、易懂，中英文对照。多媒体解说系统依托现代信息和多媒体技术进行导游，如语言解说、触摸屏互动式解说等。

图6-9　云台山旅游景区的标志牌

行业新动态

北京旅游景区自助导游系统上线

"美丽北京——2014北京智慧旅游年"启动,北京A级旅游景区自助导游和虚拟旅游系统正式上线运行。借"智慧旅游年"的契机,北京市将加快推动旅游在线服务、网络营销、网上预订、网上支付等智慧旅游服务。

2013年,北京市旅游委组织开发了3A级以上旅游景区自助导游软件系统,游客可利用具有GPS定位功能的手机,通过北京旅游网下载并免费使用该软件。游客每到一景点,自助导游系统将自动播放该景点语音讲解,游客还可查询旅游景区内厕所、出入口、游客中心等公共服务设施的位置,并随时定位自己在旅游景区内所处的位置。

旅游景区自助导游软件系统今后将根据需要推出旅游景区多条游览线路、多媒体深度导游、游客留言点评互动、信息发布提示和流量统计管理平台、销售电子门票等功能。A级旅游景区虚拟旅游平台包括北京30家热点A级旅游景区的信息,游客通过北京旅游网足不出户就能以360度的角度环视北京热点旅游景区内的各个景点,聆听景点的介绍。通过互动,游客还可根据兴趣自主选择景点观赏,设计旅游景区的游览线路。

资料来源:中国旅游报,2014年1月22日。

业内点评:
北京自助导游系统的使用,方便了游客的旅行和参观游览,使游客旅游体验扩大化。

3. 购物服务设施

购物服务设施是指为游客提供购买日用品和旅游商品的商业网点。购物设施的布局和选址应考虑旅游者在旅游景区内的生理和心理习惯,通常设置在旅游景区的出口处,也有的分散在旅游景区的接待服务处,便于游客的购买(参见图6-10)。

图6-10 位于游客接待中心附近的购物点

特别提示

旅游景区的购物服务设施应布局在旅游景区的最后一段,也就是旅游景区的出口处前最为合理。一方面从心理学上分析,当游客即将离开旅游景区时为了落实出发前的购物计划,并实现游览中激发出的新购物欲望,有一种机会即将失去的紧迫感,此时的购买欲望最强。另一方面从消费行为学看,游客在游览旅游景区之前对此地的特色商品一无所知或知之甚少,出于规避风险的心理,一般不作出购物决定,当游览接近尾声时,对当地的商品有了充分的了解,此时购物即在情理之中。

(三)游憩娱乐设施

游憩娱乐设施按与服务设施的关系可分为两类,一类是指附属于接待服务设施的,另一类是指散布于旅游景区内的独立接待服务设施。附属于接待服务设施的主要是一些适合室内活动的健身房、保龄球馆、茶室、棋牌室、游泳池等娱乐、文化、康体设施(参见图6-11)。独立接待服务设施,不同类型的旅游景区有不同的游憩娱乐设施,如水体旅游景区娱乐游憩设施,旅游景区内的浴场、游船、游艇、垂钓池、水上游乐场、漂流等设施;陆上旅游景区的娱乐游憩设施,动植物园、娱乐中心、游览车、索道、儿童乐园、博物馆、海洋馆、展览馆、滑雪场、蹦极、攀岩等设施。

各类娱乐游憩设施应严格遵守安全标准,并配备相应救助设施与专门的监管维修人员,还要充分考虑这类设施对环境的影响。

图6-11 云台山旅游景区的水上太极拳表演

任务二　掌握旅游景区设施设备的管理

【工作情境】

随着游客量的逐渐增多，旅游景区各类设施设备使用频率逐步增高。为了平稳度过旅游旺季，维护旅游景区良好社会形象，园务部经理专门组织了为期一周的设施设备管理专题培训。在培训期间，培训讲师给大家列举了国内外典型的旅游景区设施设备事故，大家陷入沉思。

案例讨论

案例1　"1·13"意大利海域游轮触礁搁浅事故

2012年1月当地时间13日晚，一艘游轮在意大利海域触礁搁浅，目前至少有11人死亡，约40人下落不明。事发时，这艘名为"科斯塔·肯考迪娅号"的游轮正在进行环地中海旅程，但在行驶至意大利季略岛附近时触礁搁浅。约在当地时间晚8点，游轮的左侧船体撞上了礁石，并被划开一个长70至100米的裂口，290米长的科斯塔·肯考迪娅号游轮船体开始进水，并倾斜了约20度。乘客们曾听到隆隆巨响，但一开始只是被告知游轮发生了电路故障，稍后才被要求穿上救生衣。惊慌失措的乘客冲向救生艇，而多名乘客仓皇跳入海中。大约有100名乘客被救起，仍有约40名乘客下落不明。

"这像极了电影《泰坦尼克号》中的场景"，"一切开始下沉，所有人都惊慌失措地奔跑"。一名幸存者说。"我们不知道事态究竟有多严重。后来我们透过窗户看见水越来越近。大家都想早点登上救生艇，但是人们非常惊恐，开始互相推搡，好多人从楼梯上掉了下来。"游轮搁浅翻覆，整个过程就像是《泰坦尼克号》的翻版，游客们惊慌无措，场面非常恐怖，尖叫声四起，大家仓皇逃生，有的人甚至跳海逃生。

目前全球性经济危机已经导致游轮行业的潜在客户减少，而此时发生此事，消费者可能产生抵触情绪，担心安全问题，减少或取消游轮出行旅游计划。因此，游轮观光行业有可能要广泛受损。

资料来源：百度新闻，2012年1月24日，有改动。

案例2　井冈山索道事故分析

2014年4月12日10时20分，井冈山杜鹃山旅游景区索道因机械故障致使一轿厢松落,导致厢内 1 人死亡,4 人受伤,219 名游客滞留在索道上。事故发生后,当地政府第一时间组织开展救援活动。据了解,在江西省,共有 15 条旅游景区索道在运营。旅游景区索道安全是如何保障的?谁在为索道安全负责?

监控索道　电脑是"帮手"

旅游景区索道属于特种设备,国家客运架空索道安全监督检验中心作为专门的检测单位,对索道进行年检,通过现场检查、查看记录、设备检测等方式,对主要机电设备安全性能和索道运转状况,以及相关技术参数进行一次全面系统的检测,并对索道应急机制(预案)、关键岗位操作规程等进行详细的提问抽查。当地质检局的特种设备部门对旅游景区索道使用单位不定期抽查维护情况和人员在岗情况。旅游景区索道安装后,须经国家索检中心验收合格,发给合格证明,才能交付给使用单位运营。目前部分国产索道已由电脑自动监控。其中仅检测开关就有 300 多个,会及时监控索道运行的速度、温度、过载等多项指标。索道哪里有问题,通过触点会及时反馈至电脑。但电脑检测只是个工具,最重要的还是工作人员是否认真监控各项检测数据、及时处理。

认真操作很重要　早晚检程序不可少

机器毕竟是机器,碰到意外,还必须人工操作。比如停电时,要启动发动机备用系统;有雷电时,索道会临时停车,游客被悬在空中。游客悬空不允许超过一定时间,这些都是有操作规范以及应急机制的。江西省在 2011 年 7 月 19 日发布过《江西省特种设备事故应急预案》,将江西省特种设备事故等级分为特别重大、重大、较大和一般四级。其中,造成 3 人以下死亡,或者 10 人以下重伤,或者 1 万元以上 1000 万元以下直接经济损失的;客运索道高空滞留人员 3.5 小时以上 12 小时以下的,均定性为一般事故。

据介绍,索道每天早上载客前,会开机空运半小时。线路巡检人员乘坐轿厢听响声、人工检查并维修。只有各部门反馈所有状况都正常后,索道才会被允许上客。期间,每隔 2 小时巡检一次,每天巡检 4 次。业内人士称,这趟程序被称为"早检"。早检是国家要求必经的程序,所有索道都必须照做。但每天中途巡查几次索道运行情况,各公司自定,有的索道运营公司会在下班时再进行一次晚检。当地质监部门会不定时来抽查,如维护不到位或人员缺岗,质检部门可以封闭索道,暂停运营。去年上半年,江西省明月山旅游景区的索道就因为维护不到位而被暂停运营,当时质检部门还下了文进行通报。

据悉,在遇到五一和十一等旅游旺季时,索道公司通常会先将所有的设备先紧固一遍,自检一次,以迎接国家索检中心的年检。

事故分析初步意见已出炉

一般发生事故后,索道制造公司、国家索检中心和省质监部门的专家,会前往现场调查分析,待事故报告出炉后,将发给各索道公司,并要求针对该问题进行整改。井冈山旅游景区这次发生的轿厢坠落事故,在江西省还是首次。江西省质监局宣传部门负责人表示,井冈山事故索道购买自法国一家索道公司,此前法国公司、中国索道检测中心已派专家会同省质监局人员赶往井冈山,对那里的索道状况和运行情况进行全面检查。目前事故分析的初步意见已经出炉,但还需要再度核实求证后才会公布。

资料来源:中国江西网,2014 年 4 月 15 日,有改动。

案例分析:

旅游景区设施设备的安全性值得大家深思,而旅游景区设施设备的安全生产、正确操作和安全管理与旅游景区安全事故有着直接关系,所以加强旅游景区设施设备的前期管理、使用管理和后期维修,对旅游景区设施设备管理至关重要。

【任务执行】

1. 任务发布

以 6 人为一组,根据上述案例,结合所学的旅游景区知识,分组讨论以下问题:
(1)案例中事故发生的原因是什么?对我们有什么启发?
(2)旅游景区设施设备应如何维护与更新?

2. 任务分析

管理好旅游景区的设施设备,充分发挥旅游景区设施设备的服务功能,确保旅游景区设施设备处于良好的运行状态,是旅游景区设施设备管理的重要内容。杜绝旅游景区安全事故的发生,必须加强对旅游景区设施设备的日常管理,做好定期保养和检查维修。旅游景区设施设备管理按照时序可以分为前期管理、服务期管理和更新改造三个阶段。

3. 任务实施

(1)各小组阅读案例,用头脑风暴法分析案例中事故产生的原因。
(2)根据小组的集体讨论,写出本小组对旅游景区设施设备管理意义的认识。
(3)各小组提出旅游景区设施设备管理的措施。
(4)各小组上台展示完成的成果,并形成任务成果书(表 6-2)。

表6-2 任务成果书

任务成果书	
实训任务:旅游景区设施设备的管理	任务性质:小组任务
成果名称:旅游景区设施设备管理的意义和管理方案	
成果要求: (1)分析旅游景区安全事故产生的原因,总结设施设备管理的意义 (2)提出设施设备管理的方案	
成果形式:管理方案(不少于2000字,A4纸打印或手写)	

【相关知识】

一、旅游景区设施设备管理的意义

加强旅游景区设施设备管理,使其经常处于良好的状态,不断地合理使用、改造、维护,排除事故隐患,是实现优质服务、保证旅游景区正常经营的基本条件。

(一)有助于提高旅游景区服务质量

旅游景区是以提供旅游服务为主的经济单位,满足旅游者的需求,使旅游者满意,是旅游景区经营服务的宗旨。旅游景区设施设备是否合理使用,是否科学布局,将直接影响到旅游景区的服务质量。设施设备是否舒适、可靠、安全、美观,能否为游客提供游览的愉悦,是旅游者对旅游景区服务管理的满意度评判的一项重要指标,所以,加强旅游景区设施设备管理是提高旅游景区服务质量的保证。

(二)有利于提高旅游景区的经济效益

旅游景区开发建设最大的投资是设施和设备,旅游景区设施设备的投入、运行、维护都需要大量的资金。设施设备的贷款利息支出及运行、维护、保养、修理等费用,是旅游景区经营成本的重要组成部分。如果盲目地将大量的资金用于增加设备,势必影响到旅游景区的经济效益。

(三)有利于塑造旅游景区良好的形象

旅游景区设施设备管理是保障旅游者安全的必要手段。保证游客的安全是第一位的,只有在保证游客安全的基础上,才能创造经济效益,提升旅游景区的知名度,所以,设施设备的安全有效,有利于旅游景区客源的稳定,有利于旅游景区良好形象的塑造。如果旅游景区内存在事故隐患,或者发生安全事故,会对旅游景区造成严重的负面影响,不仅增加旅游景区事故处理的费用,而且还严重影响旅游景区的形象和声誉。

二、旅游景区设施设备的前期管理

旅游景区设施设备的前期管理包括设施设备的规划、选购与安装调试三个部分。做好设施设备的前期管理工作,可为今后设施设备的运行、维护、维修、更新等管理工作奠定良好的基础。

(一)旅游景区设施设备的规划

旅游景区设施设备的规划内容包括设施设备方案的提出、市场调研、投资决策和编订计划。

1. 设施设备方案的提出

旅游景区设施设备的设置方案,应根据旅游景区的特点、当前游客的需求和旅游景区经营的方针及资金情况来制订,并遵循"技术先进,经济合理,经营可行"的原则。

2. 市场调研

根据提出的设施设备设置方案,要进行技术、经济综合分析和各种方案的比较论证,要对市场进行调研,掌握准确的市场信息。调研内容包括:

(1)旅游景区方面。包括现有设施设备的利用率,安装设施设备的环境条件,能源和材料供应条件,资金来源,操作和维护技术水平及人员配备。

(2)设施设备建设和制造方面。包括生产方的技术水平、信誉度、售后服务等,设施设备的规格和技术指标等。

(3)费用方面。包括建设价格、设备价格、安装费用、培训费用、经营成本、修理保养费用、折旧费用等。

3. 投资决策

旅游景区管理者根据调研方案,结合本旅游景区的实际经营方针、经济实力、旅游景区资源特色、能源供应情况等进行分析,从多个可行性方案中选择最佳的方案,作出最后的投资决策。

4. 编订计划

投资方案获得批准以后,由旅游景区设备设施管理部门组成专项建设购置小组,组织编制方案实施计划。计划内容包括:设施建设进度,施工原材料的供应,设备购置和安装调试,工程进度的控制,施工队伍的协调和组织,资金的使用,等等。

(二)旅游景区设施设备的选购

设施设备的选购是指新建旅游景区景点时的设施设备购置和经营过程中的设

备更新购置。设施设备的购置应根据旅游景区的发展目标,有计划地进行增添和更新改造。由于设施设备投入的资金较多,设施设备使用期限较长,对旅游景区的经营活动影响较大,关系到企业的经济效益和长远发展,所以选购工作应先进行充分的调研,对多种方案进行经济、技术论证,比较各种设施设备的寿命和综合效益,根据具体需要情况,进行科学的购置决策。

具体选购设备时,可以从以下方面把握:

1. 安全可靠性

旅游景区设备的安全可靠是旅游景区声誉和效益的重要保障,必须放在首要地位,因为设备的安全与否直接关系到游客的人身安全,也关系到旅游景区工作人员的人身安全,所以选购时要特别慎重。

2. 适用性

旅游景区的设备选择要考虑是否适应当前旅游市场的需求,能否满足旅客的游览要求。

3. 方便适应性

选购的设备使用要灵活方便,要适应不同的工作条件和环境,并能减轻操作者的劳动强度,改善劳动条件。同时方便维修,能够使旅游景区在最少的时间内排除故障。特别是游客可以直接使用的设备更应该做到使用方便。

4. 节能环保性

设备的选购,应选用耗电(水)量小、工作噪声低、不排放有害物质的设备。旅游景区应该严格按照环保的标准来选择设备,否则会给旅游景区的正常经营以及服务质量带来负面影响。

5. 特色性

旅游景区要根据旅游景区的特点,选购具有特色的设备来吸引旅游者,既适应旅游者,又可与旅游景区风格协调统一。

(三)设施设备的安装调试

旅游景区设施设备的安装调试是影响今后运行效果的重要环节,无论是旅游景区自行安装,还是由供应商、厂家或专业安装单位安装,都应该派工程技术人员监督其质量、进度,并做好安装数据记录。验收时双方均应在场,并办理书面交接手续。验收过程中发现问题,由供应商设施设备主管部门落实解决。验收交接报告应以参加验收的各单位共同签订的竣工验收单为准。

设施设备安装竣工后,由财务部门立账,建立固定资产管理账目。设施设备管理部门根据设施设备统一编号,填写"设施设备登记卡",计入总账,然后移交使用部门。设备移交单备案后,使用部门才能正式启用设备。

> 知识链接

圣家族大教堂

圣家族大教堂是西班牙建筑大师安东尼奥·高迪的毕生代表作,它位于西班牙加泰罗尼亚地区的巴塞罗那市区中心,始建于 1882 年,目前仍在修建中。尽管是一座未完工的建筑物,但丝毫无损于它成为世界上最著名的景点之一,已被列为世界文化遗产。

高迪自 1883 年主持该工程,直至 1926 年去世。在生前的最后 12 年,他完全谢绝了其他工程,专心致志于这一教堂的建筑。这是他一生中最主要、最伟大的建筑,也可以说是他心血的结晶、荣誉的象征。

这座已开工 100 多年的教堂,至今仍在建造中,其 1884 年开工,预计到 2026 年方可告竣。大教堂显示出来的梦幻浪漫、怪诞陆离,吸引了来往于这座城市的人所有目光。对这幢高矗的半成品,几代巴塞罗那人都没有为着急与烦躁所惑,而是从容地等待、耐心地守候。高迪于 1926 年便逝世了,他所留下的教堂石膏模型也已毁坏,这反而唤起了更多人的好奇心,更有气盛的建筑师怀着一种使命感,要为之续补。

资料来源:百度百科,2014 年 6 月 18 日,有改动。

三、旅游景区设施设备服务期管理

旅游景区从开门营业起,其设施设备就进入了服务期。设施设备一旦开始为游客服务,设施设备的维护和保养也就开始了,这属于设施设备服务期的日常管理。

(一)旅游景区设施设备日常管理要求

1. 合理配备设施设备

由于旅游景区资源情况不同,规模大小也不同,设施设备的配备要根据服务的需要和经营特点进行配置。各种主要设施设备,应有一个适当的比例,使所有的设施设备都能充分发挥作用。随着旅游业的发展、接待规模的扩大和旅游者需求的变化,各种设施设备之间的比例关系也将发生相应变化,因此,应该根据实际情况及时对设施设备进行调整,使其与旅游景区的经营服务相适应。

2. 合理安排设施设备的负荷率

设施设备的性能、适用范围和生产能力等,有一定的技术规定。使用设施设备时,应严格按设施设备的技术条件和符合限度来安排服务接待,超负荷运转会损坏设施设备,也会留下安全隐患,给旅游景区造成不良影响。如旅游景区内的载客快艇、缆车、电动汽车等,一旦超负荷运转,势必会发生事故。

3. 配备专职的操作和管理人员

旅游景区设施设备的性能、操作要求各有不同,操作和管理人员的技术水平和操作熟练程度,决定了他们能否正确地使用设施设备,能否为旅游者提供相应的安全服务。在经营服务中,应根据设施设备的技术要求和复杂程度,选择和配备专职人员。操作人员要做到用好、管好、保养好设施设备。对操作人员,应进行技术培训并考核。考核合格,证明其具有相应的操作技术,便可颁发专业证书,持证上岗。

4. 建立和健全设施设备使用、维护、保养规章制度

设施设备的使用、维护、保养的规章制度,规定了设施设备使用、维护、保养要求及应注意的事项,是旅游景区管理制度重要的组成部分,是指导操作人员的技术规定。

5. 创造良好的工作环境,维护设施设备的完好

良好的工作环境是保证设施设别正常运转、延长设施设备使用寿命、保证安全服务的重要条件。设施设备的工作环境要整洁,安装要有必要的防护,一般要满足防潮、防腐、保暖、降温等具体要求。创造完善的设施设备工作条件的目的,是为了保持设施设备良好的性能,达到完好标准。

(二)设施设备的维护保养

旅游景区设施设备的维护保养和检查,是保证设施设备正常运转、延长其使用寿命的有效手段。

1. 维护保养

旅游景区的各种设施设备的性能、结构和使用方法不同,维护保养工作也不完全一样,一般有清洁、润滑、防腐、防虫等。旅游景区设施设备的保养制度一般分为三级:日常维护保养、一级保养和二级保养。

(1)日常维护保养是维护工作的基础,包括班前、班中和班后保养。内容有:搞好清洁卫生,定期检查加油,加固松动的螺栓和零部件,检查设备是否有漏油、漏气、漏电等情况,检查设施是否有虫害和腐蚀现象。

(2)设备的一级保养是使设备达到整齐、清洁、润滑和安全的要求,减少设备的磨损,消除设备的隐患,排除小故障,使设备处于正常状态。主要是对一些零部件进行拆卸清洗,除去设备表面的油污,检查、调整、润滑油路。

(3)二级保养主要为了延长设备的使用年限,使设备达到完好标准,保持设备的完好率。内容包括:对设备进行部分或全部解体检查、清洗,检修设备的各个部件和线路,修复和更换损坏的零部件。

2. 点检

旅游景区设施设备的点检是一种先进的维护管理方法,是对影响设施设备正

常运行的一些关键部分进行经常性检查和重点控制的方法。设施设备点检可分为日常点检、定期点检和专项点检。

(1)日常点检。每日通过当班的员工对设施设备运行中的关键部位的声音、振动、温度、油压等进行检查,并将结果记录在点检卡中。

(2)定期点检。按一段时间间隔,用专用检测仪表工具对设施设备的性能状况进行检查。

(3)专项点检。有针对性地对设施设备特定项目的检测,使用专用仪器工具对设施设备进行检查。

 特别提示

设施设备的点检的"点"就是预先确定设备的关键部位或薄弱环节,"检"就是通过人的感官和一定的检测手段进行检查,以便及时准确地获取设备、部位的技术状况异常或劣化的信息,及时采取措施预防维修。

四、旅游景区设施设备的维修与更新

(一)维修

旅游景区设施设备的维修是对那些造成设备无法正常工作的损坏部分进行修理,其主要任务是修复和更换已磨损的零部件,使设备恢复正常功能。

1. 根据维修标准和性质划分

根据维修确定的标准和性质不同,设施设备维修方式分为四种。

(1)定期维修。定期维修是以一定的时间周期为基础而进行的预防性维修。通常情况下,定期维修适用于设备服务与时间相关的设施设备(参见图6-12)。

图6-12 云台山旅游景区在进行维修

（2）状态监测维修。状态监测维修是以设备技术状况监测和诊断的信息为基础而进行的预防性维修。这种维修能及时将维修工作安排在故障可能发生的时期内进行，适用于经转过程中利用率高的一些重要设备，如电梯、缆车等。

（3）更换维修。更换维修是在掌握了设施设备故障发生周期的规律下，用同种功能的部件更换旧部件而进行的检查维修。这种维修能现场操作，维修时间短，适用于设施设备的电气部分。

（4）故障维修。故障维修是设施设备出现故障时的非计划维修，这种维修可以与更换维修结合起来。这种方式适用于结构简单、价值不高、利用率低的设施设备。

2. 根据磨损程度、维修工作量的大小划分

根据设施设备的磨损程度、维修工作量的大小和修理后对设施设备性能恢复程度的不同而确定的修理类别，一般分为三种。

（1）小修。小修是工作量最小的一种计划修理，它只更换或修理少量磨损零部件，并作一些零部件的调整，局部恢复其性能，停机时间比较短。

（2）中修。中修是更换或修复设施设备的主要零件和数量较多的其他磨损零件，修复设施设备的精度，使其在精度、性能和生产效率等方面达到规定的要求。

（3）大修。大修是修理工作量最大的计划修理。在进行大修时，需要拆卸设施设备的全部零部件，更换或修复部分磨损零件，校正其基准，全面恢复设施设备原有的精度、性能和生产效率。大修后，设施设备的精度必须达到国家产品出厂标准的要求。

设备大修时必须填写大修项目申请表，有关工作人员要编制大修方案，还要做好技术资料及备件的准备工作。有关人员要根据设备的损坏程度以及修理费用提出意见和建议，经批准后方可实施。大修中要做好修理质量监督和进度监督。大修结束，要填写大修验收单，验收时相关部门要一起参加并签字。

（二）更新

随着科学技术的飞速发展，游客需求的日益提高，性能完善、效率高、服务功能齐全的新设施设备大量涌现，旅游景区设施设备更新的速度也越来越快。为了提高旅游景区的接待能力，提高服务质量和服务水平，应当对旧的设施设备进行更新改造。

旅游景区设施设备的更新是指运用科学技术的新成果，改变原有设施设备的技术、运行状况。更新是以比较经济完善的新设施设备，代替不能或者不适宜再继续使用的旧设施设备。

1. 旅游景区设施设备更新的类型

旅游景区设施设备的更新按其规模可以分为三种情况。

（1）全面更新。旅游景区对一些已陈旧或已不能满足需要的设施设备进行全面更新。全面更新一般是在基本保留原有的项目基础上，对某一设施或设施内的主要大型设备进行更新，以提高旅游景区的现代化水平，达到旅游服务标准的要求。

（2）系统设备更新。这是针对某一设施内具有特定功能的配套系统设备性能下降、效率低或能耗高、环保特性差等所采取的更新技术措施。

（3）单机设备更新。这是对设施内某一单机设备所采取的技术措施。

2. 设施设备更新的程序

（1）申请。对旅游景区某一设施或设施系统设备进行技术更新，必须由设施设备管理部门或使用部门提出项目更新的理由，提交设施设备申请书。

（2）调研和审查。旅游景区经营管理层成立由工程师、技师、主管人员参加的更新项目小组进行调查研究，充分讨论，提出审查意见。

（3）计划和筹备。由项目负责人组织制订该项目的实施进度计划，详细安排项目准备、开工、施工和竣工投产的阶段进度，特别要注意各阶段的工作衔接、资金和物质供应、设计和施工等方面的工作穿插配合等问题。

（4）现场管理。改造和更新工程要有专职机构和专职人员负责日常管理。

（5）竣工验收。改造和更新工程接近竣工进行验收工作。

（6）总结。改造和更新项目完工验收后，必须做好技术方面和管理方面的总结。

3. 设施设备更新应注意的问题

（1）制定更新规划时，要有计划、有重点、有步骤地进行。注意克服技术上的薄弱环节，提高综合服务能力。

（2）做好旧设备的利用工作。对替换下来的旧设备，尽量采用改装使用、降级使用、有偿转让或拆卸、利用主要零部件等方法，充分发挥旧设备的剩余价值。

（3）讲究经济效益，做好更新设施设备的技术分析工作。

思考与练习

一、填空题

1. 根据旅游景区设施设备的用途，可以分为_____、_____和_____。

2. 旅游景区的道路交通设施主要有_____、_____、_____及相应的服务设施。

二、选择题

1. 旅游景区的游览标志属于(　　)。
   A. 基础设施　　　　B. 服务设施　　　　C. 娱乐游憩设施

2. 只更换或修理少量磨损零部件，并做一些零部件的调整，局部恢复其性能，停机时间比较短，这是旅游景区设施设备修理中的(　　)。
   A. 小修　　　　　　B. 中修　　　　　　C. 大修

三、简答题

1. 旅游景区有哪些设施设备？应具有哪些条件？
2. 旅游景区设施设备管理有什么作用？包含哪些基本内容？
3. 旅游景区设施设备的日常维护保养包含哪些内容？
4. 旅游景区设施设备更新改造有哪些程序？

四、技能实训

根据所学知识，以某一旅游景区为例，了解其设施设备的具体内容及日常维护保养工作是否符合要求，并填写表6-3。

表6-3　设施设备保养、维修更新改造统计表

设施设备名称	设施设备类型	使用年限	保养级别	维修类别	更新改造情况

模块七　谈谈旅游景区人力资源管理

旅游业属于"情绪型产业",具有劳动密集型特征,它所提供的产品主要是服务,这就要求旅游景区的工作人员要高度重视每一次提供服务的过程,给游客留下美好的印象。游客的多样化也要求旅游服务应该多样化。高质量的服务要求高素质的工作人员,因此,加强旅游景区人力资源的开发与管理,具有极其重要的理论和现实意义。

旅游景区人力资源部主要负责旅游景区工作岗位分析、人力资源规划、员工招聘选拔、绩效考评、薪酬管理、员工激励、人才培训和开发等管理工作。本章重点介绍旅游景区人力资源管理概论和人力资源管理过程。

学习目标

1. 知识目标
(1) 掌握旅游景区人力资源管理的含义及内容。
(2) 了解旅游景区人力资源管理的特点及意义。
(3) 掌握旅游景区人力资源管理过程的具体内容。
2. 技能目标
(1) 能够根据旅游景区特点制定人才招聘的办法。
(2) 能够制订旅游景区的培训方案。
(3) 能够制订旅游景区的考核方案及激励措施。

任务一　了解旅游景区人力资源管理

【工作情境】

郑州某职业学院旅游管理专业 3 名实习生将进入旅游景区人力资源部顶岗实习。由于人力资源部部门职责和工作性质特殊,仅能接收 1 名实习生,因此,人力资源部经理提出通过面试择优录取。面试问题是"如何成为一个优秀的人力资源管理人"。3 名同学开始从人力资源管理的意义、人力资源管理的内容等方面开始进行面试准备。

案例讨论

案例1　深圳世界之窗的用人机制

深圳是移民城市,人才来自四面八方,筛选人才的余地很大。到这个移民城市就业的人都要做好吃苦、拼搏的准备。

深圳世界之窗采用"双向选择"用人制度,实行优胜劣汰。在世界之窗工作的员工,人人都有危机感。

作为合资公司,为了组建一支精干高效的队伍,减少不必要的机构和庞大的管理人员队伍,世界之窗采取"拆庙赶和尚"的办法:一级部门减少了35%的人员,二级部门减少了26%的人员,管理部门减少了30%的人员;为解决机构臃肿、人浮于事的现状,根据需要定岗定员,员工减少了27%。此外,采用工资浮动制和工效挂钩制解决分配上的"大锅饭",将工资的10%至20%作为风险工资,实行分月检查,换季兑现。如对市场营销人员实行总收入随团队人园率浮动的办法,调动了员工拓展团队市场的积极性。工效挂钩制指工作成绩与收入报酬挂钩,如成立了演出质量督导小组,每天监管品评演出质量。五洲艺术团推行演员收入与演出质量、数量、效果挂钩的改革,演员收入的50%与演出效益挂钩。

世界之窗积极推进用人制度的改革,培养了一支有竞争意识和团队精神的员工队伍,提高了员工素质,大大提升了企业的服务和管理水平。

案例2　宋城育人的"三大法宝"

杭州宋城旅游发展股份有限公司于2010年11月在创业板上市,成为"中国旅游文化演艺第一股"。宋城股份是中国文化企业30强之一,以"主题公园+旅游文化演艺"为主营模式,成功打造了"宋城"品牌。经过十余年的发展,宋城股份在企业品牌和经济效益上呈现良好的发展态势,企业的人才优势成为企业的核心竞争力之一。

宋城股份培育人才有"三大法宝",包括多样化和个性化的培训、宋城特色的岗位证书开发体系以及"三点一线""三级监督""三场管理"的管理机制等。据介绍,为了把《宋城千古情》打造成为宋城乃至杭州标志性的文艺演出,宋城集团专门组建了宋城艺术总团。为使宋城艺术总团始终保持竞争活力,对演员实行严格的考核和末位淘汰机制,建立演员等级评定制度,直接与薪酬挂钩。艺术总团现有演员中有30余人被评定为集团一级演员,月收入超过5000元。为提升演员艺术修养和文化素质,宋城集团同浙江大学等高校联合办学,加强演员的培训教育,特别是加强文化知识课教育,使演员能加深对表演内容的理解。演员从一线退下来后,可安排集团和旅游景区其他岗位的工作,从而消除了演员们的后顾之忧。灵活的体制机制,使宋城艺术总团不断壮大,效益也不断提高。集团每年只需投入1 000万元的演出成本,艺术总团就能创造近2亿元的收入。宋城艺术总团已发展成为拥有300多名专业舞蹈、杂技、模特演员的演出团队,先后到欧美、东南亚等10多个国家进行演出。

案例分析:
世界之窗在人力资源管理上引入竞争激励机制,对于易产生直接效益的部门实行量化和比较绩效考核,采用动态控制。宋城在管理方面加强培训,建立完善的管理机制。这些措施都极大地调动了员工的工作积极性和主动性,提高了服务质量,企业获得了好的经济效益。

【任务执行】

1. 任务发布

结合上述案例分析两个旅游景区在人力资源管理上的成功做法,以某一旅游景区为例建立该旅游景区人力资源的管理机制。

2. 任务分析

通过对旅游景区人力资源管理基本知识的掌握,调查旅游景区人力资源管理的成功经验,并从中学会建立旅游景区人力资源管理机制。

3. 任务实施

(1)调查旅游景区人力资源管理的成功经验。
(2)建立旅游景区人力资源管理机制。

表7-1 任务成果书

任务成果书	
实训任务:旅游景区人力资源管理经验调查	任务性质:小组任务
成果名称:建立旅游景区人力资源管理机制	
成果要求: (1)阶段成果:旅游景区人力资源管理经验调查 (2)最终成果:建立旅游景区人力资源管理机制	
成果形式:调查报告(不少于2000字,A4纸双面打印,标页码),附调查问卷	

【相关知识】

一、旅游景区人力资源管理的含义

旅游景区人力资源管理是科学地运用现代管理学、人才学、社会学、心理学等学科理论,对旅游景区人力资源进行有效的利用与开发,实现最优的配置,以提高旅游景区人员的素质,发挥最大的积极性,从而实现旅游景区经营目标。人是管理活动的主体,最大限度地挖掘人的潜在能力,充分调动人的积极性、主动性、创造性,使有限的人力资源发挥出尽可能大的作用,是现代管理的核心。

二、旅游景区人力资源管理的意义

人力资源管理在旅游景区管理中的位置十分重要,其重要性主要体现在以下方面:

(一)加强人力资源管理,是保证旅游景区业务经营活动顺利进行的必要条件

旅游景区的业务经营活动离不开人和物这两个基本因素,而人是业务经营活动的中心,也是决定因素。员工的劳动不是孤立的个体劳动,而是一种分工协作的社会劳动,所以旅游景区要招收符合景区岗位要求的员工,并科学地安排、处理、调整人与人之间、人与事之间的关系,使其有机地结合起来。

(二)加强人力资源管理,是提高旅游景区服务质量和增强旅游景区活力的重要条件

在市场经济条件下,旅游景区要想在竞争中站稳脚跟,打开局面,就必须提高旅游景区的整体服务质量,增强旅游景区的活力。而旅游景区的质量优劣,取决于员工的素质;旅游景区的活力,源于员工积极性的发挥,所以,提高员工素质,激发员工的主观能动性,是提高旅游景区管理水平、增强其活力的关键。

(三)加强人力资源管理,是创造旅游景区良好的社会效益与经济效益的决定因素

旅游景区是通过向游客提供服务来获得收益的经济组织,服务的优劣是旅游景区能否取得良好社会效益和经济效益的决定因素。旅游景区的设施、设备功能只有通过员工的劳动才能发挥。决定旅游景区服务质量优劣的关键还在于旅游景区员工的无形服务。员工的服务意识、精神状态、心理素质、身体状况等因素直接影响着无形服务的质量,影响游客对旅游景区的满意度,最终影响旅游景区的经济效益和社会效益。因此,旅游景区的人力资源管理是旅游景区经营管理成败的关

键因素。

三、旅游景区人力资源管理的特点

旅游景区是一个多功能的综合型旅游企业,各个旅游景区等级不同,范围大小不一,内容特色各异,其经营管理都有各自的特点,对人才的需求也不尽相同,但无论哪种旅游景区,其服务宗旨和服务内容都基本相似,人力资源的特点也都基本相同。

(一)需求量大

旅游景区是综合型的旅游企业,一个大型的旅游景区所涉及的范围包括整个旅游行业中各种行业。例如,有的旅游景区内设有宾馆酒店、餐馆、旅游商店、交通运输部门等,有些旅游景区还设置附属的旅行社,因此需要大量的管理人员和服务人员,才能保证旅游景区的正常运转。

(二)素质要求高

旅游景区的工作是直接面对游客,景区员工要经常接触不同类型的游客,要满足他们提出的不同要求,还会遇到各种突发事件,因此对员工的素质要求较高。作为旅游景区的员工,要有较高的政治觉悟、良好的旅游职业道德和一定的文化修养,应掌握必要的服务常识和服务技能,有较强的识别能力和应变能力,良好的心理素质和健康的体魄。

(三)结构多样

大多数旅游景区都是一个完整的企业单位,其人力资源配备要求结构多样、类型齐全。旅游景区需要素质较高的高级管理人员、高级技术人员,也需要中级管理人员和技术人员,同时还需要更多的基层员工。

(四)需求季节性强

旅游工作具有明显的季节性。旅游旺季时,旅游景区的服务人员需求量大;淡季时,会有大量的人力闲置。这就意味着旅游景区很多岗位都是临时性的。在旅游景区的人力资源管理中,临时工的管理容易被忽视,必须引起管理者的重视。

四、旅游景区人力资源管理的工作内容

旅游景区人力资源管理的工作内容主要体现在以下方面:

(一)人力资源规划

人力资源规划是旅游景区根据经营管理目标和组织结构需要,合理地分析和预测人力的需求和供给状况,并据此制订或调整相应的实施方案,以确保在合适的时间、合适的岗位安排合适的人选。

(二)工作分析

工作分析,也称职务分析,是通过观察和研究,掌握每个职务的固有性质和旅

游景区内职务之间的相互关系,以确定该职务的工作任务和性质,以及员工在履行职务上应具有的技术、知识、能力。简言之,工作分析就是确定该职务的工作性质和胜任该职务的条件。

(三) 招聘员工

按照旅游景区人力资源计划招聘所需要的员工。招聘录用的员工应当按照相应的标准,做到人与岗位的最佳结合。

(四) 培训员工

为了使每位员工都能更好地胜任工作,快速地适应工作环境的变化,必须对员工进行持续的培训,包括岗前培训、在岗培训、转岗培训等,以逐步提高员工的服务水平和工作技能。

(五) 绩效考核

绩效考核是对员工在一定期间内的工作考评,考核和评估的结果是员工提升、调职、培训和奖惩的重要依据之一。

(六) 员工激励

激励机制是建立一套合理有效的激励运转办法,以充分地激发员工的工作积极性和潜力,建立一支激情高昂、充满活力、稳定高效的企业团队。

任务二 掌握旅游景区人力资源管理过程

【工作情境】

每年大学生毕业时节,也是旅游景区吸纳人才的重要时节,旅游景区人力资源部经理根据人力资源规划计划,欲参加某高校举行的专场招聘会。在面试中脱颖而出的这名同学在参加大学生专场招聘会之前,接到一个任务:对招聘的旅游景区讲解员岗位进行工作分析,并根据岗位需求做出新员工的培训计划。

案例讨论

案例1 海南:旅游企业招聘"逆袭"

一段时间以来,旅游行业用工难成了老大难问题。而今年是高校毕业生最多的一年,招聘情形究竟如何呢?

据海南呀诺达旅游景区人力资源部门透露,相比往年,今年基础服务性岗位招聘进展顺利。一些能吃苦耐劳、沟通能力强,具有团队合作经验的高校毕业生成为基础性服务岗位招聘的优选。三亚喜来登度假酒店人力资源总监刘祎表示,经过多年与学校沟通配合,招聘比之前好很多。考虑企业用人需要,学校调整教学计划,酒店提供实践平台,与多个高校签订了用人协议。此外,除通过招聘会、报纸、网络等方式招聘人才外,今年还使用了微信和网络等方式。神州半岛福朋酒店每年都会通过专业网站、人才市场、学校宣讲等渠道来网罗人才。该酒店招聘经理刘罗卉子指出,今年招聘情况良好,人才供给基本上能满足需求,但一些毕业大学生对于酒店后线部门的渴望大过于面客部门,很多酒店专业毕业生希望从事文职行政工作,大专和高职院校学生选择餐饮岗位的较多。

每年毕业时段,毕业生到处寻找自己未来满意的"东家",有用人意向的"东家"也在四处派出"伯乐"相"千里马"。早在今年3月,海口市人力资源市场举办酒店、旅游、家政服务专场招聘会,118家企业入场招聘,提供岗位1 200个,岗位涵盖一线服务员、业务员、文员以及储备干部、大堂经理等。海口某酒店总经理亲临招聘会现场,希望能够在现场"拍板"用人。这位总经理无奈地表示:"虽然今天面试了不少人,但最后得到应聘者的答复都是'再考虑考虑',今天只招到一名中餐主管。现在想招一线的服务工作人员太难了。"

据海口市人力资源市场相关负责人分析,目前海南第三产业发展迅速,酒店、旅游、家政等服务业需求量大,虽然门槛低,但却存在很多困难和问题。"现在年轻人多不愿意从基层做起,尤其是大学生。"喜来登酒店企业培训经理商旭说,"酒店业不少管理层都是从迎宾、端盘子开始的。通过从事一线工作,熟悉了解行业的各个环节,这是做管理层的必备条件。"

"学生职业素质成为毕业生就业的最大影响因素。"海南呀诺达雨林文化旅游区人力资源部小默说,一些大学生对个人能力、就业市场缺乏认识,好高骛远、不能吃苦、没有团队合作精神等成为就业市场反映出的最大问题。有的本科毕业生还不会使用基本的办公软件。有技术和能力的毕业生成为就业市场上抢夺的重点(见图7-1)。

图7-1 三亚呀诺达旅游景区的导游在介绍文明旅游宣言

案例2　培训把握"三性"原则

酒店业员工流动性大、不稳定,已成为很多企业的管理瓶颈。员工离职,除了年龄、转行等原因外,其中一个重要的原因是工作了一段时间(半年至一两年)后,还在重复做同一项工作,感觉未能学到更多的东西,觉得没有上升(或发展)的机会。

企业培训是员工提高工作能力的重要途径,也是员工逐渐成长、成熟的关键。因此,重视员工培训工作,对员工的职业规划从培训开始,创新设计和精心安排员工不同阶段的培训,是稳定员工队伍并提升企业竞争力的有效手段。

第一,针对性。要有针对性地对员工进行培训,必须深入了解员工,分析员工在不同阶段存在的问题,需要哪些改进和提高,从而精心设计培训课题并进行专门的引导。比如,刚入职的员工,除了要对其进行新员工基础知识的培训,还要让其了解企业制度和行为规范,进行酒店礼仪、食品安全卫生、消防知识、民族宗教信仰、酒店产品等基本知识培训。

第二,魅力性。现在年轻人大多成长环境好,受教育程度高,接受新鲜事物快,如果管理者不能与时俱进,会感到员工难管留不住,因此,魅力性是对管理者提出的更高要求。

要想让员工信服你、忠诚你,管理者必须具有魅力,而培训工作,正是管理者展现魅力的最佳时机。管理者在培训员工时,一是要对自己的员工了然于心,利用培训表扬好的员工,巧妙提醒一些员工,增强其荣誉感;二是对培训内容要胸有成竹,能脱稿演讲,充满热情和激情,善于活跃现场,与员工友好互动交流;三是要心怀一颗育人之心,耐心引导,谆谆教诲,而不是以教练自居,指手画脚,求全责备;四是丰富自己知识,培训既要通俗易懂,又要能引经据典,融会贯通,与员工真诚分享。如此,才能让员工感受到你真正的魅力,被你感染、被你吸引,进而信任、信服于你。

第三,重要性。关于培训,管理专家们认为,"员工培训是企业风险最小、收益最大的战略性投资",其重要性不言而喻,因此,对员工的职业规划应从培训开始。企业要让培训成为员工一步步实现梦想的阶梯,要通过培训这一手段让员工和管理者一起为酒店的未来而努力奋斗。

案例分析:

这两个案例涉及了旅游景区人力资源管理中的招聘和培训两个重要内容。面对旅游人才市场供需错位问题,多数大学毕业生对于难以找到合适岗位的原因归结为"薪酬没有预期高""专业不对口""拒绝苦力活"等。业内人士认为,现在年轻求职者的择业观也是就业难的原因之一。另外,现在的员工除了需要满足一定的经济收入外,最希望的是能在企业里学到更多的处事经验和与职业相关的专业知识。

【任务执行】

1. 任务发布

结合案例中提出的人才招聘和员工培训,制订旅游景区讲解员的招聘方案和培训方案。

2. 任务分析

通过对旅游景区人力资源管理过程的掌握,结合旅游景区员工的实现情况,制订旅游景区的人才招聘方案和员工培训方案。

任务实施

(1)完成所在旅游景区的讲解员招聘方案和讲解员培训方案

(2)完成所在旅游景区的人才招聘方案和员工培训方案,并形成任务成果书(表7-2)。

表7-2 任务成果书

任务成果书	
实训任务:旅游景区的招聘和培训方案的制订	任务性质:小组任务
成果名称:旅游景区的招聘和培训方案	
成果要求: (1)阶段成果:旅游景区的招聘和培训的方法和程序 (2)最终成果:旅游景区人才招聘和培训方案	
成果形式:培训方案(不少于2000字,A4纸双面打印,标页码)	

【相关知识】

一、招聘

旅游景区的员工招聘,是根据旅游景区的经营目标、人力资源发展规划及业务部门对所需员工的工作要求,即录用条件,由人力资源管理部门主持进行的征聘、考核与挑选合格员工的业务活动过程。

员工招聘是保证旅游景区经营服务活动的正常运行的必要条件,同时也是保证旅游景区员工素质的重要途径。要造就优秀的员工队伍,就必须严格把好员工的进入关。

(一)员工招聘的原则

旅游景区员工的招聘一般应遵循以下原则:

1. 双向选择的原则

双向选择是指旅游景区有根据经营情况自主选择所需要员工的权利,应聘者有根据自身条件自主选择雇主与职业的权利。

2. 公平竞争的原则

以海报或其他方式发布招聘公告,造成社会舆论,形成竞争局面,达到广招人才的目的。公开招聘提高了招聘的透明度,体现了机会均等、人人平等的公平竞争原则。

3. 考核择优的原则

考核择优是在对求职人员进行全面考核的基础上选优任用,这是保证应招聘人员质量的前提,也是求职者平等竞争的重要条件。

4. 效率优先的原则

效率优先是在市场经济条件下一切经济活动的内在准则,体现在员工招聘中就是根据不同的招聘要求,灵活选用招聘形式和方法,在保证聘用员工质量的情况下,尽可能地降低成本,如先在旅游景区内部现有人员中物色所需人员,在确定合适人选后根据需求再对外招聘。

(二)员工招聘的程序

1. 筹划阶段

这一阶段是员工招聘的起点,主要包括:根据旅游景区经营情况和社会上劳动力资源的状况,确定招聘计划;根据招聘量的大小和招聘对象的重要程度成立招聘小组,并挑选和培训工作人员;确定招聘的范围和渠道。

2. 宣传阶段

这一阶段起着承上启下的作用,直接影响招聘的效果。旅游景区在筹划工作准备就绪后,应大力宣传、吸引和鼓励求职者踊跃应聘。应聘的人越多,旅游景区招收到高素质人员的概率就越大;反之,旅游景区选择的余地就小,用人的标准也可能降低。

3. 测试阶段

这一阶段是招聘工作的关键。测试要精心组织、具体策划,要对求职者进行德、智、体综合考查。全面测试一般分六步进行,即初试、笔试、实践考查、面试、资历证书审查、政审体检。

4. 录用阶段

将多种考核和测试结果结合起来进行综合评定,严格把关,择优录用。具体包括:确定录用名单、签订劳动合同、岗前教育、试用与安置。

(三) 员工招聘的方式

当旅游景区职位出现空缺需要招聘员工时,既可以从公司内部挑选合适的员工来填补空缺,也可以从社会上招聘新员工。内部招聘和外部招聘作为旅游景区人员招聘的两种方式,各有其优缺点。

1. 内部招聘

旅游景区现有员工常常是旅游景区最大的聘用来源,具体有以下几种方式:

(1)档案法。每个企业都应建立详细的人力资源档案,记录每位员工的教育培训经历、专业技能、职业目标等信息。当旅游景区出现岗位空缺时,人力资源部门可以调用档案中的信息,搜寻空缺职位的合适人选。用这种方法,旅游景区可以迅速找到候选人,但旅游景区在选拔人时不能只凭档案,必须结合其他的方法进行选拔。

(2)内部公告。在旅游景区内部以公告的形式发布空缺职位信息是最常使用的方法。发布的信息应说明工作的性质、任职资格、主管的情况、工作时间和待遇标准等相关情况。这种做法给员工一个调整职业岗位的机会。对于旅游景区来说,这种做法增强了人事匹配的合理性,提高了企业人力资源的使用效率。

(3)主管推荐。这种方法是由职位空缺部门的主管或上级主管推荐他们认为合适的人员,供决策部门考虑。由于主管一般对推荐的候选人各方面情况较为了解,便于以后工作上的合作,所以这种方法成功的概率较大。

(4)职业生涯开发系统。职业生涯开发系统是从内部填补岗位空缺的可选方法。企业并不鼓励所有合格的员工来竞争某一岗位,而是将高潜能的员工置于职业生涯路径上,接受培养以适应特定目标的工作。这种方法可以降低企业高素质员工外流的可能性,并有助于确保在某个职位出现空缺时总有候选人随时填补。

内部招聘成本低,手续简便,人员熟悉,因此当招聘人数较少时,常常采用这种方法,而且效果也不错。

 特别提示

内部招聘有利于调动员工内在积极性,但也容易引发内部矛盾,造成未入选的员工受挫折,同时,易产生近亲繁殖现象。

2. 外部招聘

外部招聘是指旅游景区向景区外的人员公开宣布招聘计划,提供一个公平竞争的机会,择优录用合格人员的过程。具体有以下几种方式:

(1)广告招聘。刊登招聘广告是外部招聘重要的方式之一。通过报纸、电台、电视、专业杂志等媒体向社会发布招聘信息,以吸引旅游景区所需要的人才来应聘。这种方式速度快、信息覆盖面大,可吸引较多应聘者。

(2)校园招聘。校园招聘是旅游景区派人到大中专院校招聘应届毕业生,大多从旅游管理专业、旅游景区专业及其他相关专业的毕业生中进行挑选,并与求职者面谈。这种方式双方交流充分,旅游景区挑选的范围和方向集中,效率较高。应届毕业生属于潜力型人选,他们能给企业注入新的活力。

(3)职业介绍机构。旅游景区去职业介绍机构检索其人才资源库,或委托其招聘员工。这种方式的优点是介绍速度快,费用较低,但目前职业介绍机构的服务质量不高,人才资源库中信息有限,往往难以找到合适人选。

(4)人才招聘会。旅游景区参加定期或不定期举办的人才交流会、人才市场选择所需要人员。人才交流会体现出来的优势是在较集中的时间、较固定的地点可以聚集大量的应聘人员,旅游景区可以扩大选择面,招聘到最合适的人才。

(5)内部员工推荐。当旅游景区出现职位空缺时,通常采用内部员工推荐的方法来填补。这种方式的优点是对被推荐人有一定了解,较为可靠,也可节约招聘费用。

(6)互联网招聘。通过网上进行公开招聘也是旅游景区常常采用的有效方式之一。网上招聘的优点是可以节约成本,而且不会受时间的制约。缺点是应聘材料的真实性和准确性需要得到证实。

 特别提示

外部招聘挑选余地大,能给旅游景区带来新思维、新方法,但也带来招聘的成本高、新员工适应新岗位所需要的时间较长等问题。

行业新动态

微招聘:"零成本"中有困惑

旅游行业人员流动性大,许多企业几乎常年发布招聘信息,这种重复的信息发布增加了企业的成本。微博招聘不仅具有自主管理的"高效率",更是真正的"零成本",因而,微博招聘受到了众多中小型旅游企业的青睐。现在,年轻人很多都是

"微博控",微博是他们主要的信息接收渠道。通过微博,企业看到的是一个活生生的人。可以说,应聘者的微博页面就是他们最真实的个人写照。应聘者的微博页面如何,也是企业招聘考核的因素。

发布微博,不能超过140个字。短小精练本是微博的一大特色,然而用于招聘,却成了企业的一大困扰。招聘时,工作经验、学历、持证情况、户口等多方面的要求,很难用140个字说清楚。许多应聘者再打电话、发邮件反复说明情况或询问具体要求,反而降低了工作效率。另外,微博招聘也容易造成应聘者盲目性的"海投"。微博信息发布范围广,但是针对性不高,这也加大了招聘工作的难度。

有数据显示,目前,我国微博的活跃用户主要集中在16岁至25岁和25岁至44岁这两个年龄段。在这两个年龄段中,后者的活跃程度明显低于前者,但企业某些关键岗位,需要的正是较为成熟、阅历较广、工作经验较丰富的人才,微博招聘对于这个年龄段的人群吸引力明显不强。

虽然目前已经有很多企业开始运用微博招聘,但是不论从平台建设还是企业所投入的精力来说,基本都处于"试水"状态,因而,微博招聘只能作为传统招聘形式的一种补充,只能算是一种辅助性的招聘渠道。

资料来源:中国旅游报,2012年3月5日,有改动。

业内点评:
随着信息技术的不断发展,人们对网络的依赖性越来越强,微博、微信传播功能日益强大,新型招聘方式值得人力资源管理人员关注。

二、培训

旅游景区的员工培训,是指旅游景区为适应业务工作和人才培养的需要,对员工采取训练、进修等方式促使员工增进知识和技能,提高其职业道德水平,以适应现任工作或担任重要职务。旅游景区通过有计划、有步骤地对现有人才进行培训,不仅可以提高旅游景区工作水平和服务质量,也是人才实现自我增值的主要途径。

(一)培训类型
旅游景区人员培训的方法很多,可以从培训性质、培训对象等方面进行分类。

1. 按培训的性质划分

按培训的性质划分,可以将旅游景区员工培训分为岗前培训、在岗培训、转岗培训、晋升培训和技术等级培训等。

(1)岗前培训。岗前培训即员工上岗前的培训,其目的是为旅游景区提供一支具有专业知识、较强业务技能与严谨工作态度的员工队伍。岗前培训对旅游景区服务质量的提高与经营业绩的提升起着基础性决定作用。培训内容主要有专业知识、技能、人际关系知识、管理实务等。

(2)在岗培训。在岗培训是对在职员工进行的以提高本岗位工作能力为主的不脱产培训,以改善现有人员不适应工作需要的局面,使现有员工的知识、技能从低水平向高水平发展,这有利于直接解决旅游景区经营管理和服务质量中存在的问题。

(3)转岗培训。转岗培训是指员工由于工作需要从一个岗位转向另一个岗位时,对转岗人员取得新岗位资格所进行的训练活动。转岗培训具有适应性强的特点,对转岗人员进行适应新岗位要求的知识、技能培训。转岗的对象一般是具有一定工作经验的员工。

(4)晋升培训。晋升培训是对晋升人员进行的以达到晋升岗位规范要求的训练活动。一般新晋升岗位与原岗位有内在联系,对其培训就是在原有水平基础上的提高。

(5)技术等级培训。技术等级培训是为了让旅游景区人员达到相应级别的技术等级、资格进行的训练活动。技术等级培训侧重于专业技术理论和技能的培训,其对象主要是技术工种的员工,如对旅游景区导游进行导游证等级和语种培训。

2. 按培训对象划分

按培训对象划分,可以将旅游景区员工培训划分为职业培训和发展培训。

(1)职业培训。职业培训主要针对操作层员工,培训重点放在培养和开发操作人员的技术技能方面,使他们熟练掌握职业岗位的知识、方法和程序。

(2)发展培训。发展培训主要针对旅游景区的管理层人员,培训的核心在于培养和发展管理人员的观念意识与决策指导技能,以及处理人际关系的方法。

> **知识链接**

人才培训的重要性

在欧美发达国家,员工培训被认为是企业最有价值的可增值投资。据美国教育机构统计,企业每投入1美元用于培训,便可有3美元的产出。美国《财富》杂志指出:"未来最成功的公司,将是那些基于学习型组织的公司。"通过培训,不仅可以提升员工的个人素质和技能而使员工受益,正如克里曼·斯通所言:"全世界所有员工最大的福利就是培训。"培训可以提高员工的自觉性、积极性、能动性、创造性和企业的归属感,来增加企业产出的效益和组织凝聚力,并为企业的长期战略发展培养后备力量,从而使企业长期持续受益。

从企业内部管理的角度来看,企业员工培训也是留住人才的策略。德雷克·比比姆莫林公司最近完成了一项调查。调查结果表明:可以帮助雇主留住员工的关键因素包括报酬、职业发展(如指导和培训)、灵活的工作时间、工作的灵活性、身心策略和提高福利待遇。其中挽留员工最成功的对策是培训和发展。之所以这样,是因为每个员工都清楚地知道,有了发展,报酬就会相应提高,可见企业员工培训的重要性。

资料来源:侯贵松.人力资源管理[M].北京:中国纺织出版社,2006.

(二)培训方法

培训的效果很大程度上取决于培训方法的选择,采用合适的方法可以事半功倍。旅游景区在开展员工培训时,一定要重视培训目的与要求、培训内容与教材、受训员工层次与水平、培训时间、场地等因素,采用合适的培训方法。常用的员工培训方法有以下几种:

1. 案例研讨法

案例研讨法是构建学习型组织的重要方法,它是运用集体讨论的形式,把记录下来的案例让受训者进行分析、研究,并提出个人见解的一种培训方法。该方法侧重于培训员工分析、判断和决策能力,适合于中层以上旅游景区管理人员的培训,目的在于训练他们在各种相互矛盾的因素中权衡利弊得失,帮助他们在紧急情况下处理好突发事件,发挥决策能力。

2. 操作示范法

操作示范法是为了使受训者了解工作性质,掌握正确的操作方法,在工作现场或模拟的工作环境中利用实际使用的器材,进行简单讲解、操作示范的培训方法。它是专业技能训练的通用方法,适合于基层员工的培训,常用于岗前培训和在岗培训。

3. 模拟训练法

模拟训练法是通过计算机等设施设备以及与实际工作相仿的环境,让受训者在培训中扮演成实际工作的角色参加训练,以提高员工的应变能力和操作熟练程度。该方法适用于旅游景区中操作性较强的岗位培训。

4. 视听教学法

视听教学法是运用电视、电影、幻灯、投影等视听教学设备,通过视觉和听觉对受训者进行教育的培训方法,具有速度快、收效大的特点。

5. 参观考察法

培训部门可以组织受训者参观本旅游景区内的其他先进部门,或旅游景区外的先进组织,或出国考察学习,使员工通过横向比较,看到自身的不足,认清努力方向。通过考察,学习其他部门或组织的先进管理经验,结合本旅游景区特点加以消化吸收,并应用到实际工作中。

 特别提示

由于旅游景区的特殊性,在培训内容上有一些特殊要求,不仅要进行专业知识的技能培训,还要重视服务意识、角色意识、团队意识的培训。

三、考核

旅游景区人力资源考核是针对旅游景区中每位员工所承担的工作,运用各种科学的定性和定量的方法,对员工行为的实际效果及其对旅游景区的贡献、价值进行的考核和评价。对员工绩效进行考核,能够帮助旅游景区发现员工工作中存在的问题,及时进行纠正,以帮助员工充分发挥潜力,提升员工绩效。

(一)考核程序

考核的效果在很大程度上取决于考评系统的设计、考核方法的选择和实施过程的安排。一般而言,完整的考核的实施过程包括以下步骤:

1.制定考核标准

这是考核时为避免主观随意性而不可少的前提条件,考核标准必须依据职务分析中制定的职务说明与职务规范,因为这些是对员工所应尽职责的正式要求。

2.实施考核

实施考核,即对员工的工作绩效进行考核、测定和记录。通常包括考核对象述职、群众评议两个阶段。考核对象要向考核小组递交个人述职报告,并口头汇报内容概要;在听取述职报告后,考核小组召开群众评议会,根据考核对象平时的工作表现等情况,进行民主评议。

3.考核结果的分析与评定

在获取考评表、考核对象述职报告、群众评议意见等材料后,考核小组应综合分析考评材料,并对考核结论的主要内容进行对照分析,得出考核结论。

4.结果反馈与实施纠正

考核小组应及时把考核结果反馈给考核对象,使其了解组织对自己工作的看法与评价,发扬优点,改正缺点。另一方面,还需要针对考核中发现的问题,采取纠正措施。因为绩效是员工主客观因素的综合结果,所以纠正不仅是针对被考核的员工的,也需要针对环境条件进行相应调整。

（二）考核方法

绩效考核方法直接影响评价结果的正确与否,一种好的评价方法应该具备良好的可信度和普遍性,并能够真实客观地鉴别出员工的行为差异。旅游景区员工绩效评价方法主要有以下几种:

1. 排序法

排序法是指考核人员根据旅游景区人员的整体工作情况从最好到最差进行排序。比如,当旅游景区打算裁减管理人员时就可以采用这种方法。领导决策层可以规定对在考核中位于倒数5%范围内的管理人员予以惩罚或辞退。这种考核方法很简单,能为人事决策提供有用的数据,能帮助解决因晋升和加薪带来的纠纷,但是当业绩相当时就无法进行排序了。

2. 两两比较法

两两比较法是指根据某一个业绩标准,将所有员工两两相比,记录每位员工优于其他员工的次数,按员工被评为较优的总次数确定他们的排名。两两比较法和排序法有一个共同的问题,每个人在排序中的位置唯一,任何两个员工必须分出先后,但事实上某些员工的表现往往差不多,难分伯仲。

3. 强制分配法

这种方法是按工作业绩把员工分成几个等级,每一个等级规定一定人数,例如,某旅游景区规定,对本旅游景区员工进行考核时,必须服从以下的分布模型:10%的员工可评为优秀,25%为良好,50%为一般,10%为较差,剩下的5%为差。这种方法可以在一定程度上避免绩效评价过程中过严或过松的现象。但这种方法缺少具体分析,在总体偏优或偏差的情况下,难以实事求是地做出评价。

4. 分级法

这种方法是考评方法中最简单的一种。首先,要选择若干因子,如工作态度、工作质量、工作数量、综合评价等;然后,将其分为若干等级,如不满意、一般、良好、优秀等,进行考评时,可在对应的等级中进行选择。这种方法操作简单、方便,易于应用。

知识链接

激发员工潜力

近来有研究指出,现在一般人只有3%的潜力被开发出来。如果能开发出4%,就是天才。即使如爱因斯坦这样的超级天才,也只不过开发了5%的潜力,可见人的潜力是无穷的。对于一个企业组织来说,要保持企业的创新与发展,员工的潜能发挥占有重要地位。著名管理顾问尼尔森认为,适时的奖励、肯定与赞美,可以鼓励员工以达到激发员工潜能的预期效果。许多研究显示,员工对于肯定及赞美的需要程度,远胜于金钱。他提供了5个不需任何花费的方法。

1. 有趣及重要的工作。每个人至少要对其工作的一部分有高度兴趣。对员工而言,有些工作可能很枯燥,管理者可以在这些工作中,加入一些可以激励员工的工作。此外,让员工离开固定的工作一阵子,也许会提高其创造力与生产力。

2. 让资讯、沟通及反馈通道畅通无阻。员工总是渴望了解如何从事他们的工作及公司的营运状况,管理者可以告诉员工公司的利益来源和支出动向等。要确保公司为员工获得资讯提供许多沟通通道,并鼓励员工提问和分享资讯。

3. 参与决策及归属感。让员工参与到对他们有利害关系的事情的决策中去。这种做法表示了对他们的尊重及处理事情的务实态度,当事人往往最了解问题的状况、如何改进的方式,以及顾客心中的想法。当员工有参与感时,对工作的责任感便会增加,也能较容易地接受新的方式和改变。

4. 独立、自主及有弹性。大部分的员工,尤其是有经验且工作业绩突出的员工,非常希望有私人的工作空间,所有员工也希望在工作上有弹性。如果能提供这些条件给员工,会增加员工完成工作目标的热情,同时也为工作注入新的理念及活力。

5. 增加学习、成长及负责的机会。大部分员工的成长来自工作上的发展,工作也会为员工带来新的学习机会、新的技巧。对大多数员工来说,得到新的机会来表现、学习与成长,是领导最好的激励方式。

资料来源:侯贵松.人力资源管理[M].北京:中国纺织出版社,2006.

(三) 激励

旅游景区人力资源激励是指旅游景区通过运用各种有效的方法以调动员工的积极性和创造性,使员工努力高效地完成旅游景区工作任务,从而促进旅游景区的发展。

激励是通过调整外因来调动内因,从而使被激励者的行为向提供激励者预期的方向发展。激励最终的目的是达到旅游景区组织目标与员工目标在客观上统一。然而,由于人的需要是多层次、多类别的,旅游景区中的员工不仅受物质奖励的激励,而且也受到各种不同的社会和精神因素的激励。因此,应根据不同员工的不同情况,采取不同的激励方式,使合理的需求都能得到相应的满足,以充分调动员工的积极性,提高旅游景区的业绩。

1. 基本原则

(1) 旅游景区目标和个人目标相结合的原则。旅游景区激励目标的设置必须体现旅游景区长远发展的要求,否则激励将偏离实现旅游景区发展目标的方向,同时旅游景区激励目标还必须能满足员工个人的需要,否则无法提高员工的目标价值,达不到满意的激励程度。只有将两者结合起来,才会收到良好的激励效果。

(2)物质激励与精神激励相结合的原则。旅游景区员工都有物质需要和精神需要,旅游景区的激励也应该是物质激励和精神激励相结合。物质激励是基础,精神激励是根本。将精神激励和物质激励结合使用,可以大大激发员工的成就感、自豪感,培育出良好的企业文化,才能真正吸引员工,充分发挥员工的主观能动性。

(3)按需激励的原则。旅游景区对员工进行激励的起点是满足员工的需要,员工的需要存在着个体差异,因人而异,因时而异,并且只有满足最迫切需要的措施,才能起到最大的激励效果,所以,人力资源管理部门必须不断地了解员工的需要,有针对性地采取激励措施,才能收到实效。

(4)民主公正的原则。公正是旅游景区运用激励手段的一个基本原则。如果不公正,奖不当奖,罚不当罚,不仅收不到预期的效果,反而会造成许多消极后果,阻碍旅游景区的正常发展。公正就是要做到赏罚分明,并且赏罚适度。赏罚分明就是铁面无私、无论亲疏、不分远近、一视同仁。赏罚适度就是从实际出发,赏与功相匹配,罚与罪相对应,既不能小功重奖,也不能大过轻罚,从而让员工心悦诚服,真正起到激励的作用。

2. 激励机制

(1)薪酬激励。薪酬是保障和改善员工生活的基本条件,也是员工个人价值的一种体现。在旅游景区人力资源管理中,薪酬激励可以通过可变工资、奖金或其他鼓励性薪酬等形式来实现。为了使薪酬起到应有的作用,旅游景区薪酬的设计与管理必须坚持以下准则:

第一,竞争性。旅游景区薪酬设计与管理,必须重视市场调查,必须根据人力市场的供求状况及同行业的薪酬水平,合理确定本旅游景区的薪酬标准和分配方法,以增强竞争力。

第二,激励性。旅游景区的薪酬政策要有利于增强员工的责任心和团队合作精神;要有利于员工刻苦钻研技术,不断提高业务水平;要有利于激发员工提高工作质量,增加旅游景区经济效益。

第三,公平性。旅游景区员工在工作取得成绩并得到报酬后,会同旅游景区内外部各种薪酬状况进行比较,产生自己是否受到公平对待的主观感受,由此影响自己工作的积极性和工作态度。

(2)竞争激励。竞争的工作环境能给人以极大的刺激,促进人们不断进取,在努力工作中得到满足。旅游景区引进竞争机制,要注意以下几个方面的问题:

第一,注重员工职业生涯的设计,帮助员工确立职业发展的方向。

第二,建立科学的等级制度,为员工确立明确的追求目标。

第三,实行动态的人事管理体制,能上能下,能进能出,赋予所有员工发挥各自才能的均等机会。

第四,建立和完善竞赛制度,利用各种形式开展以提高质量、提高管理、提高效益为中心的各种竞赛活动。

第五,完善奖惩制度,真正体现按劳分配、奖勤罚懒、论功行赏的原则。

(3)目标激励。目标能够在理想和信念的层次上激励全体员工,是旅游景区凝聚力的核心,所以,进行目标激励时,要把旅游景区目标与个人目标结合起来,保持两者的一致性,要让员工明白只有在实现旅游景区目标过程中完成个人目标。进行目标激励时,应注意四点:

第一,目标应明确具体。

第二,目标要难度适宜。

第三,目标要灵活。

第四,目标的确立应有员工的参与。

(4)文化激励。企业文化作为企业的一项重要软实力,被誉为现代企业的灵魂,是衡量一个企业的凝聚力、内涵和发展潜力的一项关键指标,所以,旅游景区企业文化是长期激励机制的根本。优秀的旅游景区文化建设,不仅有利于增强旅游景区内部的凝聚力,而且还有利于树立旅游景区的良好形象,提高旅游景区的知名度。旅游景区企业文化的关键是精神文化,确定旅游景区宗旨、旅游景区的精神和道德规范,这是旅游景区文化建设的重心。旅游景区宗旨是旅游景区员工对旅游景区经营管理活动所追求的基本目标以及实现这一目标的信心;旅游景区精神是旅游景区员工在长期的工作中逐渐建立起来的一种共同价值取向、心理趋向和文化定式;道德规范是旅游景区员工在一切社会活动和人际关系的处理上所遵循的准则。

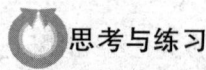
思考与练习

一、填空题

1.旅游景区人力资源管理的内容包含_____、_____、_____、_____、_____和_____。

2.旅游景区对员工进行激励的机制主要有_____、_____、目标激励和_____。

二、选择题

1.旅游景区在进行员工招聘时,其中速度快、信息覆盖面大,可吸引较多应聘

者的招聘方式是( )

  A. 广告招聘   B. 校园招聘   C. 互联网招聘   D. 职业介绍机构

  2. 侧重于培训员工分析、判断和决策能力，适合于中层以上旅游景区管理人员的培训方法是( )

  A. 模拟训练法   B. 案例研讨法   C. 参观考察法   D. 操作示范法

三、简答题

1. 旅游景区人力资源管理有何重要意义？

2. 简述旅游景区资源管理的过程。

四、技能实训

根据所学知识，为某一旅游景区人力资源部制订一份年终考核方案。

模块八　分析旅游景区财务管理

　　旅游景区资金被投入生产经营过程中之后，不是静止不变的，而是随着经营过程的进行不断变换形态，有规律地进行循环和周转，从而形成资金运动，并且体现着旅游景区同各方面的财务关系。旅游景区财务管理就是旅游景区对资金运动的管理，从而保证企业有足够的资金维持景点的日常运营，并确保资金的合理使用，使旅游景区达到自己的财务目标。

　　在日常旅游景区管理中，一般由财务部负责旅游景区的财务管理。旅游景区财务管理部门是旅游景区会计核算、资产管理和财务管理的职能部门，其主要工作内容包括：负责编制旅游景区年度、季度、月度财务计划，编制经营预算、决算及经营情况报告；参与重要经营决策，并为决策提供可靠的数据和分析资料；负责旅游景区日常财务结算和员工工资发放；负责旅游景区固定资产管理和旅游景区门票收入的管理等。本书从财务部的主要工作职责出发，介绍旅游景区财务管理的主要内容。

学习目标

1. 知识目标
（1）了解旅游景区财务管理的概念和意义。
（2）掌握旅游景区财务管理的内容。
（3）掌握旅游景区财务创收的途径和方法。
（4）掌握旅游景区财务成本控制的途径和方法。
2. 技能目标
（1）能进行现代旅游景区财务分析。
（2）能进行旅游景区日常财务预算。
（3）能进行旅游景区财务创收规划。
（4）能进行旅游景区财务成本控制。

任务一　了解旅游景区财务管理

【工作情境】

郑州某职业学院旅游管理专业学生在顶岗实习过程中,3 名同学被派往旅游景区财务部,参与旅游景区筹资管理、投资管理、资产管理、财务创收与成本控制等环节的分析与管理。认真的态度、精确的计算、睿智的眼光,是旅游景区财务部工作人员给 3 名顶岗实习同学们留下的第一印象。3 人入职一周,就参与了旅游景区财务部的一项重要会议——旅游景区门票提价。会上大家各执己见,争论不休。作为国有旅游景区,旅游景区的财务管理目标究竟是什么呢?

案例讨论

案例 1　全国 20 余知名旅游景区门票将涨价　最高涨幅达六成

"一家三口出游,一张旅游景区通票动辄一两百元,相当于大多数人两天的工资,再加上餐饮、交通费的支出,低收入人群还真是玩不起。"江西某旅行社负责人接受《经济参考报》记者采访时说。

2012 年进入了国家发改委规定的旅游景区票价 3 年一调整的第二个"三年解禁期"。记者采访发现,伴随着新一轮旅游旺季到来,在 3 年大限到期后,全国部分旅游景区门票已开始上调。未来数月内,全国将有超过 20 个知名旅游景区门票涨价,涨幅从 20% 到 60% 不等,票价身陷"三年必涨"怪圈。

2007 年,国家发改委下发通知,规定旅游景区门票价格的调整频次不低于 3 年。国内许多旅游景区的最近一次价格调整时间是 2008 年,今年恰逢这些旅游景区的 3 年"解禁年"。

根据已公布的调价信息显示,从今年 4 月起至 7 月,河北省赵云庙旅游景区、赵州桥、隆兴寺、江西省井冈山核心旅游景区等旅游景区门票价格都要上涨 20% 以上。同时,国内一批旅游景区也正在酝酿门票提价。记者采访了解到,山东泰山、蓬莱阁等旅游景区已向价格管理部门申请调高门票价格。

值得警惕的是,除了知名旅游景区外,一些和市民生活相关的城市公园也进入此轮门票涨价的行列。如武汉植物园的门票将由 30 元/人次调整为 40 元/人次,石家庄动物园门票将由 40 元/人次调整为 50 元/人次。

案例2　博物馆进入免费时代

2003年6月6日,济南市博物馆在省内首推"周五免票日",并且日常参观的票价也下调为成人票5元、学生票2元,节假日成人票3元而学生票仅为1元。

1. 国宝沉睡让人惋惜

山东省博物馆馆长鲁文生介绍,该馆创建于1954年8月,是新中国第一座省级综合性地方博物馆,共收藏各类文物、标本21万件。馆藏文物居全国第7位,一级藏品居全国第4位,但是,这样一个博物馆,这些年来却一直门庭冷落,正常情况下每天的参观者在几人至十几人,遇上重要展览时观众才会多一些。

"我们这里有历代绘画、书法、青铜器,还有宝马、华车、金钟、嘉磬……"济南市博物馆馆长何洪源一口气说出馆藏的多种珍贵文物,但说到近几年来的"票房",同样露出忧色:看着这些文物睡大觉,心里很不是滋味。

2. 免票一天,引来9000人

2003年5月18日的"国际博物馆日",山东省济南、青岛、烟台等地许多博物馆实行免费制,一时各博物馆观众如织,仅济南市博物馆的参观人数,就突破了9000人次。

免费缘何有这么大的魅力?在山东省文化部门工作的房义经认为,普通人收入不高,一家三口看一次展览要几十元甚至上百元,确实舍不得。更重要的是,人们对博物馆的定位认识是:博物馆是政府投资建设的,应该具有社会公益性质。

西方国家大部分博物馆是免费开放的,在英国就包括最负盛名的大不列颠博物馆,法国博物馆走的是"群众路线",博物馆的管理机构想方设法让更多的人参观游览。

案例分析:

在旅游景区"涨声一片"的浪潮中,博物馆(院)免门票在各个城市持续盛行,因旅游景区性质不同,旅游景区财务管理目标也不尽相同。

【任务执行】

1. 任务发布
制定旅游景区门票政策。

2. 任务分析
结合案例中旅游景区财务管理工作实际,实地调研区域内不同性质旅游景区10年内门票价格的变化状态,从而分析本旅游景区门票价格的政策。

3. 任务实施
(1)调查区域内不同性质旅游景区门票价格的变化状态。

(2)分析旅游景区性质与财务管理目标的关系,制定旅游景区门票政策,并形成任务成果书(表8-1)。

表8-1 任务成果书

任务成果书	
实训任务:制定旅游景区门票政策	任务性质:小组任务
成果名称:旅游景区门票实施方案	
成果要求: (1)阶段成果:区域内旅游景区门票变化状态调查与分析 (2)最终成果:旅游景区门票政策实施方案	
成果形式:实施方案(A4纸双面打印,标页码)	

【相关知识】

一、旅游景区财务管理内涵

在大多数旅游景区,财务管理都是组织战略的核心部分。组织的目标大部分都要用财务术语来表述,如利润,或带有财务含义的词汇。像提高市场占有率就意味着增加促销成本;提高服务质量就相当于要增加培训开支或对员工进行物质奖励等。

从最广泛意义上讲,旅游景区财务管理就是根据客观经济规律和国家政策,通过对旅游景区资金形成、分配、使用、回收过程的管理,利用货币价值形式对旅游景区经营业务进行综合性的管理,从而保证旅游景区有足够的资金维持日常运营,并确保资金的合理使用,使旅游景区达到自己的财务目标。

二、旅游景区财务管理的目标

(一)以利润最大化为目标

利润代表了旅游景区作为一个企业新创造的财富,利润越多则企业的财富增加得越多,越接近企业的目标,因此,国家把利润作为考核企业经营状况的首要指标,把企业员工的经济利益同企业实现利润的多少紧密地联系在一起。以利润最大化作为财务管理的目标,企业必须讲究目标管理,以目标来指导和控制企业的经营活动,以目标作为管理人、财、物等各要素的基础,使企业管理始终围绕这一目标的实现而各司其职、各尽其责。

(二)以财富最大化为目标

财富最大化是通过旅游景区的合理经营,采用最优的财务政策,在考虑资金的时间价值和风险报酬的情况下,不断增加企业财富,使企业总价值达到最大。以财富最大化作为旅游景区财务管理的目标,要正确权衡报酬增加与风险增加的得与失,努力实现两者之间的最佳平衡,使旅游景区价值达到最大,即财富最大化。

(三) 以其他各相关集团的利益最大化为目标

以与旅游景区关系密切的集团的利益最大化为目标,如债权人、客户、供应商、社会公众、潜在的投资者、政府、战略伙伴等,满足这些集团的利益需要,是旅游景区财务管理目标的重要组成部分。这一目标以成本—效益为指导原则,其目的是为了维护旅游景区良好的信誉,最终取得投入的回报。例如,旅游景区的产品定价合理,有较高的吸引力,在客观上满足了消费者的需要,在主观上满足了旅游景区回收资金的需要。

(四) 不同类型旅游景区的财务管理目标差异

国有旅游景区、私营旅游景区和志愿性组织经营旅游景区,由于所有权不同,其财务管理的目标也存在着一定的差异,如表8-2所示。

表8-2 国有旅游景区、私营旅游景区和志愿性组织经营的旅游景区各自财务目标

财务目标	景区类型		
	私营旅游景区	国有旅游景区	志愿性旅游景区
总体目标	利润,即赚取足够的收入从而获得利润,然后对旅游景区再投资,并回报利益相关者	流动资金,即赚取足够的收入来支付支出,但如果有补贴的话,旅游景区的财务目标可能是尽量使收支相抵	流动资金投入到旅游景区保护或教育方面,做到略有盈余
价格管理目标	产品价格尽可能地提高,实现收入最大化	即使比市场价格水平还低,也要确定一个从社会和政治的角度都能接受的价格	确定一个能够赚取必要盈余的价格
成本管理目标	将成本降至尽可能低的水平	通过有效的管理运营降低成本	尽可能使成本最小化
资源管理目标	为获取利润而最大限度地利用景点的资源	最大限度地利用旅游景区的资源,只要使用是有益的	在不影响旅游景区主要功能的前提下,最大限度地利用资源
财务预算目标	实现财务目标	控制在预算之内	控制在预算之内

资料来源:约翰·斯沃布鲁克.旅游景区开发与管理[M].龙江智,李淼,译.2版.北京:旅游教育出版社,2006:248.

任务二 掌握旅游景区财务管理内容

【工作情境】

通过广泛市场调研,旅游景区规划建设处决定利用旅游景区内独特的峡谷资源优势,开发峡谷漂流旅游项目,而且各方面人才已经到位。当旅游景区财务部经理收到由总经理转交的规划建设处的开发申请时,财务部经理面露难色,旅游景区现有资金状况是否能够支持开发项目资金?在开发资金不足的情况下,有哪些筹资渠道可以为项目开发筹措资金?在财务部顶岗实习的3名同学也被抽调到项目开发组中,进行项目投资的可行性分析。

案例讨论

案例1 碧峰峡模式 雅安旅游创造的奇迹

20年前,雅安碧峰峡不过是一个名不见经传的山沟沟,当地人称为"烂草沟"。生活在这片土地的村民,过着脸朝黄土背朝坡的生活,收入全靠土地,靠旅游增收他们从未想过。

1992年,成都万贯集团先后到峨眉山、都江堰、黄山等地考察旅游业。1994年,集团老总以游客的身份,数次到雅安考察,雨城区下里镇(现碧峰峡镇)的山沟沟吸引了万贯集团的目光,公司决定在这里投资开发旅游。

1999年春天,大型机具开进了这片山沟沟。当年12月,山沟沟焕然一新,各地游客纷至沓来,碧峰峡的名字在全国叫响。

新千年第一个春节,大量外地车辆涌进雅安,驶向碧峰峡旅游景区。一时之间,碧峰峡旅游景区和周边区域、市区住宿、餐饮异常火爆,很多找不到住宿的游客,只得连夜返回或者在车上过夜。

碧峰峡就这样"火"了!在这"火"的背后,除了碧峰峡得天独厚的旅游资源,还有一种革新模式带来的强烈冲击,这种模式被称为"碧峰峡模式"——政府出资源、企业出资金,所有权、经营权、管理权"三权"分离的旅游开发模式。

当时的雅安地区与万贯集团正式签订碧峰峡旅游景区经营权转让协议时,还不断遭到质疑之声。这样的模式在国内没有先例。但改革总需要大胆尝试,"碧峰峡模式"就在争议声中出炉,雨城区下里镇(现碧峰峡镇)的山沟沟因此一举成名。

如今,碧峰峡旅游景区已成为全国旅游者的重要目的地,国家4A级旅游景区,亦是周边农户致富的摇篮。数据显示,2000年,碧峰峡接待游客60万人次,实现旅游综合收入6000万元。此后几年,旅游景区综合收入连续翻番,一时被称为旅游界的奇迹。截至2010年,碧峰峡旅游景区已接待游客近700万人次,仅2010年一年,进入碧峰峡旅游景区的游客就有60万人次。10年来,先后有中央电视台、香港电视台和日本、韩国、英国的电视台前来采访,新华社、人民日报、香港大公报和美国华尔街日报等国内外报刊前来报道。"碧峰峡模式"给雅安不仅带来了旅游经济的增长,更带来了对外开放的理念。

案例2 旅游景区投融资模式的创新方向:资产证券化

旅游资产证券化,即旅游景区(或其他可以产生稳定现金流的资产或业务)将自己缺乏流动性,但能产生可预见现金流的那部分旅游资产转化为在金融市场上可以出售和流通的证券,是以特定资产为支撑发起的融资活动。开发商基于旅游资源进行资金筹措时,往往需充分权衡各种融资渠道的可行性、融资成本及财务风险,创新使用或融合上述各类融资方式以优化自身的资本结构,提高旅游资源的资产化收益。旅游资产证券化,不仅可以解决旅游景区投资的资金来源问题,更有利于在现有的旅游景区管理体制下实现经营模式创新。

通过旅游资产证券化,有助于明晰旅游资源的产权安排,规范旅游景区开发融资中的政府功能,从制度上明晰旅游景区旅游资源的各种产权关系以及旅游管理模式。

实践中,深圳华侨城公司设立的"欢乐谷主题公园入园凭证专项资产管理计划"于2012年10月30日获证监会批复,并于2012年12月4日正式成立。公司发布的公告表明,自该计划成立之次日起五年内特定期间,公司及下属两家子公司拥有的欢乐谷主题公园入园凭证为基础资产,合计募集资金18.5亿元,设优先级受益凭证和次级受益凭证两种受益凭证。其中优先级受益凭证分为华侨城1至华侨城5共5档,期限分别为1年至5年,募集资金17.5亿元,由符合资格的机构投资者认购;次级受益凭证规模为1亿元,由原始权益人之一的华侨城A全额认购。募集资金将专项用于欢乐谷主题公园游乐设备和辅助设备维护、修理和更新,欢乐谷主题公园配套设施建设和补充日常运营流动资金。因此,开展旅游资产证券化不仅必要,而且可行。

资料来源:张奇.旅游景区投融资模式的创新方向:资产证券化[N].中国旅游报,2014-04-21.

案例分析:

碧峰峡模式、深圳华侨城旅游资产证券化,一系列的旅游景区成功经营模式,给旅游景区提供了开发建设投融资的新方向和新思路。

【任务执行】

1. 任务发布

进行旅游景区峡谷漂流项目的投资可行性分析。

2. 任务分析

通过旅游景区资产管理和投资管理,对旅游景区峡谷漂流项目的可行性进行分析,并结合案例中两大旅游景区成功经营模式,从筹资角度进一步分析。

3. 任务实施

(1)旅游景区现有资产分析。

(2)旅游景区投资可行性分析。

(3)旅游景区筹资渠道分析。

(4)形成任务成果书(表8-3)。

表8-3 任务成果书

任务成果书	
实训任务:项目开发投资可行性分析	任务性质:小组任务
成果名称:旅游景区峡谷漂流项目开发投资可行性分析	
成果要求: (1)阶段成果:旅游景区现有资产分析;旅游景区投资风险分析;旅游景区筹资渠道分析 (2)最终成果:旅游景区峡谷漂流项目开发的投资可行性分析	
成果形式:可行性分析(A4纸单面打印,标页码)	

【相关知识】

旅游景区的财务管理的基本内容是对旅游景区各种经济资源的管理,其中主要包括资金筹集、投资管理和资产管理。管理方法可以借用企业财务管理的方法,以组织、指挥、监督和控制旅游景区的财务活动,正确处理财务关系,完成财务管理任务,使旅游景区财务资源达到最大化。

一、旅游景区筹资管理

旅游景区筹资管理是指旅游景区根据生产经营、投资和调整资本结构的需要,通过筹资渠道和资金市场,运用筹资方式,经济有效地筹措资金。

(一)资本金

资本金是指在工商行政管理部门登记的注册资金。资本金按照投资主体的不同,分为国家资本金、法人资本金、个人资本金和外商资本金。国家资本金是指有权代表国家政府部门或机构以国有资产投入旅游景区形成的资本金;法人资本金是指其他法人单位以其依法可以支配的资产投入旅游景区形成的资本金;个人资本金是指社会个人或旅游景区内部员工以个人合法财产投入旅游景区形成的资本金;外商资本金是指国外投资者以及我国香港、澳门和台湾地区投资者投入旅游景区而形成的资本金。

旅游景区可以采取多种方式筹集资本金,如吸收国家投资、各方集资、实物、无形资产或发行股票等。资本金的筹集可以一次或分期筹集。一次性筹集,应在营业执照签发之日起6个月内筹足;分期筹集的第一次投资出资额不低于15%,并且在营业执照签发之日起3个月内缴清,增加或减少注册资金数额必须办理变更登记手续。

(二)筹集资金的渠道

旅游景区筹集资金的渠道主要有国家财政投资、银行信贷投资、非银行金融机构借入、其他法人单位投资、社会和内部集资、境外投资和企业留利等几个方面。

(三)筹集资金的方式

筹集资金的方式是指旅游景区取得资金的具体方式。资金筹集的方式多种多样,除国家财政投资外,运用最多的筹资方式是:

1. 发行股票

股票是股份有限公司为筹集资本而发行的、表示股东按其所持股份享有所有权和承担义务的可转让的书面证明。发行股票是有效地筹集资金的方式,旅游景区不仅可以从社会吸收闲散的资金,还可以有效地提高旅游景区的知名度。

2. 负债筹资

负债筹资是指旅游景区向债权人借入资金来实现筹集资金的目的。负债筹集资金,利益与风险并存,旅游景区必须正确运用财务杠杆,合理运用资金,才能取得较好的经济效益。负债分为长期负债和流动负债。

长期负债是指偿还期限在一年或超过一年的一个营业周期以上的债务,包括长期借款、应付长期债券、长期应付款等。流动负债是指偿还期限在一年内或不超过一年的一个营业周期内的债务,包括短期借款、应付短期债券、结算中形成的应付及预收货款、应付票据、应缴税金、应付利润、应付股利、已计入成本尚未支付的预提费用、已提取但尚未支付的职工福利费等。

旅游景区负债筹资的主要方式有金融机构借款、发行债券、商业信用、融资租赁等。

(1)金融机构借款。金融机构借款,主要指旅游景区向银行或非银行金融机构借入的各种资金,是旅游景区负债筹资的重要来源之一。该筹资方式速度快,但限制条件多,并且风险大,金额也很有限。

(2)发行债券。发行债券,是指旅游景区为筹集资金,依照法定的程序,并约定在一定时期还本付息的有价证券,它代表持券人与旅游景区之间的债权债务关系。发行债券也是旅游景区筹集资金的重要方式之一。按发行形式分,债券可分为记名债券和不记名债券;按偿还形式分,可以分为定期偿还债券和随时偿还债券;按有无抵押品担保划分,可分为抵押债券和信用债券。

(3)商业信用。商业信用,是指旅游景区在交易过程中由于预收款或延期付款而形成的一种信贷关系,使商品交易中货与钱在空间和时间上造成分离,为旅游景区创造筹集短期资金的业务。具体形式包括应付账款、预收账款、商业汇票等。

(4)融资租赁。融资租赁,是由租赁公司按照承租单位要求出资购买设备,在较长的契约或合同期内提供给承租单位使用的信用业务。融资租赁适合资金紧张或急需设备的旅游景区。

3.旅游景区内部筹资

旅游景区内部筹资,主要包括三种形式:

(1)企业留利,即旅游景区按照国家规定从上缴税金后的利润中提取的公积金、公益金以及企业未分配利润。该部分可以转增资本金,也可以用于临时周转,从而成为筹资的方式之一。

(2)内部员工入股筹资。

(3)内部资金的临时调剂。

(四)筹集资金组合与程序

旅游景区筹资管理的重点内容是资金的筹措,资金筹措方式的选择又是重中之重。资金的筹措需要一定的渠道和方式。表8-4所示的是筹措资金的渠道和方式组合。

表8-4 筹资的渠道和方式组合

筹资渠道	筹资方式						
	吸收直接投资	发行股票	银行贷款	商业信用	发行证券	发行融资债券	国家租赁
国家财政资金	●	●					
银行信贷资金			●				
非银行金融机构资金			●				●
其他法人单位资金	●	●		●	●	●	
民间资金	●	●			●	●	
旅游景区内部资金	●	●					
境外资金	●	●			●	●	●

资料来源:钟永德.旅游景区管理[M].长沙:湖南大学出版社,2005.

旅游景区的筹集资金活动,应当按照科学的程序进行,从而避免遗漏和盲目性。一般旅游景区筹资程序如下:正确评估筹资用途→确定资金需求量→确定筹资时间跨度→确定筹资渠道和方式→确定资金成本→适时调整资本结构。

(五)资金成本

资金成本是资金使用者向资金所有者和中介人支付的占用费和筹资费。旅游景区选择筹资方式时主要是根据资金成本来进行筹集资金的决策。资金成本包括资金使用费和筹集资金的费用。资金使用费包括支付的股息、资金的占用费等,与筹资金额、时间长度有直接关系。筹集资金的费用包括委托金融机构代理发行股票、债券所支付的注册费、代办费,借款的手续费等,这一类费用一般与筹资金额和时间长度无直接关系。

资金成本可以用绝对数和相对数表示,并用资金成本率(资金成本额同所提供的资金之间的比率)体现,资金成本率计算公式为:

资金成本率 = [利息额 × (1 - 所得税税率)] / [筹资总额 × (1 - 筹资费率)]

实际工作中,为便于分析,多用相对数表示,公式如下:

资金成本率 = 资金占用费 / (筹资总额 - 资金筹集费用)

旅游景区的利润率必须高于资金成本率,投资才有价值,也才能赢利,若旅游景区的利润率低于资金成本率,不仅会给旅游景区带来巨额的债务,还会使旅游景区的经济效益下降。

二、旅游景区投资管理

投资是以收回现金并取得收益为目的而发生的资金流出。旅游景区投资是指在旅游景区开发建设和经营过程中,经济主体投入一定数量的资金,并期望今后获取回报的活动。旅游景区投资管理的主要任务是对投资项目进行财务评估和投资风险管理。旅游景区投资中固定资产的投资数额很大,且资金占用时间长,变现能力差,应特别遵循五个步骤的投资决策程序:投资项目的提出→投资项目的评估→投资项目的决策→投资项目的执行→投资项目的再评价。

(一)投资种类

按照不同的标准,旅游景区投资有不同的分类方法,具体见图8-1:

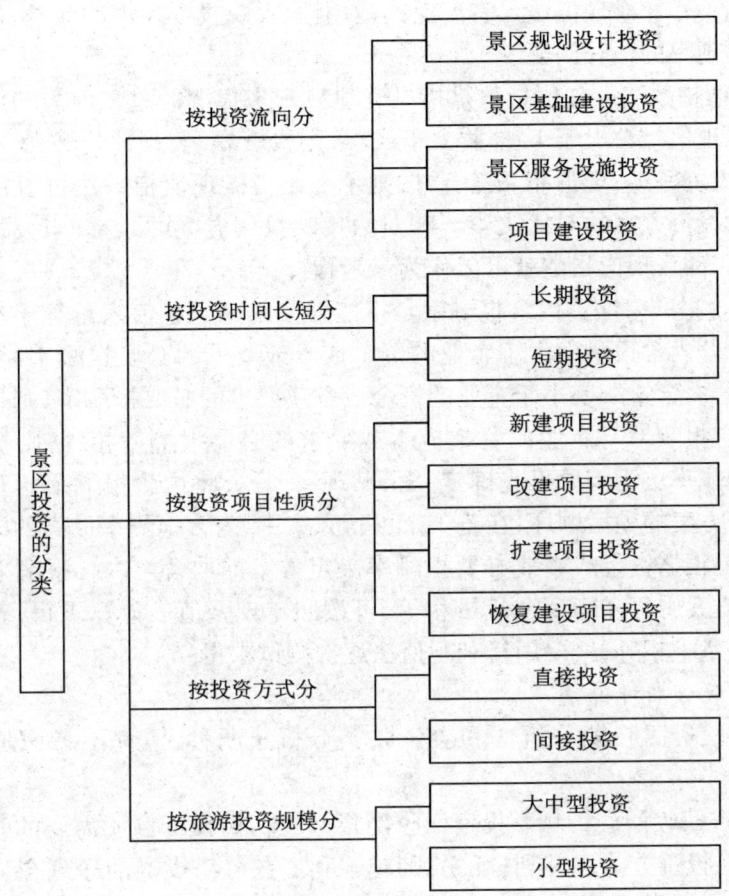

图8-1 常见旅游景区投资分类方法

(二) 投资决策方法

投资项目的评价是旅游景区进行投资决策的关键。投资项目评价所使用的指标分为贴现指标和非贴现指标。贴现指标必须考虑货币时间价值因素,主要包括净现值、现值指数、内含报酬率等。非贴现指标不考虑货币的时间价值因素,主要包括回收期和会计收益等。根据投资项目评价所使用的指标不同可以将投资决策方法分为贴现分析评价法和非贴现分析评价法。

1. 贴现分析评价法

根据贴现指标所包含的内容又可分为净现值法、现值指数法和内含报酬率法等。

(1) 净现值法。净现值是指投资项目未来现金流入量的总现值超过投资项目现金流出量现值的差额。差额大于零,投资即为赢利;小于零,投资亏损;等于零,则投资不赢不亏。净现值法具有广泛的适用性,反映投资决策的效益,但旅游景区必须考虑贴现率的估算问题。

(2)现值指数法。现值指数是指投资项目未来报酬的总现值与初始投资额的现值之比。现值指数大于1,收益大于成本,则投资赢利;现值指数小于1,收益小于成本,则投资亏损;现值指数等于1,则不亏不盈。现值指数法可以用于初始投资额不同的投资方案的对比决策。相对数反映投资方案的效率,当投资额不等时和净现值不等时,现值指数就可以作为参考指标。

(3)内含报酬率法。内含报酬率是指能够使未来现金流入量等于现金流出量的贴现率。若内含报酬率大于企业的资金成本或要求的必要报酬率,投资方案就是可行的;若内含报酬率小于企业的资金成本或要求的必要报酬率,则投资方案不可行;若内含报酬率与企业的资金成本或要求的必要报酬率相等,则投资不亏不盈。内含报酬率法不需要事先确定一个贴现率,只要将内含报酬率相互比较就可以排列投资方案的先后顺序,在若干个可行方案中,内含报酬率最高的即为最优方案,但还需要根据资金成本或必要报酬率决定方案的取舍。内含报酬率的计算较为复杂,若方案中每年净现金流量相等,可按照年现金值表计算求得;若方案中每年净现金流量不相等,就要用复利现值法逐次测试求得。

2. 非贴现分析评价法

主要有投资回收期分析法和会计收益分析法两种,但都不考虑货币的时间价值。

(1)投资回收期分析法。投资回收期指回收初始投资额所需要的时间。投资回收期越短,投资方案越有利;反之,则越不利。在每年投资的净现金流入量相等的情况下,投资回收期的计算公式为:

$$投资回收期 = 原始投资额/每年净现金流量$$

若每年的净现金流量不相等,则回收期是累计每年净现金流量与原投资相等时所对应的时间。回收期分析法的计算比较简单,概念易理解,但考虑货币的时间价值,忽略回收期满以后的现金流量。回收期分析法注重投资额的回收,容易导致急功近利。

(2)会计收益分析法。会计收益分析法是一种分析平均报酬率(即指投资项目寿命周期内平均年投资报酬率)的方法。旅游景区应事先确定要求达到的平均报酬率,高于平均报酬率的项目才能入选。平均报酬率的计算公式为:

$$平均报酬率 = 年平均净现值流量/初始投资额 \times 100\%$$

(三)投资决策的风险分析

长期的投资决策时间长、风险大,旅游景区有必要进行风险分析。风险分析的主要方法有决策树法、敏感性分析法和风险调整贴现率法等。

1. 决策树法

决策树法是根据逻辑关系将决策问题绘制成一个树形图,按照自树梢至树根的顺序,逐步计算各决策点的期望货币值,根据期望受益最大或期望损失最小的原则作出相应决策。决策树法比较形象,并能将各种可供选择的方案、可能出现的状况、概率以及产生的后果绘制在一张决策图上,以供讨论研究,作出最初选择。决策树法可以明确地比较决策问题的各种可行方案的优劣,对于旅游景区这种多级决策的分析非常适合,是帮助旅游景区决策者进行决策的有效工具。

2. 敏感性分析法

敏感性分析法主要用来分析预测项目主要因素发生变化时对经济评价指标的影响,从中找出敏感的不确定因素,并确定其影响程度。投资决策中的敏感性分析,通常研究有关投资方案的现金净流量或固定资产使用年限这两个因素发生变动时对净现金值的影响,投资方案的报酬率发生变动时对现金净流量或使用年限的影响。

3. 风险调整贴现率法

风险调整贴现率法是在计算一个项目的净现值时,对不同的项目采用不同的贴现率,以适应不同的风险,然后根据净现值法去选择方案。一般可根据投资项目的风险程度确定贴现率,计算净现值,如较高风险的项目可以采用较高的贴现率。

三、旅游景区资产管理

旅游景区的资产主要有固定资产、流动资产、无形资产、递延资产和其他资产等,对旅游景区的资产进行管理要求做到:既要保证各类资产数量的完整,又要保证资产质量的完整,确保资产处于良性循环。

(一)流动资产管理

流动资产是指旅游景区能够在一年内或不超过一年的一个营业周期内变现或者耗费的资产,主要包括货币资金、结算资金和存货等。流动资产的管理直接关系到旅游景区的财务资源状况。

1. 货币资金管理

旅游景区利用旅游资源吸引游客,提供的服务方式多是先购买门票、后游览的模式,因而旅游景区的货币资金在流动资产管理中占有重要的位置。旅游景区的货币资金主要包括现金、银行存款和其他货币资金三部分。

(1)现金管理

现金是指各种货币形态的资金,具体指旅游景区的库存现金,包括人民币和外汇。由于旅游景区所提供的服务基本是以现金的形式支付,尤其对远离城市的旅游景区而言,保证其现金的安全是重中之重,因而,现金管理就必须做到保证交易

所需的现金,又能够保证其安全。旅游景区的现金管理应当按照国家的《现金管理暂行条例》来进行,具体包括:

①编制现金预算。编制现金预算可以保证旅游景区的现金收入与现金支出在时间上和数量上的协调。

②明确现金使用范围。现金的使用范围主要包括支付给员工的工资、奖金、津贴、福利费、各种社会保险、社会救济费用、个人的劳务报酬、出差人员随身携带的差旅费、转账金额起点以下的零星支出和国家规定需要用现金支付的其他款项。

③核定现金库存限额。库存现金应由开户银行按照需要核定,但现在许多商业银行已经不再为企业核定库存现金的限额,因而,旅游景区应该根据本旅游景区日常经营活动的需要,确定库存现金的数量。一般以3~5天的日常零星开支需要为限,远离城市或交通不便的旅游景区,库存现金的限额可以多于5天,但最多不超过15天的日常零星开支。

④现金收支管理。现金收支的管理规定如下:

凡不属于国家规定的库存现金使用范围内的款项支付一律不准使用现金,必须通过银行办理转账手续。企业收入的现金,除非业务性的零星现金收入可以在补充库存限额外,必须在当日送存银行;在银行当天停止收款后收进的现金,必须在第二天上午送存银行。

企业从开户银行提取现金,应当写明用途,由本单位财务负责人签字盖章,经开户银行审查后,予以支付现金。财务部门应对现金收入的合理性、合法性、真实性和现金收支手续的完整性进行审核,对不合理之处提出处理意见。

(2)银行存款管理

银行存款是指存放在银行的货币资金。旅游景区的银行存款管理应当根据中国人民银行账户管理办法的规定办理取款、转账或存款业务。旅游景区应当在当地的银行开立账户,以便办理银行存款的存取和转账结算业务。旅游景区应定期与银行对账,以保障银行存款与旅游景区日记账所记的金额一致。

(3)其他货币资金管理

其他货币资金包括外埠存款、银行汇票存款、银行本票存款、信用卡存款、存出投资款、在途货币资金等,有境外往来结算业务的小企业,发生的国际信用证保证金存款,也属于其他货币资金的范围。其中,外埠存款是指旅游景区到外地进行临时或零星采购时,汇往采购地银行开立采购账户的存款;银行汇票存款和银行本票存款是指旅游景区为取得银行汇票或银行本票按规定存入银行的款项;信用卡存款是指旅游景区为取得信用卡按照规定存入银行的款项;信用证保证金存款是指旅游景区采用信用证结算方式向国外付款,委托银行开出信用证,存入银行信用证保证金专户的款项。

其他货币资金不同于银行存款和库存现金之处在于,银行存款和库存现金一般都有专门的用途和特定的存放地点,如银行汇票存款只能用于银行汇票的结算款项,不能再作其他用途使用,而且这部分存款也不能存放在旅游景区的基本存款账户之中,因此,在会计上必须进行单独的核算与管理。

其他货币资金必须按照国家的现金管理制度、银行结算办法及有关规定严格进行管理。为了单独反映其他货币资金的收入、付出和结存情况,旅游景区应设置"其他货币资金"账户进行核算。该账户为资产类账户,借方登记其他货币资金的增加数;贷方登记其他货币资金的减少数;期末借方余额,反映其他货币资金的结存数。该账户应按其他货币资金的具体组成内容设置明细账,进行明细核算。

2. 结算资金管理

结算资金是旅游景区在结算过程中发生的各种应收及预付款项,主要包括应收票据、应收账款、预付款、待摊费用、其他应收款等。许多旅游景区要求集体订票付款的最后日期是团体游览景点的那一天,以便解决团队的付款问题,但国内的旅游景区常常与旅行社签订协议,对于旅行社的团队采取签单的形式销售门票,从而形成赊销的方式。此外,旅游景区还有租用房屋者、特许经营者和租地营业者,产生高额的应收账款,导致应收账款成为旅游景区结算资金中所占比例最大且让旅游景区最为头疼的付款问题。

信用政策的适时调整,是管理应收账款最有效的方式。信用政策建立之后,旅游景区就应当做好日常的管理工作,进行信用调查和信用评估;之后,在信用评估的基础上,再将客户进行信用分级,对不同信用等级的客户采取不同的信用期限以及最高信用期限等信用政策,以确保旅游景区应收账款的及时收回。当客户违约后,旅游景区就要及时做好催收工作。可以设专人或专门部门负责催收工作。如果产生坏账,财务人员应事先预计坏账损失率,建立坏账准备金,坏账准备金记入旅游景区的管理费用中。

3. 存货管理

旅游景区的存货主要是指旅游景区为了在经营过程消耗而持有的各种资产,包括各种原材料、燃料、物料用品、低值易耗品,按原始进价由旅游景区可直接认定的运杂费和缴纳的税金计价。投资者投入的存货,按照评估或者合同、协议确定的价值计价。盘盈的存货,按照同类存货的实际成本计价;没有同类存货,按照市价计价。领取或发出的存货,按实际成本核算的,可以采用先进先出法、后进后出法、加权平均法、移动平均法等方法确定其实际成本。采用计划成本核算的,应当按期结转其应负担的成本差异,将计划成本调整为实际成本。存货的计价方法一经确定,不得随意变动。

旅游景区存货日常管理还应该建立严格的存货管理责任制,实行定额控制,改进物资的采购工作,尽量节约采购成本和仓储成本,经常性地对存货进行检查。

(二)固定资产管理

旅游景区固定资产是指使用期限在一年以上的、单位价值在固定标准以上、且在使用过程中拥有实物形态的资产,主要包括房屋、建筑物、机器、机械、运输工具和其他与生产经营有关的设施、机器、工具等。不属于生产经营主要设备的物品,单位价值在 2000 元以上、使用期限在 2 年以上的,也应当作为固定资产。固定资产有以下特点:

固定资产资金要充分考虑其时间价值;一次性投资额大,使用期限长,变现能力差;在使用期限内保持原有的实物形态;一定时期内其价值磨损逐渐转移,循环周期较长。

旅游景区是高固定成本型企业,通常投资数额大,投资回收期长,尤其是人造景观的旅游景区,多是一次集中投入,因此,管理好固定资产、提高固定资产的利用率对旅游景区尤为重要。固定资产投入使用后,其原始价值由于物质损耗和因技术更新引起的无形损耗,逐渐转移到它所提供的服务当中,构成服务成本的一部分,直接从营业收入中逐步得到补偿;当其丧失服务能力和生产能力时,再进行实物更新,从而进行新的固定资产循环。新投资项目应与旅游景区原有风格保持一致,并能够增强旅游景区的吸引力和设施服务的便利性。

1. 固定资产分类

(1)按隶属关系划分

可以分为自由固定资产、投资转入的固定资产和租入的固定资产。这种分类方法可以反映旅游景区固定资产的资金来源情况,从而掌握其固定资产实有水平,划清固定资产折旧界限。

(2)按经济用途划分

可以分为经营用固定资产和非经营用固定资产。经营用固定资产是旅游景区直接用于为游客提供服务的固定资产,如客房、餐厅、商场、各种娱乐设施,各种供电、供水、供热设施等。非经营用固定资产是指不用于游客服务,而用于员工生活福利的固定资产,包括员工餐厅、员工宿舍等。这种分类法反映和监督旅游景区经营用固定资产和非经营用固定资产以及各类经营用固定资产之间的组成和变化,能够使旅游景区合理配置固定资产。

(3)按使用情况划分

可以分为在用固定资产、未使用固定资产和不需要固定资产。这种分类可以反映出旅游景区固定资产的利用情况,从而提高固定资产的使用率。

(4)按实物形态和性能属性划分

可以分为七大类,这种分类方法也是我国旅游业固定资产的常用分类方法,具体类别如下:

①房屋及建筑物,包括营业用房、非营业用房、简易房、各种大型人造景观及设施等。

②机器设备,包括供电设备、供热设备、供水设备、通信设备、维修设备、电子计算机系统设备、相片冲印设备、复印打字设备和其他机器设备等。

③交通运输工具,包括各种客车、行李车、货车、摩托车、观光索道、电动游览车等。

④家具设备,包括景区经营用家具设备、办公用设备、旅游景区附设酒店、宾馆的家具设备、办公用设备等。

⑤电器及影视设备,包括闭路电视播放设备、音响设备、电视机、电冰箱、空调、电影放映机及幻灯机、照相机和其他电器设备等。

⑥文体娱乐设备,包括高级乐器、游乐场游乐设施、健身房设备等。

⑦其他设备,包括工艺摆设、消防设备等。

2. 固定资产计价

固定资产的计价是以货币为计量单位来计算固定资产价值的大小,它能真实反映旅游景区的财务资源的现状,也是计提折旧的重要前提。固定资产大多采用以下三种方式计价:

(1)原始计价。按照固定资产的原值或原价计价,即旅游景区购买固定资产时所支付的全部价款,包括买价、运杂费、保险费、安装成本、建造成本及工程施工期的贷款利息支出等。原始计价可以反映出固定资产的原始投资规模和经营能力。

(2)折余价值计价。按照固定资产的净值计价,即固定资产原始价值减去已提折旧累计额后的余额,可以反映固定资产的现有价值和占用资金水平,以及固定资产的新旧程度。

(3)重置完全价值计价。按照当前生产条件、价格标准和市场情况下,重置该固定资产的现行成本。

3. 固定资产折旧

固定资产折旧是指固定资产在使用过程中,由于损耗而转移到营业费用中的那部分价值。折旧是固定资产运动的一种形式。旅游景区固定资产使用过程中,它的价值会随着固定资产的损耗逐渐转移到商品和服务中去,以折旧费的形式作为成本费用的一部分。固定资产发生的损耗分为有形损耗和无形损耗两种:有形损耗是指由于使用自然力的作用而引起的价值损耗;无形损耗是指由于劳动生产率提高而原有固定资产价值相对降低所形成的损失。

固定资产折旧管理制度由财政部确定。根据我国财经制度规定,企业固定资产的折旧方法一般采用平均年限法(即直线法)。交通运输工具可以采用工作量法。经财政部批准的部分设备,企业可以采用双倍余额递减法和年数综合法。旅游景区折旧费用的计算,主要使用直线法,这是一种匀速折旧法。平均年限折旧法是根据固定资产的原始价值,扣除预计净残值,然后按照规定资产的预计使用年限进行平均分摊,计算每年或每月的折价额和折价率,通常用于房屋等建筑物和贵重办公设备的折价计提。

平均年限折旧法的计算公式为:

$$年折旧率 = (1 \times 预计净残值率)/预计使用年限 \times 100\%$$

工作量法的计算公式为:

$$月折旧额 = 每单位折旧额 \times 每月工作量$$

式中,每单位(工作小时或行驶里程)折旧额 = [固定资产原值 × (1 - 预计净残值率)]/预计总工作量。

(三) 无形资产管理

无形资产是指旅游景区长期使用而没有实物形态的资产,包括专利权、商标权、著作权、土地使用权、非专利技术和商誉等。无形资产有较大的经济价值,但又有很大的不确定性。

景观的独特性与旅游景区的优质服务形成旅游景区的品牌效益,使得商誉成为旅游景区的主要无形资产。商誉形成时间比较长,但不一定发生大量的成本支出;它不单独存在,必须依赖于与它有关的旅游景区实体才得以存在。商誉属于自发形成的,没有明显可以确认的收入和支出,只有在旅游景区被兼并或资产重组时,才作为无形资产进行管理,其他情况下不做价入账,因而常见的无形资产的计价标准都不适用于它。

任务三 掌握旅游景区财务创收与成本控制

【工作情境】

旅游景区峡谷漂流项目筹措资金刚刚有了眉目,旅游景区财务部经理又被总经理叫去,返回部门时愁眉不展。旅游景区游客接待量在刚刚过去的一年成倍上涨,但旅游景区利润还不如去年的3/4,到底是哪个环节出了问题呢?而且总经理也下达死命令,在门票价格不涨的情况下,未来一年旅游景区利润增长率必须达到50%。旅游景区财务部经理抽调骨干力量,成立年度财务计划编制小组,为实现旅游景区利润最大化,从成本控制和扩大收入入手,修改来年的年度财务计划。

案例讨论

案例1　杭州西湖免门票不亏反赢

在北京市故宫、天坛、颐和园、八达岭等6处世界文化遗产和张家界武陵源等旅游景区门票纷纷涨价的时候，杭州市旅游部门仍然坚持"免费公园"制度。令人不曾想到的是，杭州西湖门票免费不仅没使杭州旅游亏本，反而给这座城市带来了意想不到的综合收益，让西湖"挣了票子，撑了面子"。

精明的浙江人喜欢为西湖算账。在西湖免费开放一年后，杭州市审计局在一份调查报告中指出，西湖每年直接减少门票收入2530万元。

门票减收，旅游景区日常维护、清洁卫生、安全管理等方面的费用大幅增加，这两个因素叠加，西湖风景名胜区管委会不讳言面临着不小的财政压力。

西湖风景名胜区管委会网站公布的一份2011年财政总结显示：旅游景区财政收支平衡面临较大压力，财政收支形势仍然趋紧。不过，在西湖风景名胜区管委会党委书记王水法看来，西湖放弃的门票收入，在其他方面得到了补充。王水法说，这几年，西湖旅游景区增加了很多休闲消费场所，旅游景区商业网点服务项目创造了税源，增加了收入。

由于免费开放带来的巨大人流效应，旅游景区内的商业网点租金水涨船高。西湖风景名胜区管委会风景局副局长鲍挺华举例说，花港观鱼免费前一年门票收入为800万元，免费开放后，一年新增200万元的管理维护费用，一来一去就是1000万，但现在光物业出租一年就有2000万，相当于净增加了1000万。

案例2　旅游景区创收怎能杀鸡取卵

2012年五一期间，不少游客亲身领教了全国一些重点旅游景区高价门票的厉害。要想进入5A级旅游景区，不购买100元以上的门票根本进不去；要想跨进一些特别热门的重点旅游景区，不买200元以上的门票更是妄想。这不但让进入旅游景区的游客伤不起，更把一些工薪阶层的游客拦在了旅游景区外面。一些旅游景区到底为什么不愿低票价吸引游客进入呢？

据一家旅游景区工作人员介绍，目前，国内一些重点旅游景区门票消费已占游客在旅游景区消费的80%以上，绝大部分旅游景区停留在门票经济阶段，其原因是多方面的。首先，旅游旅游景区设置高票价是其最直接、最简便、最有效的一种资金收取渠道。其次，这样收费旅游景区管理也省事。旅游景区收完门票基本上就完事大吉，反正游客进入了旅游景区，至于里面旅游环境、旅游服务等到底如何，旅游景区从不担心，因为游客一旦进入旅游景区就不可以再退票出来。这样就造成了旅游景区特别重视门票价格和销售,而忽视服务,并不惜采取多种促销手段。一个公开的秘密就是旅行社导游可以从游客门票中抽取提成。导游给游客购买的门票越多,提成就越多。于是,为了兼顾旅游景区和旅行社导游的利益,旅游景区就会把门票价格定得很高,这样旅游景区门票收入多,导游回扣也多,只是把游客当成了挨宰的冤大头。

案例分析:

利润最大化是大多数旅游景区的主要目标,从案例分析可以看出,利润最大化的实现不仅依靠成本的控制,还需要广开财路,开拓创收渠道。

【任务执行】

1. 任务发布

制订旅游景区年度财务计划。

2. 任务分析

结合案例分析,从成本控制和财务创收两个角度,分析旅游景区利润点,编制旅游景区年度财务计划。

3. 任务实施

(1) 分析旅游景区成本控制点。
(2) 分析旅游景区财务创收渠道。
(3) 编制旅游景区年度财务计划,并形成任务成果书(表8-5)。

表8-5 任务成果书

任务成果书	
实训任务:制订旅游景区年度财务计划	任务性质:小组任务
成果名称:旅游景区年度财务计划	
成果要求: (1)阶段成果:旅游景区成本控制点分析;旅游景区创收点分析 (2)最终成果:旅游景区年度财务计划	
成果形式:年度计划书(A4纸单面打印,标页码)	

【相关知识】

利润最大化是大多数商业旅游景区的主要财务目标。这个目标可以用一个简单的计算公式来概括：

利润最大化 = 增加创收 + 成本控制与降低成本

一、旅游景区财务创收

旅游景区可以通过若干方法来增加收入，主要包括合理定价、扩大客源、增加游客消费及其他渠道获得的收入。

（一）合理定价

旅游景区可以不同的价格来吸引更多的游客，主要表现在以下方面：

1. 制定淡旺季价格

旅游景区在淡季为吸引更多的游客，可以在淡季降低门票价格，并通过各种参与性活动和游乐设施延长游客停留时间，增加游客在商店和餐饮店的"二次消费"。

2. 让利低收入者

向低收入者等人让利，如学生、低收入者、失业者等，其目的是为了扩大客源，否则这些人可能不会前来游览。

3. 打折促销

推出"家庭票""情侣票"等，或者买一送一，有大人陪伴的儿童免票等。

4. 让门票增值

让门票增值，也就是增加门票的"物有所值"。例如，在旅游景区内举办特殊活动或展览，免费停车、赠送茶或咖啡等。

特别是旅游需求弹性达到一定程度时，这些促销方法对旅游景区经营效果明显。另外，关于定价还有一点很重要，那就是旅游景区定价的目的通常不是增加总体游客数量，而是在淡季时刺激需求或针对某一细分市场，如家庭市场，因为他们有"二次消费"的倾向，所以对旅游景区来说很有吸引力。

（二）扩大客源

旅游景区在相对较短的时间内吸引更多客源，可以采用以下几种办法：

1. 增加促销活动

促销活动可促进游客对旅游景区的了解，鼓励他们前来游览。

2. 利用促销手段

例如发放年票、优惠券等，促使游客一年多次来旅游景区参观游览。

3. 举办大型主题活动或节庆活动

举办大型主题或节庆活动可以吸引原本不打算前来旅游景区游览的人，由于活动对他们构成吸引力，他们可能会造访旅游景区，并通过提供优质服务，使其成为旅游景区的回头客。

（三）增加游客消费

一些旅游景区的门票收入占旅游景区总收入的一部分，其他的收入来自于旅游景区内为游客提供的消费。

1. 购物收入

在旅游景区,旅游购物可以成为增加游客消费的一个主要方面。一般来说,围绕旅游景区主题设计的商店比较受游客欢迎,例如,博物馆展品的复制品、画廊的绘画品等。旅游景区的商店也可以出售一些游客通常想买的商品,比如特色食品、工艺品或礼品文具等。商店中的商品,应该适合来自不同细分市场的游客的口味和购买力,如从购买贵重物品的海外旅游者到购买一支铅笔作为纪念的孩子。旅游景区的商店要考虑游客的购买力,而不是仅出售价高或利润高的商品。

2. 餐饮收入

就旅游景区的餐饮店而言,其经营与游客在景区逗留的时间和一天中游客最多的时间密切相关。旅游景区一般需要有一间咖啡厅或餐厅,为游客提供咖啡、早茶和下午茶以及午餐。提供的食品要根据旅游景区客源市场的特点有所选择,既能够吸引旅游景区服务的目标市场,还应该为一些有特殊要求的游客如清真、素食和关注健康的游客提供特别的食品。

旅游景区的餐饮店应该是向顾客提供质量高、价格适当的食品与饮料。一些地处偏僻的旅游景区可能会提高食品的价格,但这种做法是很错误的,因为游客可能自带食品,或提前离开旅游景区寻找吃饭的地方。

另外,大型旅游景区除了设有咖啡厅和餐厅之外,还需要一些销售食品的售货亭和可移动食品售货车,以满足游客的不同需求。

3. 导游服务

一些旅游景区对导游的需求量很大。导游是旅游景区获得旅游收入的一个潜在渠道。

4. 出租场地

目前,一些旅游景区的一种创收渠道是出租旅游景区场地举办活动。

(1)出租场地举办研讨会、会议和展览、展销等。

(2)举办招待活动,例如会议宴会、招待酒会等。

(3)利用旅游景区展示企业新产品,这样可以为产品的图片、视频等宣传资料提供视觉背景,增强其吸引力。

(4)收取电影、电视剧剧组的拍摄费用。

(四)通过其他渠道获得收入

1. 房屋租金

房屋租金收入主要来自租用旅游景区场地的商家,比如商店。租赁者向旅游景区缴纳双方商定的一定数额的租金。

2. 特许经营权与租地营业权

旅游景区有的设施和旅游景区的餐饮店通常以这种方式经营。租地营业的租金不是固定的,因此,旅游景区必须从租赁方得到准确的数字,以保障收取到应收的租金。旅游景区必须对特许经营者和租地营业者进行严格管理。

3. 咨询服务

旅游景区可以提供旅游咨询服务,这种服务在中国相对较少,一个典型的例子是,英国汉普郡比尤利景点的管理层对外提供冒险旅游咨询业务。

4. 财政拨款

财政拨款可能是一次性的,也可能是每年固定拨款,有的是专款专用。

5. 赞助

赞助可以是一般用途的,也可以是专门赞助旅游景区的某一项目。赞助商的目的,有的是为了提高企业或产品的知名度,有的是想在旅游景区的游客中改进自己的形象。

6. 最大限度地运用人力和场地资源

旅游景区的固定成本很高,无论每天的游客数量是 10 名还是 1000 名,旅游景区需要支付的成本都差不多,因此,旅游景区必须尽最大可能使用各种资源,特别是人力和场地资源。

对于很多旅游景区来说,最大的问题是:在游客量较少的淡季,人力和场地资源都得不到充分的利用。因此,管理者面临的挑战就是在旅游淡季如何吸引更多的游客。为达到这一目标通常所采取的办法是举办特殊活动吸引游客。

人们感到惊讶的是,许多旅游景区只在 10~17 时开放,一天中有 17 个小时是闲置的。考虑到旅游景区昂贵的开发和经营成本,现在许多旅游景区开始举办一些晚间活动,或者晚间出租场地举办一些社会活动。

这些举措不仅充分地使用了旅游景区的人力和场地资源,而且还优化了旅游景区的财务资源。比如,特殊活动和晚间开放能大幅度地减少固定成本。

7. 业务组合

成功的旅游景区大都拥有分布合理的业务组合。好的业务组合不过分依赖某一产品,能够通过多样化的产品结构降低风险,最大限度地创造收入并充分利用资源。

通过产品多样化来降低风险,这种做法对旅游景区十分重要,但是形成最大利润的业务组合却很困难。旅游景区管理者必须一方面在旅游旺季将重点放在最有利可图的客源市场上,像组织接待团队游客、家庭游客等;另一方面在旅游淡季尽量吸引特殊的游客,例如学校学生、老年团队等。这需要复杂的营销技巧和精明的价格政策。

8. 赊销控制

旅游景区收入的最大化是通过赊销控制保证尽快获得应收的每一笔钱款,即尽快收到所有类型的游客应付的赊销款项。许多旅游景区要求集体订票付款的最后期限是团体游览这一天,这样就解决了此类游客的付款问题。

同时,旅游景区必须制定有效的追款制度,以应对习惯于事后付款的团体用户以及房屋租用者、特许经营者和租地营业者。

二、旅游景区成本控制

成本控制是旅游景区利润最大化的一个关键部分。

(一) 人员配备上的成本控制

从人员配备的角度讲,成本控制与削减主要包括两个方面:即提高生产力与尽可能减少员工人数。

旅游景区提高生产力可以通过员工"能力多元化"来实现,即培训员工能胜任多种岗位而不仅仅是一种,这样在旅游旺季或人手紧张时可以进行岗位调剂和配置。

景区售票员工可以接受商店或咖啡厅服务的培训,一些员工可以学习掌握一些日常的维修技能。

(二) 管理成本的控制

旅游景区应该采取措施控制和减少一些日常费用支出。

(1) 降低电话费、邮资等通信费用。

(2) 控制水、电、煤气等使用费用,教育员工节约能源的意识。

(3) 出售无用的资产,减轻旅游景区负担。

(4) 租用设备,如租用观光游览电车或旅游巴士等。

(5) 将一些服务项目承包给提供最优惠价格的供应商,包括洗衣、擦玻璃等。

(6) 利用实物赞助为赞助商做宣传,这样赞助商会向旅游景区提供免费或优惠的产品或服务。

(7) 重新安排偿还贷款的时间表。

(8) 在旅游淡季,减少旅游景区开放时间或减少开放旅游景区内的设备。

旅游景区管理者控制与削减成本需要权衡利弊,注意以下几个方面的问题:

(1) 削减成本可能会影响旅游景区提供服务的质量,进而导致游客数量的减少,因为对第一次游览不满意的游客可能不会再次光顾旅游景区,若减少售票处的员工可能会导致游客排长队。

(2) 大多数旅游景区的固定成本相对较高,大大限制了削减成本的范围。无论旅游景区一天的游客是20人还是2000人,员工都要照常上班,游乐设施要照常运转。旅游景区还会受到许多不可控制因素的影响,如天气,这使得控制成本十分困难。

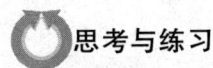 思考与练习

一、简答题
1. 如何降低旅游景区筹资成本？
2. 如何提高旅游景区投资收益？
3. 如何拓宽旅游景区创收渠道？
4. 如何控制和降低旅游景区经营成本？

二、技能实训
将学生分组，分别组织学生实地考察周边的山水旅游景区和人文旅游景区，分别调研各类旅游景区现有的盈利模式和成本控制现状，探索旅游景区实现利润最大化的创收途径和成本控制关键点。

模块九 协调旅游景区社区管理

旅游景区社区管理是旅游景区管理的重要组成部分。研究和实践证明,良好的社区关系可以争取社区公众对旅游景区开发和经营的理解和支持,为旅游景区创造一个稳固的生存环境,是实现旅游景区可持续发展的重要保障。

因工作的需要,旅游景区规划建设处、游客中心、经营部、安全保卫部等部门,一般与当地社区关系紧密,但有的旅游景区在日常经营管理过程中,会与当地社区居民产生摩擦或冲突。为了协调旅游景区和社区关系,实现旅游景区与社区的良性互动发展,本章重点介绍旅游景区社区管理概述、旅游景区社区参与模式和游客与当地居民关系的协调等。

学习目标

1. 知识目标
(1) 了解旅游景区社区管理的相关概念。
(2) 熟悉旅游景区社区管理的内容。
(3) 掌握旅游景区社区参与的模式。
2. 技能目标
(1) 能够运用所学知识,做好旅游景区社区参与的调查研究工作。
(2) 能够运用所学知识,分析和解决旅游景区社区管理中的实际问题。

任务一 了解旅游景区社区管理

【工作情境】

根据市场需求分析,旅游景区拟在旅游景区周边的农田上开发一处现代休闲农庄,项目的开发建设需要占用当地农民的部分耕地和当地的一个沙场。当地居民无法了解旅游景区开发的新项目给社区带来的经济利益,因此对休闲农庄的开发持激烈的反对态度,致使项目规划无法实施。在旅游景区规划建设处顶岗实习的2名同学接到任务,对社区居民进行随机访谈和问卷调查,了解他们对旅游景区开发的意见和建议。

案例讨论

案例1　西山旅游景区建设带动社区致富

昆明西山风景名胜区在自身发展的同时，充分发挥辐射带动作用，积极支持旅游景区周边社区发展建设，带动周边社区走上了发展致富的道路。

此前猫猫箐社区属西山区碧鸡街道办事处，与西山国家风旅游景区为邻，位于旅游景区生态休闲度假片区规划范围内，居民以从事农家乐为主。2011年，西山国家级风景名胜区接管西山区猫猫箐，恰逢西山国家风景旅游区全面提升改造，猫猫箐借力发展，加快打造生态休闲旅游度假区，实现旅游景区与社区一体、产业升级，带动整个西山周边经济发展。与此同时，猫猫箐社区纳入西山国家级风景名胜区后，为西山国家级风景名胜区创建国家5A级旅游景区和打造"西部第一、全国先进、世界一流"也提供了有力支持。

旅游景区充分重视社区管理工作，为此专门成立了社会事务办公室，开展社区民政、教育、森林防火、抗旱救灾、水利建设、旅游开发、社会维稳治安、环境综合整治等各项工作，在解决社区群众实际困难上做了大量实事，赢得了社区群众的支持和信赖。

西山风景名胜区充分利用旅游景区旅游发展优势，培训并吸收社区富余劳动力到旅游景区从事旅游服务工作，充分解决了当地居民就业、生活问题。旅游景区还在各大节日期间积极开展走访慰问活动，关心和帮扶猫猫箐社区的群众生活。

资料来源：昆明日报，2012年3月22日，有改动。

案例2　喀纳斯图瓦村落社区参与旅游

喀纳斯位于新疆阿勒泰地区布尔津县境内，北邻俄哈蒙三国，该旅游景区是国家级自然保护区，国家5A级旅游景区，被纳入国家人与生物圈网络，同时还是我国图瓦人的主要聚居区。图瓦人是20世纪70年代才开始被外界关注的族群，是蒙古族的一部分，被称为蒙古图瓦人，他们集中分布在喀纳斯村、禾木村及白哈巴村。由于地处偏远，图瓦人生活环境相对闭塞，教育水平低，经济来源主要以游牧、狩猎为主。自1997年喀纳斯旅游业迅速崛起以来，喀纳斯村凭借紧邻下游湖口精华景段的区位优势成为该区最早参与旅游的村落，其后，禾木村以优美的自然风光和良好的人居环境，白哈巴村凭借"中国西北边境第一村"的殊荣也开始成为新的旅游目的地。

资料来源：谌莉，杨兆萍，陈学刚，等. 喀纳斯图瓦村落社区参与旅游发展调查[J]. 干旱区地理，2011，(7).

案例分析：

社区是旅游景区生存的基础，社区为旅游景区提供了人力、物力、资源和公共服务，社区关系直接影响到旅游景区的生存环境，同时有特色的社区还可以成为旅游景区重要的吸引物；而旅游景区是社区发展的功能延续，旅游景区的开发增加了社区的功能，丰富了社区居民的生活，改善了他们的生活质量和条件，因此，旅游景区和社区相互依赖，相互影响，处理好社区关系是旅游景区得以发展的必然途径。

【任务执行】

1. 任务发布

小组对访谈的结果进行梳理，并结合上述案例，将社区居民对旅游景区开发的意见和建议进行分类汇总，完成表9-1。

表9-1 社区居民意见和建议统计表

序号	意见	建议
1		
2		
3		
4		
5		
6		
…	…	…

2. 任务分析

小组在对访谈结果进行汇总时，应注意将居民提出的意见和建议进行整理，分析旅游景区开发对社区的影响。

3. 任务实施

(1) 结合案例以小组为单位对访谈结果进行梳理。

(2) 小组根据访谈结果完成表9-1。

(3) 各小组上台展示完成的成果，并形成任务成果书（表9-2）。

表9-2 任务成果书

任务成果书	
实训任务:旅游景区社区调查	任务性质:小组任务
成果名称:旅游景区社区调研报告	
成果要求: (1)阶段成果:旅游景区与社区的互动关系分析及调查问卷设计 (2)最终成果:旅游景区社区参与调查	
成果形式:调查报告(不少于2000字,A4纸双面打印,标页码),附调查问卷	

【相关知识】

一、社区的概念

社区是在地理区域范围内行使社会功能,拥有共同价值体系、具有共同文化特征的群体。对旅游景区来说,社区是指生活在旅游景区或旅游景区周围一定区域内的人群以及与其直接相关的村庄、居民区或街道等系统综合体。

二、旅游景区社区管理

旅游景区社区管理是指旅游景区在当地政府及其职能部门的指导和帮助下,动员和依靠社区各方面的力量,运用经济、行政等手段对旅游景区周边社区内的相关公共事务和公益事业进行规划、组织、指挥、控制和协调的过程,以有利于旅游景区的可持续发展。旅游景区社区管理主体一般包括政府背景的旅游景区管理机构、社区和旅游景区经营企业等。

三、旅游景区开发对社区的影响

(一)经济影响

经济影响是旅游景区开发对社区最直接的影响。旅游景区开发,可以促进当地社会经济的发展,有利于调整产业结构,改善基础设施条件,并增加就业机会,但旅游景区在开发中,需要大量征用、占用耕地、林地和宅基地等,对传统农业生产会造成较大冲击,而现金、耕地、林地的补偿,又无法快速弥补社区居民生活,使社区居民收入不能与旅游景区的发展同步增长。

(二)社会文化影响

旅游景区的开发,会对社区价值观念、生活方式、民风习俗(见图9-1)等方面造成一定的冲击和改变。一方面外来的先进文化可以促进社区居民产生新的世界观、人生观和价值观,使社区居民的精神生活得以丰富和完善,生活质量得以提升;另一方面,由于旅游活动存在着很强的季节性和波动性,社区居民传统的生活方式将受到影响,例如旅游景区工作人员的作息时间、节假日的安排等,不利于维护社区家庭的生活秩序。

图9-1　西江千户苗寨风雨桥来往的居民与游客

(三) 自然环境影响

旅游景区的开发,如果能吸收社区居民积极参与,有助于建立良好的环境保护体系,并促成社区基础设施的建设与改善。但旅游景区往往地处较为偏远的城郊或山区,缺乏符合现实特点的旅游景区规划,加上有些旅游景区经营者一味追求经济效益,忽视游客对自然环境的影响,必将超出旅游景区的环境承载力,带来环境污染等问题。

任务二　理解旅游景区社区参与内容与方式

【工作情境】

在旅游景区经营过程中,半年内多次出现了社区居民欺客宰客、社区居民带领游客"逃票"等现象,旅游景区经营部联合旅游景区规划建设处、游客中心、安全保卫部等共同成立临时小组,各部门都派出了专业优势突出的顶岗实习同学参加,到区域内经营相似的旅游景区进行考察,对这些旅游景区的社区参与情况和参与模式进行学习和总结,并最终形成考察报告。

案例讨论

案例1 婺源村民旅游景区"阻客"

2011年夏季,婺源旅游股份有限公司旗下的李坑、江湾和汪口三个景点相继关闭。景点关闭的直接原因是村民在景点门口阻拦游客进入。为保证游客安全,该公司关闭了旅游景区。旅游景区村民称,由于和县政府及婺源旅游公司关于收入分成的方案不能达成一致协议,他们只能以此来捍卫权利。

婺源在轰轰烈烈发展旅游业、打造"农户+企业"经营模式的过程中,未能恰当处理与农户之间的利益,双方缺乏信任,最终使这里失去了悠闲和宁静。一个月内连关三处景点。

据当地村民介绍,拦截游客、关闭景点在婺源并不是第一次发生。2007年4月14日,李坑村曾拒绝对外接待游客长达15天,直到劳动节前夕才真正开放。主要矛盾是李坑村原住民与婺源旅游开发公司门票分成未能达成一致协议。4年过去了,门票分成的问题迄今没有彻底解决。一方面村民担心旅游公司瞒报门票收入,另一方面旅游公司认为村民眼见的旅游兴旺并非事实。如果不从机制上入手解决旅游景区村民与婺源旅游公司之间的问题,旅游景区关闭之势会蔓延成风。

多年从事古村落保护开发研究的同济大学建筑与城市规划学院教授王云才表示:"古村落的开发与保护本身就是一对矛盾,因为涉及原住居民,因此在开发旅游景点的同时首先要考虑到当地村民的经济利益。"他认为涉及原住民切身利益的"分成费"问题一定要慎重解决,本着公平、公正、公开的原则,而旅游开发公司及村委会公布账目、引进第三方独立审计监管机构都应该是解决这一问题的有益尝试。

资料来源:根据网络资料整理。

案例2 雨崩社区参与模式

雨崩社区位于我国云南省迪庆藏族自治州德钦县梅里雪山脚下,处于世界自然遗产、国家重点风景名胜区"三江并流"核心地带,是典型的藏族村落,全村共有34户人家,168口人。长期以来,雨崩社区村民以农业为主,辅以牧业、林业和采集业,经济发展水平相当低下,生活较为贫困。自开发旅游以来,雨崩社区探索出了能妥善协调与巧妙解决村民参与旅游开发利益分配的不均衡,控制外来投资,同时避免由于无序竞争引起的经济利益过于集中的"轮流制"模式。这一模式对提高民族地区旅游目的地新农村建设意义重大,也为我国其他类似社区参与旅游开发提供了参考和借鉴。

资料来源:中国旅游报,2010年5月17日,有改动。

案例分析:

实践证明,社区参与是实现旅游景区可持续发展的一个重要途径。评判社区参与成功与否的一个重要标准就是对利益的分配是否合理,要协调好政府、旅游景区经营企业和社区三者之间的利益,因此旅游景区经营者必须重视社区参与,并在开发初期就建立适合本旅游景区的社区参与模式。

【任务执行】

1. 任务发布

小组对收集的资料进行分类汇总,梳理旅游景区在哪些方面实现了社区参与,效果如何,并形成最终的调研报告。

2. 任务分析

小组充分收集旅游景区社区参与情况的资料,然后进行分析评价。

3. 任务实施

(1)结合案例以小组为单位,对旅游景区社区参与情况进行资料收集。
(2)小组对收集的资料进行汇总分类。
(3)小组就旅游景区社区参与情况进行分析评价,形成调研报告。
(4)各小组上台展示完成的成果,并形成任务成果书(表9-3)。

表9-3 任务成果书

任务成果书	
实训任务:旅游景区社区参与模式调查	任务性质:小组任务
成果名称:旅游景区社区参与模式调研报告	
成果要求: (1)阶段成果:旅游景区社区参与模式资料的收集整理、汇总 (2)最终成果:旅游景区社区参与模式调研报告	
成果形式:调研报告(不少于2000字,A4纸双面打印,标页码),附调查问卷	

【相关知识】

一、社区参与

社区参与是指社区居民在有助于旅游发展方面积极、主动地参与。社区参与的核心在于赋权和获取收益,即赋予社区居民一定的权利,并使其最终获取相应的收益。

社区参与不仅可以为游客提供更真实的旅游体验,而且可以调动社区居民的参与积极性,保护社区的环境和当地社会文化资源,消除旅游景区开发带来的消极影响,促进旅游景区的可持续发展。

二、社区参与的内容

(一)规划参与

规划参与是指当地居民或居民代表参加由地方政府和旅游行政主管部门组织的由专家主持实施的旅游景区规划过程。如广西龙胜大塘湾旅游景区规划时,相关专家带着研究生进村入户调查当地旅游景区开发资源状况,在访谈、问卷、会议、交流过程中,向当地居民解释旅游景区开发项目的形式、内容、规模、进程、方法和目标,广泛征询当地居民对旅游景区开发规划的各种意见和建议,让居民充分了解旅游景区开发对当地社会、经济、文化和环境可能带来的正面和负面影响,充分发挥当地壮、侗、瑶等少数民族居民在旅游景区开发过程中的作用,听取他们对规划设计图纸的修改意见,取得了很好的规划开发效果。

(二)决策参与

决策参与指的是当地居民参与旅游景区开发过程中的资源调查、土地征用、项目建设、管理制度、利益分配等涉及当地社区群体切身利益的各种计划、决定、行动中,让他们拥有一定的知情权、参与权和决定权,把握地方经济、社会、文化、环境发展的基本状况和大致走向。如贵州肇兴侗寨旅游决策就由最初的政府单独运作,向政府、专家、开发商和社区居民共同参与的模式转变,获得了当地社区的大力支持(见图9-2)。

图9-2 贵州肇兴侗寨歌舞表演

(三) 投入参与

投入参与主要是指当地居民对旅游景区开发过程中工程项目、设施建设等方面进行资金、资本的投入,以期获得经济回报的活动。随着旅游景区旅游活动的开展,当地居民有机会和权利在土地投入、物资供应、家庭旅馆、零售商店、工艺品生产和销售经营等方面投入资金或成本,以获得相应的经济回报,改善生活质量,从而激发社区的活力,提升旅游景区的吸引力。云南丽江古城近年来由于严重忽视当地居民投入参与,过多依赖外来投资者,造成纳西族居民大规模外迁,产生民族文化"空洞化"现象,就是一个反面的例子。

(四) 就业参与

一般说来,居民参与旅游景区开发的资金投入能力有限。他们最看重的是通过旅游就业的方式获得经济收入。随着旅游景区开发规模的不断扩大,就业人数、层面也会不断扩展,旅游景区组织管理部门可以有计划、有步骤地为社区居民提供就业岗位,并给予相应的经济回报,以利于旅游景区各方面关系和谐稳定发展。社区居民就业参与方式一般有自主参与和组织参与两种。自主参与,是指居民自发从事家庭旅馆、商品零售、工艺品加工、物资运输等经营活动;组织参与,是指通过社区居民组织或旅游管理部门提供岗位实现就业,如提供导游、司机、园丁、保安等岗位。

(五) 管理参与

当地居民直接或间接地参与旅游景区开发的组织管理工作,可以是有偿的,也可以是无偿的;可以是有组织的,也可以是个人的。旅游景区管理参与的方式多种多样,如活动安排、秩序维护、质量监督、治安管理、环境整治、投资监控和财务审核等,目的在于体现当地居民的主人翁地位、权利和尊严,发挥他们对旅游景区组织管理工作的积极性和主动性,能够自觉、自愿维护旅游景区的各种规章制度,提高环境、产品、服务等方面质量,协助构建旅游景区和谐发展格局。

(六) 分配参与

旅游景区开发各方利益的收入分配,包括门票、饭店、运输、零售等方面的收成比例。这些收入有的是垄断性的,有的是竞争性的。如政府部门对税收,开发商对门票,旅行社对服务,运输公司对车马费等都可以垄断。为了合情、合理、合法地行使社区居民参与旅游经济利益分配权,一般在旅游景区开发经营初期,就应该通过协商,以各种合同条款形式,确定政府、旅游景区经营企业、社区居民等各利益相关者明确的利益分配比例,避免将来产生不必要的利益纷争。因为当地居民在旅游景区开发活动中既是旅游景区资源的提供者、民俗文化的承载者,又是旅游开发负面影响的承受者,考虑利益分配时应当予以适当照顾,通过分配与再分配等方式弥补其因在资金、能力方面的投入不足而产生的收入缺失,以获得居民对旅游景区开发的积极参与和主动配合。

任务三　协调游客与当地居民关系

【工作情境】

在旅游景区游客中心投诉处理岗位上实习的同学即将下班,又遇到了一起因当地居民和游客打架而引发的投诉,在与游客耐心沟通后,了解到因游客不了解当地风俗习惯,在语言上与当地居民发生冲突,最终上升至打架事件。由于当地居民并不是旅游景区工作人员,旅游景区工作人员感到为难,无法处理;游客却坚持事情发生在旅游景区,旅游景区必须妥善处理。这名实习生逐级上报,最后旅游景区总经理和部门经理赶到现场,对游客赔礼道歉并赔偿。

当地居民与游客发生冲突,当地居民损坏游客停放在路边的车辆,游客践踏农民的庄稼现象时有发生,为建立游客与当地居民和谐共处的长效机制,游客中心决定抽调包括顶岗实习同学在内的骨干力量,走进旅游景区附近的某社区,对居民进行访谈、调研,了解他们对游客的真实态度。

案例讨论

案例1　青海湖旅游景区构建旅游景区与社区共管保护网络

为了加强青海湖国家级自然保护区生物多样性监测、宣传和保护,青海湖旅游景区保护利用管理局通过旅游景区与社区共管模式,构建了县、乡、村三级保护网络,吸收了40余名当地群众为旅游景区协管员,积极营造全社会共同保护野生动物的氛围。

青海湖旅游景区保护利用管理局注重通过发挥群众的参与性增强生态环保力度,积极探索旅游景区与社区协调发展、利益共享的发展路子,通过构建旅游景区与当地政府、企业和社团共管模式,扩大了青海湖的环保工作的辐射面和带动力。共管活动开展以来,协管员在青海湖野生动物集中分布区、候鸟迁飞停歇地、越冬地、繁殖地等重点区域,积极开展野外监测,加强保护管理,强化对乱捕滥猎野生动物行为的防范和监管,并坚持监测信息报告制,使伤残病的鸟类和野生动物得到及时有效的救治,切实有效地防范了候鸟禽流感等重大野生动物疫情的发生和蔓延,维护了青海湖旅游景区生态安全。

青海湖旅游景区保护利用管理局还举办了"青海湖保护区野生动植物保护与监测重点区域协管员培训班",围绕《野生动物保护法》等生态环保政策法规、巡护监测和保护野生动物知识,向参加培训的环湖地区各乡镇、县森林公安局负责人及协管员,进行了深入浅出的讲解,进一步提高了有关方面对宣传保护野生动物重要意义的认识和管护监测水平。

资料来源:青海日报,2009年10月26日。

案例2 钟鼓楼——人气与扰民的困惑

北京钟鼓楼是京城南北中轴线北端的一组古建筑,为全国重点文物保护单位。钟鼓楼东西两面的深街小巷,因胡同游和酒吧休闲游的兴起,显得生机勃勃、情调多多。然而,怎样让富含民俗文化和时尚情调的旅游产品既红红火火又不影响当地居民的正常生活,成为当地管理者、开发者、经营者面前的一道难题。

在南锣鼓巷,记者看到一些胡同体验者毫无顾忌地敲打院落的门环。门开后,主人显得很不耐烦,怒目而视地告诫游人:"这是普通人家,请不要骚扰。"四合院住户向记者提及此事,都是一脸无奈:"想睡个午觉,窗外三轮车夫与游人的大声问答,贸然闯入院落问东问西的外地人,小巷商铺大声讨价还价的交易声,让人心烦意乱。"居民说,这类现象绝非自家独有,不少老四合院住户都说,白天能静下片刻是一种奢望。南锣鼓巷沙井胡同一位居民对记者说:"有些院落不是接待游人的景点,可有的游人一进院就拍照,连晾晒的内衣内裤也不放过。居民的隐私权何在?"

此外,酒吧经营者把音响播放装置放于店外,呈辐射状在夜空弥散开来的摇滚乐或爵士乐侵扰了什刹海畔住户的清眠。酒吧街附近的老住户每到夏夜,常要用棉球把耳朵塞上,否则,半夜杂乱的音响时常惊断他们的美梦。

对此,一方面需要什刹海一带的监管者根据《北京市环境噪声污染防治办法》执法,还百姓一方宁静。另一方面,还需要当地管理部门对经营者晓之以理、动之以情,加大宣教力度。旅游景区管理部门、商会和旅行社,可以采取多项措施引导经营者和消费者守规、守法。旅游景区管理者可以在非四合院接待户门前设置造型美观、规格统一的提示牌。作为导游,有义务在带团进入旅游景区前反复提示。只要大家共同努力,什刹海实现"静美",就指日可待。

资料来源:中国旅游报,2011年8月5日,有改动。

案例分析:

游客大量涌入对当地居民的生活既有积极的正面影响,也有消极的负面影响,这些都影响到了居民对游客的态度,也影响到旅游景区的可持续发展,因此,旅游景区经营者应注意采取合适的措施进行引导,尽可能地扩大正面影响,避免或减少消极影响。

【任务执行】

1. 任务发布

小组对访谈的结果进行梳理,并结合上述案例,分析旅游景区游客大量涌入给当地居民生活带来的变化,然后以小组为单位完成表 9-4(可以补充表中内容)。

表 9-4　旅游景区居民的变化及经营可能采取的措施

序号	变化	旅游景区经营者可能采取的措施
1	经济收入发生变化	
2	生活方式和价值观发生变化	
3	自然资源正在大量消耗	
4	自然环境受到了一定破坏	
5	生活受到了打扰	
6	文化受到了冲击	
…	…	…

2. 任务分析

通过对游客与当地居民的关系进行分析,找到解决二者冲突的有效措施。

3. 任务实施

(1)结合案例以小组为单位对产生的变化进行梳理。
(2)小组分析变化对居民态度的影响。
(3)小组就居民的态度,分析旅游景区经营者可能采取的措施。
(4)各小组上台展示完成的成果,并形成任务成果书(表 9-5)。

表 9-5　任务成果书

任务成果书	
实训任务:旅游景区游客与居民关系调查	任务性质:小组任务
成果名称:旅游景区游客与居民关系管理办法	
成果要求: (1)阶段成果:旅游景区当地居民对游客态度的调查 (2)最终成果:旅游景区游客与居民关系管理办法	
成果形式:制度规定(不少于 2000 字,A4 纸双面打印,标页码)	

【相关知识】

从旅游发展角度看,当地居民与游客是主人与客人的关系。在旅游发展中,由于社会文化背景和经济上的差异,以及旅游发展所带来的各种积极和消极的影响,当地居民与游客之间时常发生冲突,因此,妥善处理当地居民和游客的关系显得尤为重要。

一、影响游客与当地居民关系的因素

(一) 文化背景的差异

旅游的一个重要特征就是异质性。正是旅游地与客源地在文化上的异质性,才吸引了大批的旅游者前往旅游。不同文化背景下游客、当地居民在价值观、思维方式、行为方式上存在较大的差异,这些差异有时往往会导致沟通上的困难,甚至沟通上的误解。

文化背景的差异,通常是生活消费习惯上的差异,有时,这种日常生活上的差异容易引起游客的好奇,甚至短期内的效仿,出现"文化漂移"现象。如果是价值观方面等深层次的差异,则会让一些人无法理解和接受,甚至因此出现一些冲突。文化背景的差异对旅游地而言是不可避免的,尤其是在欠发达的地区,面临的都是经济较为发达地区的游客,这种差异会对当地的文化带来很大影响。当地的文化本身处于不断的变化中,但在外来的强力冲击下,这种变化将更为明显。如果引导得当,会给旅游地文化带来新的活力;如果引导不当,则会给当地文化带来毁灭性的灾难,即文化衰落,旅游地失去吸引力。

(二) 当地居民对游客的态度

当地居民对旅游景区发展的态度直接影响到当地居民对游客的态度。当地居民感到收益大于付出时,他们对游客会持较为友好的态度,反之则相反。所以,当地居民从旅游业发展中获益较多时,就能容忍旅游业发展带来的负面影响。

当地居民的地方荣誉感也影响着对游客的态度。当地居民较强的地方荣誉感有助于提高因旅游发展带来的诸多不便的容忍度。当地居民对旅游发展具有较强的容忍度时,当地居民与游客的关系能更为融洽。所以,在旅游发展中让当地居民参与可以使当地居民具有更强的地方荣誉感,有助于减少当地居民与游客的矛盾,促进他们的关系和谐发展。

此外,发展旅游中应更多地考虑当地居民的眼前利益和长远利益,不能以损害当地居民的利益来谋求一时的发展,否则容易出现居民对游客的敌意行为,或者敲诈勒索等行为。如印度海岸旅游地果阿(Goa),因当地居民不满游客的大量涌入而造成的诸多不便,由工人、学生、军人自发组成的组织向游客散发敌意传单,并演

变成向政府施加压力反对旅游发展的消极行动。

二、游客与当地居民的关系

(一) 文化冲突

旅游地的文化冲突,主要指当地居民与游客之间因文化差异所带来的互相对立和排斥。文化冲突的原因主要在于互相不认可对方的文化或文化因素。

文化冲突对双方都带来一些影响。一方面给游客的旅游活动带来一些不和谐的因素,甚至带来旅游的不安全因素;另一方面,由于社区居民与游客互相不认可对方的文化,甚至出现针锋相对的情况,居民倾向于表现出不友好的态度,甚至出现敲诈、勒索、抢劫等行为,还有可能出现全体当地居民对游客的排斥行为。

文化冲突具体表现在以下两个方面:一是接待地价值观与客源地价值观相互冲突,这是最严重的文化冲突;二是社会规范、日常习惯等方面的冲突。冲突可以是温和的,表现为不认可;也可以是激烈的,表现为明显的言语或行为上的冲突,如谩骂、暴力等。

(二) 文化融合

文化融合是指不同形态的文化或者文化因素之间的相互结合、相互吸引的过程。对游客来说,游客对当地的不同于自身的文化表现出极大的兴趣。从较浅层次来看,部分游客获得了他们极力追求的刺激感;从较深层次来看,游客对旅游地文化认可,进而受到当地文化的影响。

相对于旅游接待地而言,大多数游客都是来自经济较为发达的地区,因而他们更多地表现为对旅游接待地的工艺品、服装等较浅层次的文化的欣赏。表现在具体行为上,他们可能穿戴当地特色服装等招摇过市,但一旦回到居住地,他们又回到自己日常的生活轨道;较深的影响则是当地的价值观、生活习俗等对他们的影响,而且当他们回到自己的生活环境后,他们的思想和行为依然或多或少地表现出一些旅游地文化上的特征。由于游客与当居民的接触时间较短,接触范围较小,较深层次的行为影响的情况较少出现。对当地居民来说,会出现行为上,甚至思想上的转变。旅游业的发展为当地居民接触外来文化创造了机会,尤其对欠发达地区,开发旅游之前,处于相对封闭状态,当地居民的一些思想观念不一定适合现代化发展的需要,但经过游客的示范作用,在发展旅游的过程中,当地居民吸收了外来文化中有利于自身发展的因素,从而促进了当地居民个人的发展,也促进了旅游地的发展,但也有可能过分追求外来文化,而失去了自身文化特色,导致旅游资源特色的丧失。

三、游客与当地居民关系的协调

(一)对当地居民进行引导

1. 对当地居民进行旅游教育,提高对游客的友好程度

(1)对当地居民进行旅游教育,使他们获取有关旅游业更充分的信息,对旅游业有更深的了解,他们将对旅游业持有更积极的态度。因此,旅游景区及其所在地政府应首先对当居民进行旅游教育,使居民对旅游有充分的了解。

(2)对当地居民进行基本素质教育,提高他们的文化素质。教育和培训包括礼貌礼节、本地旅游资源、环境保护等相关知识。培养当地居民的旅游意识,引导他们从全局出发、看问题,为了旅游业的发展而自觉约束、规范自己的行为。

2. 让当地居民参与旅游的决策和管理

当地居民参与旅游发展的决策和日常的管理工作,可以充分代表当地居民的意愿,也是确保当地居民在旅游发展中正当权益的前提,有利于当地居民对旅游发展持积极配合态度,进而对游客持宽容友善的态度。

(二)对游客进行教育

很多旅游地的旅游资源特色就在于当地的传统文化,传统文化能否在旅游发展中获得应有的尊重和认同,直接影响到旅游地传统文化的保护和发展。

1. 引导游客尊重当地的传统文化

在解说系统中提醒游客维护当地文化价值和传统,要求游客在参观、游览、购物、娱乐时尊重当地文化传统和生活习俗。

2. 引导游客认同当地的传统文化

给游客介绍当地社会文化背景和风俗,使游客能够领会当地文化的内涵,从而真正融入到当地社会,和当地居民保持融洽的关系,从根本上避免了文化冲突。

思考与练习

一、填空题

1. 社区是在_____范围内行使社会功能,拥有_____、具有_____的群体。

2. 旅游景区社区管理主体一般包括政府背景的_____、社区和_____等。

二、选择题

1. 对旅游景区来讲,社区参与的意义体现在(　　)。

A. 为游客提供更真实的旅游体验

B. 有利于保护社区环境和当地社会文化资源

C. 消除旅游景区开发带来的消极影响

D. 促进旅游景区的可持续发展

2. 旅游景区开发对社区的影响包括（　　）。

A. 经济影响　　　　B. 社会文化影响　　　　C. 自然环境影响

三、简答题

1. 社区参与的内容包括哪些？

2. 如何协调游客与当地居民的关系？

四、技能实训

请为一家新开业的旅游景区制订一份开园活动日的当地居民培训计划。

模块十　聚焦旅游景区安全管理

旅游景区是旅游活动的主要载体之一，旅游景区游览是旅游活动中的核心内容，但往往也是最容易发生安全事故的时候。旅游景区良好的品牌效应和发展，一定程度上得益于安全、稳定、舒适的游乐环境，游客只有玩得开心、玩得放心，才能产生重游旅游景区的欲望，并向他人进行宣传和推荐，从而为旅游景区带来更多的游客。

在日常旅游景区管理中，一般由安全保卫部负责旅游景区安全经营和安全游览。由于旅游景区所处经营发展阶段不同，组织单位性质、战略目标和经营规模有所差异，有些旅游景区没有设置专门的安全保卫部，旅游景区安全管理的职责一般由运营部或者游客部设置专门的安全服务与管理岗位承担。本模块从安全保卫部的工作职责出发，具体介绍旅游景区的安全管理机构、安全管理制度、安全事故预防及处理、专项项目的安全管理等。

学习目标

1. 知识目标

（1）掌握旅游景区安全管理的任务、原则。

（2）了解旅游景区安全事故的表现形态及旅游景区安全事故类型。

（3）掌握旅游景区安全预警系统、安全控制系统和安全保障系统的具体内容。

（4）掌握旅游景区专项安全管理的具体办法。

2. 技能目标

（1）根据旅游景区特点构建旅游景区安全预警系统、安全控制系统和安全保障系统。

（2）制定相应的旅游景区安全标志系统。

（3）根据旅游景区安全事故表现形态、类型与特点采取针对性的预防及处理办法。

任务一　了解旅游景区安全机制建设

【工作情境】

郑州某职业学院旅游管理专业学生在顶岗实习过程中,2名同学被派往旅游景区安全保卫部。面对安全保卫部严肃的工作环境、规范的工作秩序和现场安全管理,两人现出凝重神色,责任感油然而生。而旅游景区面临的两件安全事故让整个部门的工作节奏更加紧张,安全保卫部负责人向2名实习生提出一项紧急任务——完善旅游景区安全管理制度,防患于未然。

案例讨论

案例1　警示不明了　责任难逃脱

冰洞是旅游景区夏季的最大吸引点,暑期因冰洞慕名来旅游景区游览的游客络绎不绝,游客李某却不慎在旅游景区冰洞内摔断腿,遂与旅游景区就赔偿责任发生纠纷。旅游景区认为自己不应承担责任,因为旅游景区已在冰洞门口安放了一个"小心路滑、注意安全"的警示牌,旅游景区已经尽到了告知义务。李某则称,虽然冰洞确实有一个警示牌,但是牌子太小且放在暗处,一般游客很难注意到,并且这种提示非常概括笼统,并没有明确说明冰洞路面有冰、不宜穿高跟鞋等,所以自己腿部骨折应由旅游景区负责。双方各持己见,互不相让。

资料来源:吴贵明,王瑜.旅游景区安全案例分析[M].上海:上海财经大学出版社,2008.

案例2　导游失职未警示　游客中毒谁负责

夏末秋初是山间野果成熟的季节,在旅游景区游览过程中,旅游景区讲解员告诉游客山上有很多野果可以食用,如果游客愿意,可以随便摘着吃。有一位游客遍尝百果,返回酒店途中开始发高烧,经诊断为食物中毒,幸亏救治及时,否则后果不堪设想。

案例分析:

对于旅游景区的安全事故,能否防患于未然?旅游景区针对频发的安全事故,如何建立一套完整的安全管理机制,是旅游景区管理的一项重要工作。

【任务执行】

1. 任务发布

通过分析上述案例中旅游景区的安全事故,结合旅游景区项目及环境特点,制定旅游景区游客游览安全管理制度。

2. 任务分析

通过对旅游景区安全管理机构、安全预警系统、安全控制和安全保障等系统的学习,进行旅游景区安全管理制度的制定、培训、宣传和执行。

3. 任务实施

(1)确定旅游景区安全管理内容。

(2)明确旅游景区安全管理的预警、控制及保障措施,并形成任务成果书(表10-1)。

表10-1 任务成果书

任务成果书	
实训任务:制定旅游景区游览安全管理制度	任务性质:小组任务
成果名称:旅游景区游览安全管理制度	
成果要求: (1)阶段成果:旅游景区安全管理内容 (2)最终成果:旅游景区游览安全管理制度	
成果形式:管理制度,A4纸(单面打印)	

【相关知识】

旅游景区日常安全管理工作由地方治安管理部门和相关旅游机构共同负责或分别管辖。旅游景区安全管理机构在安全管理制度指导下,采用"以防为主,防控管结合"的旅游景区安全管理机制,主要包括旅游景区安全预警系统、安全控制系统和安全保障系统等。

一、旅游景区安全管理制度

(一)旅游景区安全管理机构

旅游景区安全管理机构包括两个范畴:

一是全员安全管理机构,即旅游景区所有管理机构均承担安全管理的相应职责。旅游景区安全管理制度适用于旅游景区所有管理部门,旅游景区所有管理部门都负有安全管理的责任,全体员工均应在其工作岗位上做好旅游景区安全工作。例如,对游乐设施的例行检查既是质量管理的要求又是安全管理的要求。

二是根据旅游景区具体情况,设立专门性的旅游景区安全管理机构。旅游景区安全管理机构是旅游景区负责安全管理的全职机构,具有旅游景区安全管理的权威性,在旅游景区最高机构指导下贯彻实施有关法规条例,负责整个旅游景区日常安全事故的防范、控制、管理与指导工作。

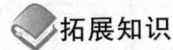

旅游景区安全管理机构设置

根据崔凤军对"旅游景区安全管理"的研究,旅游景区设立安全保卫管理委员会,直属旅游景区最高管理层。安全保卫管理委员会下设安全保卫办公室与安全顾问组,安全保卫办公室(安全管理处)下设教育组、计划与发展组、监察执行组、旅游监察大队(见图10-1),各部门均有各自的职能。

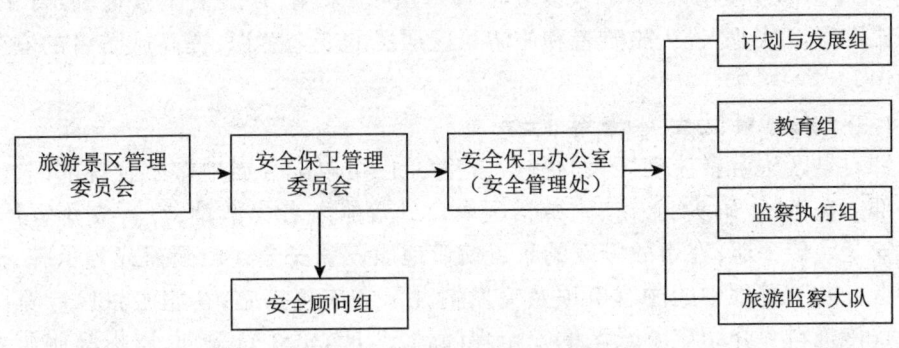

图 10-1 旅游景区安全管理机构

(二)旅游景区安全管理制度

旅游景区安全管理制度是在国家相关法规条例指导下,为保证旅游景区员工和旅游者人身及财产安全所制定的符合旅游景区安全管理实际情况的章程、程序和措施的总称,它是旅游景区员工做好安全工作所必须遵守的规范和准则。旅游景区安全管理制度包括以下四个方面:

1. 安全岗位责任制

安全岗位责任制规定了旅游景区员工在工作岗位上所担负的安全工作范围、

内容、任务和责任,把安全工作的具体任务和责任落实到每个员工身上,以达到全员安全管理的目的。

2. 领导责任制

安全管理实行"谁主管,谁负责"的总原则。领导责任制规定了领导的安全管理具体职责和标准,便于对领导的考核,以及发生重大安全问题时的法律责任。

3. 重要岗位安全责任制

对于容易发生安全问题或重大安全事件的部门,应该作为安全管理的重点部门,加强安全控制与管理,重要岗位要配备专门的安全管理人员,制定重要岗位安全责任制。

4. 经济责任制

按照责、权、利对等原则,将工作成效与员工经济利益挂钩,从而调动全体员工做好安全工作的积极性,保证各项安全制度的贯彻落实。

二、旅游景区安全预警系统

旅游景区安全预警系统由旅游景区信息部门、宣传教育部门、市场营销部门等构成,其主要任务是发布旅游景区安全管理法规、条例,开展安全宣传、教育工作,提高旅游景区从业人员、旅游者和旅游景区居民的安全意识,提高旅游者的安全防范意识。

(一) 旅游景区安全信息发布

针对景区旅游者流动性大的特点,旅游景区可以配合当地旅游管理部门、治安管理部门在车站、码头、旅馆、旅游景区入口处等旅游者集散地,设置安全宣传栏,发放安全宣传手册;在事故频发的景点偏僻地段设置安全宣传橱窗或告示牌,提醒旅游者在游览过程中的注意事项及突发情况下的应急措施;在旅游景区导览图等旅游宣传资料上介绍旅游景区的安全保障情况和游览注意事项,以提高旅游者的安全防范意识和自我保护能力。

(二) 旅游景区安全宣传教育

对旅游景区居民进行深入的普法教育。通过宣传橱窗、广播电视、幻灯片等方式定时定点进行法制宣传教育,提高他们的法制观念和守法意识。对经济较落后的旅游景区内居民开展"旅游脱贫""旅游致富"的宣传教育,加深当地居民对旅游业经济功能的认识,让他们了解旅游景区安全的旅游环境与其切身利益密切相关,自觉维护旅游景区的治安环境。

(三) 控制旅游景区环境容量

在旅游景区旅游旺季到来时,从旅游供求方面着眼,将游客量控制在旅游景区所能承受的范围之内,以减轻旅游景区的环境保护和安全保障压力。

(四)与当地治安管理部门的合作

旅游景区的信息部门、宣传部门应与当地治安管理部门加强安全信息发布的合作,通过制订旅游景区安全信息发布、宣传教育工作计划,明确各自在安全工作中的责任和角色,采取"明确职责、密切配合"的协同工作方式发挥各部门的作用,提高安全预警功能。旅游景区宣传部门重点负责对景区内旅游从业人员进行法制安全教育和职业道德教育,当地治安管理部门负责旅游景区居民的法律常识普及,以及对旅游者安全防范意识的宣传教育工作。

三、旅游景安全控制系统

旅游景区安全控制系统是由旅游景区安全管理队伍及其一系列相应的防控、管理活动组成。

(一)旅游景区安全管理队伍

1. 旅游景区公安机构

建立能满足景区安全管理需要的旅游景区公安分局或旅游景区派出所,由旅游景区公安分局或派出所的警务人员来防控和管理旅游景区的旅游安全。通过建立24小时警务制度,快速准确地解决旅游景区内的投诉或相关问题,更好地维护旅游景区的治安稳定,有效地维护中外游客的安全和合法权益。

2. 旅游景区联合治安执法队伍

对不具备设置公安分局、派出所或远离执法单位、地段偏僻的旅游景区,应建立联合执法组、综合执法队或流动执法小组等联合治安执法队伍,以加强对偏远旅游景区的安全控制与管理。联合治安执法队伍由公安、旅游、工商、物价、质检、环保、卫生等与旅游执法有关的单位抽派人员组成。业务工作由旅游景区附近派出所统一管理,并在附近的派出所挂牌办公。联合治安执法队伍可就地解决和查处旅游投诉等问题。

(二)旅游景区安全防控工作

1. 加强旅游景区经营活动的监督与管理

加强对旅游景区经营业主特别是个体业主的监督与管理,防止和杜绝出现强行兜售商品、欺客宰客等现象。

2. 加强旅游景区的治安管理

设置旅游景区治安管理机构和专业人员,加强旅游景区的治安管理,防止并控制旅游景区内盗窃、酗酒闹事、聚众斗殴、赌博、卖淫、嫖娼、吸毒、传播或观看淫秽物品等违法事件的发生,保证游客人身、财产安全,维护旅游景区的安全环境。

3. 加强旅游活动的安全管理

制订旅游旺季疏导游客的具体方案,有计划、有防范地组织游客进行安全的旅游活动。旅游高峰时,可采取措施限制游客数量。

4. 加强对旅游景区资源及设施的安全管理

对旅游景区内的旅游资源、旅游设施设备进行安全管理,对旅游景区内的住宿安全、饮食安全等进行监督与管理。

四、旅游景区安全保障系统

旅游景区安全保障系统由旅游景区安全管理相关法规条例、旅游景区安全救援机构与部门、旅游景区安全资料档案与旅游保险等组成。

(一)旅游景区的安全法规条例

旅游景区的安全法规条例主要包括国家、地方政府颁布的安全管理法规条例和旅游景区制定的相关制度与规定。各旅游景区要根据国家、地方政府颁布的相关法规条例,制定适合本旅游景区的安全管理制度,并组织实施。由于旅游景区安全管理制度涉及旅游景区资源保护、环境卫生、社会治安、商业经营、接待服务设施、交通等各方面,因此,旅游景区安全管理制度的制定和实施应与旅游景区的文化、环保、公安、旅游、工商、交通、林业等相关部门相互协调统一,并由旅游景区安全管理部门统一实施。

(二)旅游景区安全救援系统

旅游景区应建立具有快速反应能力的安全救援系统。安全救援系统由旅游景区和社区的医院、消防、公安部门组成。为了能对重大的安全事故如旅游景区火灾、交通事故进行有效救援,要建立专门的救援机构或救援小组,配备相关的救援设施设备,制定救援制度,不定期地进行救援演练,以提高安全救援能力。

(三)旅游景区安全资料档案

旅游景区安全资料与档案是旅游景区安全管理的依据和借鉴。应对旅游景区安全事故的类型、发生规律进行研究和总结,形成资料,用于对开展旅游景区安全管理工作的指导。应对旅游景区资源安全、环境安全、卫生安全、食物安全、商业经营安全进行调查与统计汇总。特别要加强设施设备维护和保养资料统计和保管工作,以保证设施设备运行安全。还应对旅游景区内各区域的安全进行调查与统计,以便对旅游景区各区域进行安全布控与管理。

(四)旅游保险

加强旅游保险的宣传与教育,建立和完善旅游者人身、财产保险制度,在旅游景区内实施旅游保险制度。引导和提倡旅游者购买旅游保险,提高安全防范和安全保险的意识。

五、旅游景区安全标志系统

旅游景区安全标志系统由安全标志和消防安全标志两个子系统组成。

(一)旅游景区安全标志

安全标志是用于表达特定安全信息的标志,由图形符号、安全色、几何形状或文字构成。旅游景区按照国家规范的安全标志在游客集散地、主要通道、危险地带等区域设置,目的在于提醒旅游者注意安全。根据GB 2894—1996《中华人民共和国安全标志》(1996年3月14日颁布),安全标志分为禁止标志、警告标志、指令标志和提示标志四种。

1. 禁止标志

禁止标志是禁止人们不安全行为的圆形标志,禁止标志主要有禁止烟火、禁止吸烟、禁止用水灭火、禁止通行、禁止放易燃物、禁带火种、禁止启动、修理时禁止转动、运转时禁止加油、禁止跨越、禁止乘车、禁止攀登、禁止饮用、禁止架梯、禁止入内、禁止停留等16个。

禁止标志的几何图形是带斜杠的圆环,底部为白色,圆环和斜杠为红色,图形符号为黑色。

2. 警告标志

警告标志是提醒人们对周围环境引起注意,以避免可能发生危险的图形标志。警告标志有注意安全、当心火灾、当心爆炸、当心腐蚀、当心有毒、当心触电、当心机械伤人、当心伤手、当心吊物、当心扎脚、当心落物、当心坠落、当心车辆、当心弧光、当心冒顶、当心瓦斯、当心塌方、当心坑洞、当心高辐射、当心裂变物质、当心激光、当心微波、当心滑跌等23个。

警告标志的几何图形是三角形,底部为黄色,三角形边框和图形符号均为黑色。

3. 指令标志

指令标志是提醒人们必须要遵守的一种标志。指令标志有必须戴防护眼镜、必须戴防毒面具、必须戴安全帽、必须戴护耳器、必须戴防护手套等15个。

指令标志的几何图形是圆形,背景为蓝色,图形符号为白色。

4. 提示标志

提示标志是指示目标、方向的安全标志。提示标志的几何图形是长方形,按长短边的比例不同,分为一般提示标志和消防设备提示标志两类。

一般提示标志有太平门、安全通道等;消防提示标志有消防警铃、火警电话、地下消火栓、地上消火栓、消防水带、灭火器、消防水泵接台器7个。

提示标志图形背景为绿色,图形符号及文字为白色。

(二)消防安全标志

消防安全标志是由安全色、边框、以图像为主要特征的图形符号或文字构成的标志,用以表达与消防有关的安全信息。详细资料可查询 GB 13495《消防安全标志》和 GB 15630《消防安全标志设置要求》。

(三)相关的公共信息图形标志标准

GB 2893《安全色》

GB 2894《安全标志》

GB 16179《安全标志使用导则》

GB 13495《消防安全标志》

GB 15630《消防安全标志设置要求》

GB 5768《道路交通标志和标线》

GB/T 10001 2《标志用公共信息图形符号第 2 部分:旅游设施与服务符号》

CJ 115《动物园安全标志》

任务二 掌握旅游景区安全事故预防及处理

【工作情境】

在制定旅游景区游客游览安全管理制度的过程中,2 名在旅游景区安全保卫部顶岗实习的同学发现,要想保证游客游览安全,必须了解旅游景区安全事故类型及形态,才能有针对性地预防和处理旅游景区的安全事故。

案例讨论

案例 1 北京市密云县元宵灯会游客踩踏事件

2004 年 2 月 5 日,正在北京市密云县密虹公园举办的密云县第二届迎春灯展中,因一游人在公园桥上跌到,引起身后游人拥挤,造成踩死、挤伤游人的特大恶性事故。

据悉,从农历正月初十开始举办的密云县第二届迎春灯展,计划举办 10 天,2 月 5 日是第 6 天,平时每日观灯游人约 3000 人,但 5 日这天是农历正月十五,观灯人数增至 3 万多人,造成游人拥挤,最终一人在密虹公园一座桥上跌到,引起身后游人拥挤,从而造成 37 人死亡、15 人受伤的特大恶性安全事故。

案例2　旅游景区遭遇山洪　游客遇难

2003年9月6日上午,10名游客前往秭归县泗溪生态风景旅游区游览,当日下午15时30分,在旅游景区讲解员的引导下,他们抵达泗溪三吊水瀑布下的观景台附近。而此时,与旅游景区接壤的长阳贺家坪镇殷家河流域突降暴雨,致使三吊水瀑布水量骤增,形成山洪,一时间从数十米高的山顶上倾泻而下,瀑布底下水位猛涨约2米,正在瀑布脚下游玩的10名游客被困。仅仅几秒钟时间,11人被水流冲成两部分:站在观景台附近的5名游客,4人被洪水冲走,1人抓住了栏杆幸免于难;另外5名游客和讲解员飞快爬上高地,在躲避洪水中,1人不幸被冲走。经当地群众奋力抢救,施救人员先后从瀑脚下咆哮的洪水中救出5人,另有5人遇难,1人受伤。

资料来源:吴贵明,王瑜.旅游景区安全案例分析[M].上海:上海财经大学出版社,2008.

案例分析:
由于旅游景区地域特征及游览特点,旅游景区成为旅游安全事故的高发地,掌握和发现旅游景区安全事故的主要表现形态及其规律,遵循一定的原则,采取有效措施,针对旅游景区各类安全事故加强专项事故预防、控制和处理,是旅游景区安全管理的重要内容。

【任务执行】

1. 任务发布

结合旅游景区自身特点,总结旅游景区安全事故类型及形态。

2. 任务分析

在上述案例的启示下,结合旅游景区类型及游览特点,从环境、人为、管理等三个角度对旅游景区常见安全事故形态的成因及影响因素进行分析。

3. 任务实施

(1)从环境角度对旅游景区安全事故进行分析。
(2)从人为角度对旅游景区安全事故进行分析。
(3)从管理角度对旅游景区安全事故进行分析。
(4)形成任务成果书(表10-2)。

表 10-2 任务成果书

任务成果书	
实训任务:旅游景区安全事故分类调查	任务性质:小组任务
成果名称:旅游景区安全事故调查报告	
成果要求: (1)阶段成果:旅游景区安全事故类型及安全事故形态分析 (2)最终成果:旅游景区安全事故调查报告	
成果形式:调查报告(不少于3000字,A4纸双面打印,标页码)	

【相关知识】

一、旅游景区安全管理的概念

旅游景区安全管理是指旅游景区为了确保游客、员工和旅游景区的安全,消除安全问题发生的各种潜在因素,确保旅游景区秩序井然,保持良好运营状态而实施的一系列计划、组织、指挥、协调、控制等管理活动。它是保证旅游景区服务质量、提高顾客满意度、维护旅游景区声誉的重要手段。

旅游景区安全管理主要包括:安全机构的设置、安全管理制度的制定、游览场所安全管理、交通安全管理、消防安全管理、特种设备安全和特种游乐活动安全管理、黄金周(节假日)安全管理、大型活动安全管理、安全设施设备管理、保密安全管理、安全事故处理等。表 10-3 为旅游者得知某旅游地不太安全时的出游态度统计表。

特别提示

表 10-3 旅游者得知某旅游地不太安全时的出游态度统计表

态度	取消出行计划	不取消出行计划但加强防备	无所谓照常前往	其他	样本数
人数	178	162	19	2	361
比例(%)	49.3	44.9	5.3	0.6	100

资料来源:郑向敏.旅游安全学[M].北京:中国旅游出版社,2003:281.

二、旅游景区安全事故表现形态

旅游景区安全事故发生的原因、地点、形式多种多样，造成的危害也不相同，这对统计、分析、预防和处理相关安全事件造成了一定的困难。

旅游景区安全事故主要有六种表现形态，即：旅游景区犯罪、自然灾害、旅游设施安全事故、疾病、火灾和其他意外事故。

（一）旅游景区犯罪

旅游景区游览活动是整个旅游过程中的高潮，也是旅游者游兴最高、疏于防范的时候，而且旅游景区地域相对复杂、隐蔽性较强，这为旅游景区犯罪提供了便利条件。旅游景区犯罪大多是指偷窃、抢劫和人身攻击等，主要与游客的财产和人身安全有关。

（二）自然灾害

张进福、黄福才（2009 年）把威胁人类生命、破坏旅游设施的旅游景区自然灾害分为三类，即气象灾害、地质及地貌灾害和其他自然灾害。气象灾害主要包括飓风、台风、气旋和龙卷风、洪水、雪暴、沙暴等；地质及地貌灾害包括地震、火山喷发、海啸、滑坡、岩崩、雪崩、泥石流等；其他自然灾害主要是森林火灾。崔凤军（2001 年）把旅游景区自然灾害划分为水灾与旱灾、气象灾害、地震灾害、泥石流灾害四种。

（三）旅游设施安全事故

旅游设施安全事故是指因旅游景区空中、地面、水面上因游览交通、服务设施等而发生的安全事故。最常见的游览设施安全事故有空中缆车索道事故，游艇、皮筏艇、竹筏等漂流事故，围栏、护栏失控事故等。

（四）疾病

疾病是由于旅游景区特殊的地域环境和自然条件而引发的疾病。我国大部分自然旅游景区因地处偏远山区，自然条件相对恶劣，疾病是这些旅游景区常见安全问题。旅游景区发生的有些疾病危害比较严重，如大范围食物中毒、高海拔旅游景区常见的缺氧和高山反应等，都可能导致旅游者死亡。

（五）火灾

火灾主要指由自然原因引发的旅游景区森林大火，可归为自然灾害一类，但由于火灾事故的严重性、破坏性和特殊性，所以单列出来。消防部门和森林公安部门对旅游景区尤其是旅游景区森林防火都有专门规定。

（六）其他意外事故

其他意外事故主要是指在游览中由其不可控、不可预期的意外因素引起的安全事故。这些不可控、不可预期的安全事故除天灾以外，有不少是可以预防的。如

2001年4月8日华山游客多达6万~7万人,致使西山门的涵洞内发生拥挤踩踏事件,酿成17人死亡的惨剧。对于类似事件,旅游景区完全可以结合游客数量与旅游景区现实条件做出事先判断,并采取一些预防措施。

旅游景区安全事故成因机制分析见图10-2。

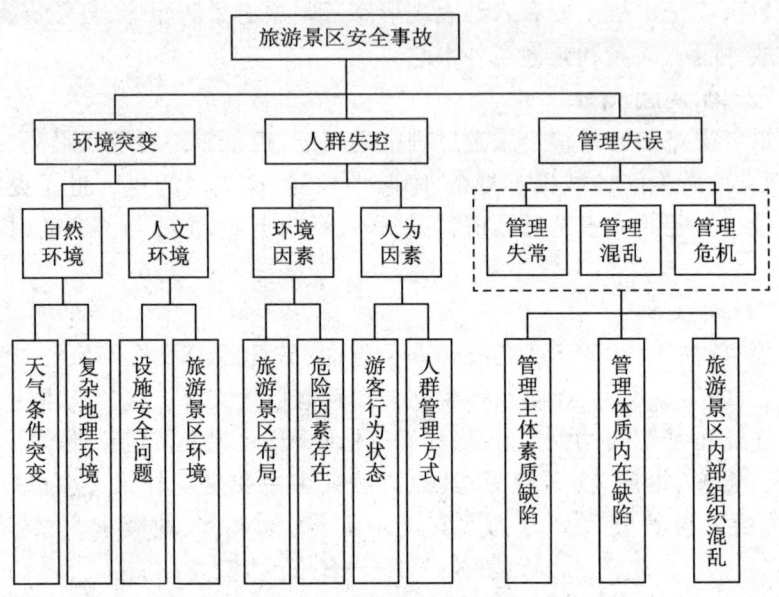

图10-2 旅游景区安全事故成因机制分析

三、旅游景区安全事故类型

(一)自然资源类旅游景区安全事故类型

在自然资源类旅游景区,旅游安全事故的诱因主要为游客个人因素和自然灾害。个人因素主要是游客旅行技能、游客身体及心理素质等。安全事故的发生和种类与旅游产品或游客选择的旅游项目直接相关。安全事故类型主要包括机动机械活动类、自行车活动类、飞行活动类、跳跃活动类、撞击类和水域活动类等(见表10-4)。

表10-4　自然资源类旅游景区旅游安全事故类型

旅游景区类型	旅游活动	安全事故类型	事故列举
地文景观	越野活动、登山、攀岩、山地自行车、滑翔、沙漠探险、洞底探险、滑雪等	机动机械活动类、自行车活动类、飞行活动类、跳跃活动类、撞击类、自然灾害类	外部创伤、机械事故、雪崩、洪水和泥石流等
水域风光	冲浪、滑水、帆板、游泳、潜水、跳水、漂流等	机动机械类、水域活动类、跳跃活动类、自然灾害类	溺水、外部创伤、水生动物伤害等
生物景观	原始森林探险、观鸟、野生动物观赏、草原骑马等	动植物伤害类、花草过敏类、野生水果中毒类	大型动物袭击、花卉过敏、植物对皮肤的伤害、蘑菇中毒等
其他	特殊天象、气候现象观赏，极光、海市蜃楼、动物活动观赏	身体不适（由海拔高度、气候变化或其他原因引起）	高原病、气温伤害等

资料来源：李洪波，郑向敏.目的地旅游安全事故范畴简析[J].北京第二外国语学院学报，2004（1）：86-90.

（二）人文资源类安全事故类型

人文资源类旅游景区多位于人口集中的城镇，有些城镇本身就是旅游目的地或旅游景区，其城市功能的规划、建设都是围绕旅游而进行的。旅游社会环境复杂是这类旅游景区的最大特点之一。这类旅游景区游客与当地人交错，很难区分。旅游活动以观光、购物、饮食、娱乐为主，这种旅游活动比较平和，人与物之间产生的伤害较少，而人为安全事故则占较大比例，具有较强的社会性，主要类型有欺诈、抢劫、盗窃、食物中毒、火灾等（表10-5）。

表10-5　人文资源类旅游景区旅游安全事故类型

旅游景区类型	旅游活动	安全事故类型	事故列举
大型主题公园	刺激性娱乐活动，如海盗船、蹦极、家庭娱乐活动	设施设备事故类、游客健康突变类、盗窃类、游客走失类	停电、摔伤、心脏病发作、儿童走失等
度假区	休闲、疗养、会议、冲浪、潜水、一般性观光	食物中毒类、欺骗、盗窃类、水域设备类、火灾类、恐怖事件类等	酒店食物中毒、游客财务被盗、炸弹爆炸等

续表

旅游景区类型	旅游活动	安全事故类型	事故列举
中心城市	购物、会展、参观（博物馆、植物园、古建筑）等	购物欺骗类、交通事故类、暴力抢劫类、迷路类、盗窃类、食物中毒类、健康突变类、恐怖活动类、火灾类	儿童走失、食物中毒、摔伤、购买到假货等
成熟的旅游中心地	一般性观光、美食、刺激性娱乐活动、节庆活动、家庭度假、疗养、购物	盗窃、暴力、抢劫类、食物中毒类、健康突变类、欺骗类、恐怖活动类、设施设备类、食物类等	撞伤、食物中毒、摔伤、购买到假货等

资料来源：李洪波，郑向敏. 目的地旅游安全事故范畴简析[J]. 北京第二外国语学院学报，2004（1）：86-90.

行业新动态

台湾加强事故多发旅游景区安全防范

大陆游客赴台旅游以来，台湾旅游景区重大安全事故频发：2011年4月阿里山火车翻覆，2010年太鲁阁大峡谷多名游客被落石砸中。台湾不断加强事故多发旅游景区安全防范工作，保证游客平安出行。

镜头1：苏花公路114公里处的紧急电话

苏花公路是台湾省道"壹9线"中的一段，从宜兰县苏澳至花莲县新城，全程70多公里，沿线多为临太平洋悬崖峭壁。2011年10月21日，"鲇鱼"台风造成苏花公路114K路段坍塌，致使26人遇难。

如今，苏花公路共设立20多座紧急电话亭，游客遇险，手机没信号，可紧急打电话求援。据苏花公路防灾设施运管处介绍，苏花公路已设置了70多个闭路电视监视器，工作人员每天上午、下午各巡查一次，把掌握到的路况、气象变化等资讯，及时通过路边电子看板、手机短信等方式告知游客，游客可采取打电话求助、进入紧急停驻站（全路段设了23处）等对策。

镜头2：燕子口，戴安全帽旅游

太鲁阁公园以大峡谷最为奇特，一条立雾溪就像一把利剑，把合欢山深切3000多米，形成了令人惊艳的险峰奇观，但也带来了石块高处坠落的安全隐患。据台"观光局"称，太鲁阁是大陆游客在台湾第三喜爱造访的景点，3年来发生了数起大陆游客被落石击中事件。

如今，太鲁阁公园每天备有1万顶安全帽，要求进入峡谷地带的游客戴上安全帽，并为每个进入园区的游客办理保额300万元新台币的公共意外责任险附加落石险。公园管理处每日派员巡查路段,发现一定程度落石的地段,马上予以封路。

镜头3:阿里山公路66公里处,管制栅门

阿里山公路是台湾省道"台18线"的一段,60多公里长,约2个小时车程。全路段设有12个管制站,每个站设有三道封闭警戒线:第一道警示带,第二道铁丝网,第三道铁制栅门。管理人员根据路况、气象来确定对某路段进行哪种方式的管制。

业内点评:

台湾苏花公路、太鲁阁大峡谷和阿里山公路在频发的安全事故处理之后,针对旅游景区安全事故形态,在事故发生点多措并举,采取安全预防及紧急救援措施,将安全事故发生率降到最低。

四、旅游景区常见安全事故处理

(一)旅游景区火灾事故处理

火灾是旅游景区比较常见,也是危害较大的安全事故之一。

1. 组织灭火

(1)发生火灾的部门或者发现火情的人员或部门应立即向报警中心报警,讲清失火的准确位置、火势大小。

(2)报警中心接到报警后,应立即报告旅游景区总经理或总负责人,并根据总经理或总负责人的指示呼叫消防队并拉响警铃。同时,报警中心应指示总机播放录音,告知火势情况,稳定游客情绪,组织游客撤离现场。

(3)总经理或总负责人及安全部、工程部、消防队、医务等部门应立即组织人员赶赴火灾现场救火。迅速查明起火的准确位置和发生火灾的主要原因,采取有效的灭火措施(图10-3)。

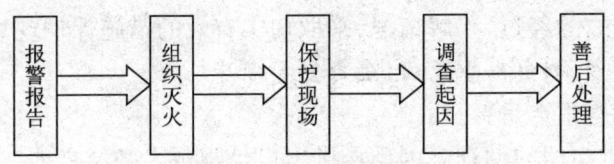

图10-3 旅游景区火灾事故处理流程

2. 保护火灾现场

(1)注意发现和保护起火点。清理残火时,不要轻易拆除和移动物体,尽可能保护燃烧时的状态。

(2)火灾扑灭后,应立即划出警戒区域,设置警卫,禁止无关人员进入,在公安部门同意后进行现场勘查和清理火灾现场。勘察人员进入现场时,不要随意走动。进入重点勘察区域的人员应有所限制。

3. 调查火灾原因

旅游景区火灾发生的原因基本可以分成三类:思想麻痹、违规操作引发的火灾;忽然起火,如自燃、雷击等;人为纵火。了解火灾原因,主要采用调查访问、现场勘查和技术鉴定等方法。

(1)调查访问。主要调查对象包括最先发现火灾的人、报警的人、最后离开起火点的人、熟悉起火点周围情况的人、最先到达起火点的人、火灾受害人等。调查的内容包括火灾发生的准确时间、起火的准确位置、火灾前后现场情况等。

(2)现场勘查。包括火灾周围环境的勘查,对火灾区域或起火建筑物初步勘查,对物证、痕迹的详细勘查和对证人的详细询问等。

(3)技术鉴定。借助科学技术手段,如化学分析试验、电工原理鉴定、物理鉴定和模拟试验等进行技术鉴定。

(二)旅游景区重大盗窃事故处理

旅游景区重大盗窃事故指发生在旅游景区内的游客或企业的大笔现金、贵重物品被盗事件或者旅游景区贵重设施设备被盗事件。旅游景区安全部接到报案,应迅速做出反应与处理(图10-4)。

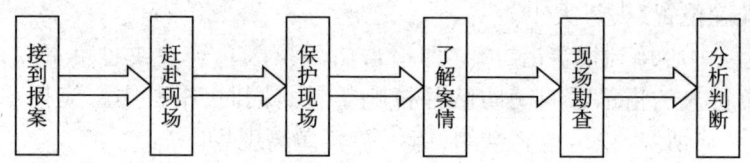

图10-4 旅游景区盗窃事故处理流程

1. 了解情况,保护现场

查明发现事故的经过,了解情况,采取切实有效的措施保护现场。

2. 向警方报案,划定勘查范围,确定勘查顺序

盗窃现场勘查重点是:

第一,现场进出门的勘查。因现场进出口是嫌疑人必经之地。

第二,被盗财物场所勘查。被盗财物场所是嫌疑人活动中心部位,往往会留下犯罪痕迹。

第三,现场周围的勘查。主要是为了发现嫌疑人的作案线路和作案前后停留的场所有无痕迹、有无遗留物及交通工具痕迹等。

3. 分析判断案情,确定嫌疑人

经过勘查分析、调查访问,判断案情,发现嫌疑人。

（三）游客病危或死亡事故处理

旅游景区内游客病危或死亡处理应注意以下三个环节：

1. 游客病危时

当发现游客突然患病，应立即报告旅游景区负责人或值班经理，在领导安排下组织医务人员抢救。在抢救病危游客过程中，必须要有患者家属、领队或亲朋好友在场。

2. 游客死亡时

（1）死亡的确定。已经发现游客在旅游景区内死亡，应立即报告当地公安部门，并通知死者所属的团负责人及死者家属。如属正常死亡，善后处理工作由亲属或工作单位负责；没有亲属或工作单位的，由公安机关会同有关部门共同处理。如属非正常死亡，应保护好现场，由公安机关取证处理。遗体在处理前应妥为保管。

（2）通知死者单位或家属。凡属正常死亡的，在通报公安部门后，由接待或工作单位负责通知家属；如死者无接待单位，由旅游景区或公安部门负责处理。

（3）出具证明。正常死亡，由县级或县级以上医院出具"死亡证明书"。非正常死亡，由公安机关或司法机关法医出具"死亡鉴定书"。

（4）死者遗物的清点和处理。清点死者遗物应有死者随行人员或家属及旅游景区工作人员在场。如死者有遗嘱，应将遗嘱拍照或复制，原件交死者家属或所属单位。

（5）遗体的处理。遗体一般在当地火化。遗体火化前，应由旅行团队领队、死者家属或代表写出"火化申请书"，交旅游景区保存。如死者家属要求将遗体运送回原籍，遗体由医院做防腐处理，由殡仪馆成殓，并发给"装殓证明书"。遗体运送回原籍应有相关证明。

3. 其他注意事项

善后处理结束后，应由景区有关部门写出《死亡善后处理情况报告》，送报主管单位、公安局等相关部门，内容包括死亡原因、抢救措施、诊断结果、善后处理情况等。

对在华死亡的外国人要严格按照《中华人民共和国外交部关于外国人在华死亡后的处理程序》处理。

任务三　熟悉旅游景区专项安全管理

【工作情境】

在市场需求的刺激下，旅游景区今年新开发了儿童乐园和峡谷河段漂流两个项目。暑期的到来，这两个参与性项目人气十足。在旅游景区安全保卫部顶岗实习的2名同学在完成了旅游景区安全事故调查报告之后，也和旅游景区安全保卫人员一起，负责这两个项目的安保工作。针对游乐园、漂流等刺激性、参与性极强的项目中如何保证游客安全,面对特殊旅游项目的专项安全管理实践,2名同学搜集信息,积极应对。

案例讨论

案例1 深圳华侨城"太空迷航"失灵

2010年6月29日下午4时45分,深圳东部华侨城大峡谷的"太空迷航"娱乐项目设备突发故障,致6人死亡、10人受伤。

据介绍,事故发生地点为东部华侨城大峡谷探险乐园,该乐园于2009年五一期间全面开业。在东部华侨城的官网上,这样介绍"太空迷航"娱乐项目:乘坐飞船模拟器,亲身感受火箭发射时的2G重力加速度,24米直径的穹幕逼真再现浩瀚太空奇景,完美实现航天迷的飞天梦想,是中国自主研发全球首个全程模拟太空遨游项目,整个过程都是通过统一的程序控制。

据当时坐在飞船上的游客介绍,事故发生时,首先整个设备似乎停电了,突然停止运行,还传出爆炸声,随后听到有人喊叫,部分船舱好像掉了下来。

2010年9月28日,据深圳市盐田区安监局证实,东部华侨城"6·29"事故原因已基本查明:"太空迷航"设备存在严重的设计缺陷;安装调试期间已发现隐患但未能有效整改;使用过程中维护保养不到位;设备存在局部制造缺陷。

案例2 夏季旅游 漂流事故频发

炎炎夏日是漂流的好季节,备受游客热捧。途牛旅游网无锡分公司有关负责人介绍,进入7月,报名漂流线路的游客人数较上月增长了60%。无锡康辉旅行社相关负责人也表示,7月以来已有800多名游客参加团队漂流活动。

据了解,漂流项目的开发基本操作程序是:政府立项,旅游局审批,海事局负责河道审查等,涉及安监局、质监局、水利局、工商局、卫生局等10多个相关部门监管。"盖章"结束,项目建成,最后归口旅游局管理。

漂流不同于一般的户外旅游或水上运动,应有严格的安全措施。漂流被划归为旅游局分管的项目,体育局对于漂流的运作都未介入,这其中包括对工具、河道及安全员的审核、培训、发证等。截至目前,漂流船的安全系数、河道的安全要求、落差的标准等,国家都没有统一的技术安全规范标准,因此很难定性某个漂流景点是否存在隐患。

资料来源:黄海文,尹丹霞,钱洋洋.玩命漂流,漂流安全隐患重重[EB/OL]. http://travel.sohu.com/20120821/n351142234.shtml.

模块十 | 聚焦旅游景区安全管理

案例分析：

在参与性、体验性市场需求的刺激下，主题娱乐、峡谷漂流、滑雪、滑草等项目深受游客喜爱。新兴旅游体验项目的兴起，亟须国家、地方和行业出台一系列安全管理标准和规范，为游客游乐系紧"安全带"。

【任务执行】

1. 任务发布

网上搜索目前关于游乐园（场）、漂流、滑雪、温泉等新兴项目的国家标准、地方标准、行业规范等。

2. 任务分析

结合旅游景区专项旅游项目实际，分析旅游景区专项旅游项目的设计、建设、经营、服务应遵循哪些安全规范与标准。

3. 任务实施

（1）搜集整理旅游景区专项旅游项目开发建设规范与标准。

（2）搜集整理旅游景区专项旅游项目经营服务规范与标准，并形成任务成果书（表10-6）。

表10-6 任务成果书

任务成果书	
实训任务：漂流安全管理制度的制定	任务性质：小组任务
成果名称：旅游景区漂流安全管理制度	
成果要求： （1）阶段成果：漂流河道安全规范；漂流设施设备安全规范；漂流服务人员安全规范；漂流注意事项 （2）最终成果：旅游景区漂流安全管理制度	
成果形式：旅游景区制度（3000字，A4纸单面打印，标页码）	

【相关知识】

一、游乐园（场）安全管理

游乐园（场）是游览和娱乐的混合体。根据 GB/T 16767—1997《游乐园（场）

安全和服务质量》规定,游乐园(场)是指设有游艺机和游乐设施,开展各项游艺、游乐活动,主要供游客娱乐、健身的场所。该标准明确规定了游乐园(场)的娱乐目的。由于游乐园(场)是安全事故的多发场所,因此,加强游乐园(场)的专项安全管理对已开设游乐园(场)的旅游景区或即将开设的旅游景区具有现实指导意义。

(一)游乐园(场)安全管理标准与法规条例

我国在游乐业的起步阶段就相继制定和发布了《游艺机和游乐设施安全标准》(GB 8408—1997),后于2000年被《游艺机和游乐设施安全(GB 8408—2000)新国家标准代替。原国家技术监督局、建设部、劳动部和国家旅游局、公安部、国家工商行政管理局于1994年4月13日联合发布的《游艺机和游乐设施安全监督管理规定》,对游艺机和游乐设施的设计、生产、销售、采购、安装、验收、运营、管理等各环节的安全监督管理进行规范,并列出了高空、高速和可能危及人身安全的游艺机和游乐设施目录。

1994年10月13日,原国家技术监督局全国工业产品生产许可证办公室发出了关于批准《游艺机产品生产许可证实施细则》及检验单位的通知;中国有色金属工业总公司生产许可证办公室按批准的《游艺机产品生产许可证实施细则》,进行游艺机产品生产许可证的发证工作。发证前的检验工作由国家游艺机质量监督中心承担。

2000年,国家质量监督检验检疫总局相继发布了多项游艺机与游乐设施标准,具体如下:

GB 18158—2000《转马类游艺机通用技术条件》
GB 18159—2000《滑行类游艺机通用技术条件》
GB 18160—2008《陀螺类游艺机通用技术条件》
GB 18161—2008《飞行塔类游艺机通用技术条件》
GB 18162—2008《赛车类游艺机通用技术条件》
GB 18163—2008《自控飞机类游艺机通用技术条件》
GB 18164—2008《观览车类游艺机通用技术条件》
GB 18165—2000《小火车类游艺机通用技术条件》
GB 18166—2001《架空游览车类游艺机通用技术条件》
GB 18167—2000《光电打靶类游艺机通用技术条件》
GB 18169—2008《碰碰车类游艺机通用技术条件》
GB 18170—2008《电池车类游艺机通用技术条件》

(二)游乐园(场)安全管理制度与措施

游乐园(场)安全管理措施具体包括:设立完善高效的安全管理机构,明确各级、各岗位的安全职责;开展经常性的安全培训和安全教育活动;按年、季、月、节假日和旺季开始前定期进行安全检查;建立安全检查工作档案,每次检查要填写检查档案,检查的原始记录由责任人员签字存档。

1. 员工安全

员工是安全管理的重要环节,应加强对员工的安全管理教育和培养,提高员工的安全意识。游乐园(场)应该制定关于员工安全的相关制度,规定员工在工作过程中应严格按照安全服务操作规程作业,无专业技术上岗证的员工不能操作游艺设施。员工应该安全着装,高空或工程作业时必须佩戴安全帽、使用安全绳等,严格照章作业。

2. 游客安全

游客往往是安全事故的直接受害者。薄弱的安全意识是导致安全事故发生的主因之一,因此,在游乐活动开始前,应对游客进行安全知识讲解和安全事项说明,具体指导游客正确使用游乐设施,确保游客掌握游乐活动的安全要领。对于部分对游客有健康要求的游乐活动,应在该项活动入门处以"警告"方式予以公布,并严格禁止不适合该项游乐活动的游客参与。在游乐过程中,应密切注视游客安全状态,随时提醒游客注意安全事项,及时纠正游客不符合安全要求的行为,排除安全隐患。一旦游客发生安全意外事故,应按规定程序采取救援措施,认真、负责地做好善后处理。

3. 设施安全

游乐园(场)设施安全管理应该注意如下事项:各游乐场所、公共区域内均应设置安全通道,时刻保持畅通,各游乐区域除封闭式的外,均应设置安全栅栏;严格按照消防规定设置防火设备,配备专人管理,定期检查;应该设有报警设施,设置报警器和火警电话标志;露天水上游乐园应设置避雷装置;应该有残疾人安全通道和残疾人使用的设施,处理意外事故的急救设施设备。

4. 安全及救援措施

加强游乐园(场)的安全检查,除进行日、周、月、节假日前和旺季开始前的例行检查外,设备设施必须按规定每年全面检修一次,严禁设备带故障运转;每项目运营前的例行安全检查要认真负责,建立安全检查记录制度,没有安全检查人员签字的设施、设备不能投入运行;详细做好安全运行状态记录,严禁超过安全期限的游乐设施、设备载客运转;凡遇有恶劣天气或游艺、游乐设施机械故障时,必须有应急、应变措施,停业时应对外公告;应配备安全保卫人员,维护游乐园(场)游乐秩序,防止治安纠纷发生;游乐园(场)全体员工必须经过火警预演培训和机械险情排除培训,熟练掌握有关紧急处理措施。

(三)游乐园(场)服务设施设备安全管理

1. 服务设施设备的安全控制与管理

(1)游乐设施设备。游艺机、游乐设施、水上游乐设施和水上世界,其购置、安装、使用、管理按 GB 8408 及国家有关部门制定的游艺机、游乐设施安全监督管理规定和水上世界安全卫生管理办法等有关规定执行。使用这些设施设备,应经技术检验部门验收并颁发合格证书。

(2)服务接待设施设备。各种文化娱乐设施设备状态正常、性能良好。场内通风条件良好,有紧急疏散游客的出口通道,并按 GB 2894 设置紧急出口标志。照明条件必须符合 WH 0201 的规定。配备保险箱(柜),设置贵重物品保管处。

(3)医疗急救设施。游乐园(场)应配备专门为游客服务的医务室,位置要合理,标志要明显。医务室应由医务人员值班,为游客进行突发疾病的诊治和救护。医务室应配备常用救护器材,能应付突发事故中伤病员的急救工作。医务室应配备具有医师职称以上资格的医生和训练有素的护理人员。

(4)安全标志。游乐园(场)应在与安全有关的场所和位置设置安全标志。安全标志应在醒目的位置设立,清晰易辨,不应设在可移动的物体上,以免这些物体位置移动后看不见安全标志。各种安全标志应随时检查,发现有变形、破损或变色的,应及时整修或更换。室内项目要有醒目的入、出口标志。

2. 服务设施设备安全管理制度

(1)设施设备的安全检查。游乐园(场)的游艺机和游乐设施每天运营前必须做好安全检查,检查内容按《游乐园(场)的安全和服务质量》标准的相关规定进行。营业前应试机运行,试机运行应该不少于两次,确认一切正常后,才能开机营业。

营业过程中,应该向游客详细介绍游乐规则、游艺机操纵方法及有关注意事项,谢绝不符合游艺机乘坐条件的游客参与游艺活动。应该引导游客正确入座,系好安全带,严禁超员,不偏载。维持游乐、游艺秩序,劝阻游客远离安全栅栏。

开机前应先鸣铃,确认无任何险情时方可开机。游艺机在运行中操作人员严禁擅自离岗。应密切注意游客动态,及时制止个别游客的不安全行为。

营业结束后,游乐园(场)应该做好安全检查,整理、清扫、检查各种游乐设施、附属设备及游乐场地,确保其整齐有序、清洁干净,无安全隐患,同时,应该做好当天游乐设备运转情况记录。

(2)游艺机和游乐设施的维护与保养。游乐园(场)的游艺机和游乐设施应该定期维修、保养,做好安全检查。安全检查可以分为周、月、半年和年检查。

二、游船(艇)安全管理

以湖泊、河流等水文景观为主题的旅游景区,游船(艇)成为游客主要的游览工具,旅游景区游船(艇)安全管理显得尤为重要,但迄今为止,游船(艇)安全管理仍显薄弱。1995年出台的国家标准《内河旅游船星级的划分与评定》(GB/T 15731—1995)虽然规定了游船设施和服务质量的等级,但对旅游船的安全管理并没有做出专门的规定。

(一)游船(艇)安全管理制度与措施

1. 管理机构

对游览区水面必须实行统一管理。对于较大范围的水景游览区,最好能够成立由旅游、公安、航管三个部门联合办公、统一管理的机构,并根据水景的地理条件等,设立相应的管理站(售票口),具体负责辖区内游船(艇)管理。

2. 审批管理

(1)游船(艇)基本条件。旅游景区游船(艇)应经船检部门检验合格,取得适航证书,船上工作人员取得适航证书;涉外游船必须是经航管部门核定的游船,必须配有专职保安和持有导游员证的导游人员;遵守法律法规和交通、公安消防、旅游、卫生防疫等部门的行业规定,防火、防护、安全设施按规定装备齐全,必须配有通信设施,并保持联络畅通。

(2)游船(艇)审批。根据游船(艇)经营者的申请报告书、治安许可证、船民证、船舶水路交通工具营运证、从业人员健康证明等资料,由旅游景区管理上级主管部门统一审批并颁发经营许可证,实行年检。

3. 服务质量要求

旅游景区游船(艇)应该文明经营,守法经营,优质服务;不得以任何理由索要回扣,不得降低服务标准和质量,不得损害游客利益;如实填报"游船(艇)服务质量意见单";主动配合检查和统一调度管理。

4. 安全保障措施

在旅游景区内各景点和水景游览区内尽可能地设立安全监控站或安全监控设施,并加强水上安全管理。对于范围较大的水景游览区,最好能够由航管、公安、渔政三部门组成专门人员24小时昼夜巡逻护卫。

建立水上救助中心,配备集通信、定位、报警功能于一体的全球定位系统(GPS)。水上救助中心应设有总控制室,实行24小时值班制度。装有卫星通信电话的游船(艇)可直接与总控制室联络。此外,还应该为游船(艇)游客投保。

(二)游船(艇)安全运行管理

由旅游景区管委会(管理局)统一负责景区游船(艇)的日常服务质量、安全工作的监督管理,实行"四统一"管理模式和年检制度。

1. 统一接待

由旅游景区游览接待中心统一安排水景游船(艇)的接待工作。

2. 统一售票

无论是旅游团队还是散客,船(艇)票统一由旅游景区游览接待中心出售。

3. 统一调度

旅游景区游览接待中心开具调度单,游船凭调度单出港。没有业务的游船一律在码头待航。有散客业务时接待中心按游船的排队序号调度出港。游船一律不得私自出港,安排任务后不得在码头上拖延时间或拒载。

4. 统一结算

水景游览区的售票处统一门票及价格,所售门票款项统一缴到指定账户集中管理。游览结束后,游船经营者凭调度单和游船(艇)服务质量意见单到结算中心结算。

5. 年检制度

对旅游景区游船(艇)实行年检制度。

(三)游船(艇)违规操作处置

旅游景区游船(艇)经营业主如果出现无故不服从调度、超载、船员不足、证照不齐等违规行为,强行拉客、欺客、揽客等扰乱市场秩序行为,无故导致游客滞留码头,或因损害游客合法权益而被游客投诉等情况,按有关规定给予罚款、停航、直至吊销营业执照等处罚。对因损害游客合法权益而被游客投诉、发生重大安全责任事故的,取消其旅游经营资格。

三、漂流旅游安全管理

漂流旅游是指漂流经营企业组织旅游者在特定水域,利用船只、木筏、竹排、橡皮艇等漂流工具进行的各种旅游活动。漂流旅游因其观赏性或刺激性而受到旅游者的欢迎,但作为一种特种旅游活动,漂流旅游的危险性较高。为了加强漂流旅游安全管理,保障漂流旅游者权益,促进漂流旅游有序发展,国家旅游局颁布了《漂流旅游安全管理暂行办法》,并于1998年5月1日起实施。除贯彻国家安全管理"安全第一 预防为主"总方针和国家旅游局《漂流旅游安全管理暂行办法》的规定外,漂流旅游景区还应从以下方面进行漂流旅游活动的安全事故预防和管理:

(一)漂流水域的选择

(1)漂流旅游活动应当在当地水文部门考察核定的、符合安全标准的水域内进行。

(2)水域的宽度、深度和水文地理情况应适宜组织漂流,航线上不能有导致漂流工具翻覆的漩涡和暗礁。

(3)水域两岸地质情况良好,没有滑坡、崩岸等危及漂流安全的隐患。

(4)漂流经过的地域社会治安和自然安全情况良好,无危害游客安全的野兽出没。

(5)漂流水域内不得留有监视盲区，深水区、危险区至少设置一名安全救生人员。一旦发生影响漂流旅游安全和紧急情况，及时向有关部门报告并迅速组织抢救和疏导。

(6)对容易发生危险的水域部位，应有明显的提醒游客注意安全的警示标志。

(二)漂流旅游经营企业的监管

加强对漂流旅游经营企业的监管是漂流旅游安全管理的重要内容。需规定经营漂流旅游活动的基本条件，对漂流旅游经营企业进行基本的资格筛选。

(1)漂流旅游经营企业必须拥有经生产厂家颁发合格证书的、性能良好安全可靠的漂流工具。

(2)漂流旅游经营企业应制定确保游客生命财产安全的规章制度。

(3)漂流旅游经营企业应该拥有一支经有关部门培训的、责任心强、技术熟练的漂流旅游专职工作人员队伍。

(4)漂流旅游经营企业应制定意外事故处理预案。

(5)漂流旅游经营企业应设立安全服务专门组织，配备精干的安全救护人员和安全救护设施，检查事故隐患，通报安全服务情况，并随时准备组织安全救护活动，处理事故，救治伤员，处理善后工作。

(三)漂流设施和漂流工具的安全

(1)漂流设施和工具应安全可靠，须经有关部门检验，持有载明乘客定额、载重量、适航内容的合格证书。

(2)漂流设施和工具须按规定进行定期检查，严禁使用有事故隐患的漂流设施和工具，严禁使用超过安全期限的漂流设施和工具。

(3)漂流设施和工具应配备足够的安全救生装备。

(4)应有专供漂流设施停靠的码头，码头上必须配备足够的安全救生设备和服务设施。

(四)漂流工作人员的素质要求

(1)漂流工作人员必须责任心强，身体健康。

(2)漂流工作人员必须经过专门的培训，技术熟练，掌握救生知识与技能，并持有培训合格证书和上岗证书。

(3)漂流工作人员必须熟悉漂流操作程序、安全知识和规章制度，并能熟练地使用安全救生设备进行救护活动。

(4)漂流工作人员必须向游客讲解漂流旅游安全知识，介绍漂流工具的安全设施及使用方法，说明漂流旅游过程中的安全注意事项和发生安全事故的救护办法。

（5）漂流工作人员必须按规定拒绝患有精神病、心脏病、高血压、痴呆等病症的游客以及孕妇、老人、小孩和残疾人参加漂流活动，在漂流售票处等地应有醒目告示。

（6）由旅游者自行或参与操作漂流工具进行漂流的，必须由专职工作人员事先将有关注意事项详细告知旅游者，并在易发生事故的危险地段安排专人负责安全监护。

思考与练习

一、填空题

1. 旅游景区安全管理是指为了达到_____的目的，有意识、有计划地对_____中各种安全现象进行_____、_____与_____的总称。

2. 旅游景区安全事故主要有六种表现形态，即：_____、_____、设施安全事故、_____、_____和_____。

3. 旅游景区安全管理机构在安全管理制度指导下，采用_____、_____的旅游景区安全管理机制。

4. 旅游景区安全管理机制主要包括_____和_____。

5. 根据_____规定，游乐园（场）是指设有游艺机和游乐设施，开展各项游艺、游乐活动，主要供游客娱乐、健身的场所。

6. 1995年出台的国家标准_____虽然规定了游船设施和服务质量的等级，但对旅游船的安全管理并没有做出专门的规定。

二、选择题

1. 根据《中华人民共和国安全标志》（GB 2894—1996），安全标志分为（   ）。
   A. 禁止标志   B. 警告标志   C. 指令标志   D. 提示标志

2. 下列安全事故属于自然资源类旅游景区安全事故类型的有（   ）。
   A. 蘑菇中毒   B. 高原病   C. 儿童走失   D. 游客财物被盗

三、简答题

1. 旅游景区安全事故有哪些表现形态？
2. 自然资源类旅游景区安全事故主要包括哪些类型？

四、技能实训

1. 分组调查所在城市人文类旅游景区的旅游安全事故形态，并列表（表10－7）统计各类形态安全事故发生的频率、时间、地点、过程、原因等。

表 10-7 安全事故发生的频率、时间、地点、过程、原因

事故形态	发生频率	发生时间	发生地点	发生过程	发生原因
事故 1	一年内 次				
事故 2	一年内 次				
事故 3	一年内 次				
事故 4	一年内 次				
…	…				

2.列表(表 10-8)统计所调查旅游景区旅游安全标志系统,分析其建设现状,根据旅游景区安全事故发生的内在机制,结合所学内容,提出合理化建议和意见。

表 10-8 旅游景区旅游安全标志系统

标志类型	标志位置	标志内容	几何图形	图形图案	图形符号
禁止标志					
警告标志					
指令标志					
提示标志					

模块十一　重视旅游景区品牌管理

在当今激烈的市场竞争中,品牌塑造已成为旅游景区取得竞争优势的关键。作为吸引游客的重要因素之一,品牌既是某种标志、符号,又是游客在旅游景区游览时的体验和感受。如何塑造旅游景区品牌并对其进行有效的管理,是目前旅游景区营销管理的核心问题。

在旅游景区日常管理中,一般由市场营销处负责旅游景区品牌管理。由于品牌管理的重要性,市场营销处会专门设置专项项目组或专职岗位,进行旅游景区品牌的维护与管理。为了突出旅游景区品牌管理的重要性,本模块重点从旅游景区品牌认知、旅游景区品牌塑造和旅游景区品牌管理三个方面进行介绍。

学习目标

1. 知识目标
(1)了解旅游景区品牌的概念和作用。
(2)掌握旅游景区品牌塑造的概念和内容。
(3)掌握旅游景区品牌管理的内容。
2. 技能目标
(1)能够运用旅游景区品牌塑造的基本知识,制订旅游景区品牌塑造方案。
(2)能够运用所学知识,分析和解决旅游景区品牌管理中的实际问题。

任务一　了解旅游景区品牌

【工作情境】

随着旅游景区开发建设的热潮,资源和产品相似性旅游景区越来越多,由于所处地域的相近性,特别是以地域命名的旅游景区名称越来越相似,就像孪生姐妹难以分辨,造成旅游景区特色不突出、优势不明显、竞争力不足等状况。旅游景区市场营销处经理认为旅游景区品牌管理势在必行,当务之急就是组织人员对旅游景区品牌的资料包括旅游景区标志、旅游景区宣传口号进行收集整理,而市场营销处的顶岗实习生因具有专业优势,也参与了旅游景区品牌资料的收集整理。

案例讨论

案例1　云台山获批筹建"全国知名品牌创建示范区"

国家质检总局对全国22个省、自治区、直辖市的51家园区争创"全国知名品牌创建示范区"的申报材料进行审议,在对园区主导产业在全国的地位、发展基础及成长潜力等因素进行深入的了解和综合研究基础上,正式批准云台山风景名胜区成为筹建"全国知名品牌创建示范区"园区之一。

"全国知名品牌示范区"创建是国家质检总局在全国范围内首次开展的一项试点工作,借此推动自主品牌建设,提升品牌价值和效应,加快发展拥有国际知名品牌和核心竞争力的大型企业。获得示范区称号的地区或园区,除享受地方政府政策外,还将享受国家质检总局在质量管理、技术检测、检验检疫、许可审批、执法打假、标准制定等方面的扶持政策。

近年来,云台山围绕旅游景区景观特色和现代人的审美需求,打出了响亮的"云台山水·峡谷极品"这一主题形象,树立了"打造成为具有国际品质的知名山水旅游景区"的目标,不断优化建设理念,推进低碳旅游景区、绿色旅游景区建设,通过完善各项旅游设施,夯实品牌基础,提升旅游景区管理质量;积极开展各类创建活动,以创建促规范、促提高,不断提升旅游景区的管理档次、服务质量和品牌价值,始终坚持围绕"不让一位游客在云台山受委屈"的服务宗旨,实施精细化服务,丰富品牌内涵。

资料来源:焦作日报,2012年2月22日,有改动。

案例2　八里沟:品牌效应提升规模效益

八里沟作为一个山水旅游景区,最核心的竞争力就是青山绿水。十年来,八里沟的管理者在完善基础设施的同时,坚持可持续发展,保护生态文明,通过提升旅游景区的品牌价值,提高旅游景区的竞争力。

品牌因能带来长期竞争优势,已成为旅游景区抢占市场、赢得顾客的重要法宝。八里沟主要是通过以下几个方面提升旅游景区的品牌价值。

一、提升员工素质,树立旅游"窗口"形象

八里沟在每年的10月至来年的2月,分批派自己的管理与导游人员奔赴北京龙脉温泉进行培训,学习旅游景区管理课程和服务标准化、营销科学等课程,每一位八里沟的管理者都要成为具备专业素质的职业经理人。

二、注重挖掘文化内涵,提升旅游景区品牌价值

为挖掘八里沟文化底蕴,旅游景区恢复道教文化和佛教文化,举办了有影响力的八里沟风筝节,征集出版《八里沟民间故事集》,举办全国"八里沟赞"诗词楹联大奖赛、八里沟开发建设十周年演讲比赛等活动。

三、借力名人效应,提升旅游景区知名度

十年来,八里沟旅游景区吸引了大批的名人名家,如中国书协副主席张改琴、上海书协副主席李静等在旅游景区题字,盛赞八里沟风景如画、秀丽无比,是当之无愧的太行明珠;知名作家刘震云参观八里沟旅游景区之后,由衷地赞叹"八里沟山水秀美"。

四、积极履行社会责任,树立企业良好形象

十年来,八里沟旅游景区积极参与各类社会捐助、公益活动,并为入住旅游景区外的农家宾馆游客办理重复进入旅游景区的免单手续 46 万多人次,仅此项减少收入 2800 余万元。旅游景区对景区内的农户大学生有奖励、对五保户有补贴,还制定了"全民外交"政策,推动村民、工作人员,人人都成为旅游大使,并把村民作为共同体,提升其经营水平,实现了村民共同富裕。

对此,清华大学法学教授、中国社会调查研究会理事刘庆龙认为:"旅游景区的区域品牌是不可移动的,这是旅游景区品牌一个重要的特性。旅游景区品牌的提升和声望的提升,有利于区域经济的发展,区域经济的声望提升,又反过来促进了旅游景区品牌的提升。"

资料来源:河南日报,2013 年 9 月 30 日,有改动。

案例分析:

面对众多旅游景区,游客往往倾向于选择知名度、美誉度高的旅游景区出游,因此,品牌建设在旅游景区竞争中的作用显著,已经成为众多旅游景区提升竞争力的主要手段。旅游景区品牌建设是一个复杂的系统过程,可以从争取政府支持、开发特色旅游产品、提高服务人员的素质、创建知名旅游企业、完善旅游设施、保护良好的生态环境、妥善解决旅游景区当地居民的利益等几个方面进行。

【任务执行】

1. 任务发布

以 6 人为一组,结合上述案例,分组讨论以下问题:
(1)什么是旅游景区的品牌?
(2)旅游景区品牌对旅游景区发展有什么作用?

2. 任务分析

理解旅游景区品牌的内涵,注意同名牌的区别与联系,在此基础上,对旅游景

区品牌的作用进行概括,并对所在旅游景区的品牌建设情况提出自己的看法。

3. 任务实施

(1)各小组阅读案例,用头脑风暴法,每人写出有关旅游景区品牌的三个词语。

(2)根据小组的集体讨论,写出本小组对旅游景区品牌概念的界定。

(3)根据各小组对旅游景区品牌概念的界定,概括旅游景区品牌的作用。

(4)各小组上台展示完成的成果,并形成任务成果书(表11-1)。

表11-1 任务成果书

任务成果书	
实训任务:旅游景区品牌的认知	任务性质:小组任务
成果名称:旅游景区品牌的概念、作用	
成果要求: (1)掌握旅游景区品牌的概念,并能够辨析品牌和名牌的区别 (2)能够概况旅游景区品牌的作用,并进行分析	
成果形式:分析报告(A4纸打印或手写)	

【相关知识】

一、品牌的内涵

(一)品牌的含义

品牌一词来源于古挪威文,意思是"烙印",它表达了一个品牌首位的含义,即怎样让产品在消费者心中留下深刻的印象。美国消费者协会1960年出版的《营销术语词典》把品牌定义为:用以识别一个或一群产品或劳务的名称、术语、象征、记号或设计组合,以与其他竞争者的产品或劳务相区别。

旅游景区作为旅游服务业的重要组成部分,必须树立自己的品牌,才能适应旅游经济作为"知名度经济"和"注意力经济"的发展趋势。很多旅游景区在经营过程中得出的经验是"旅游景区效益 = 品牌 + 制度 + 理财",品牌列首位。

(二)品牌和名牌的区别和联系

品牌和名牌之间既有密切的联系,又有着本质的不同。品牌是一个包括了科学与艺术、商标与名称、包装与视觉、价格与价值、符号与实体、知名度与美誉度、忠诚度与信誉度等有形与无形的综合体;名牌仅仅是品牌的一个侧面,是一个代表高知名度产品的名称。品牌比名牌,具有更深层次的内涵和价值。

品牌和名牌的营造路径也不同。名牌是"轰出来"的,而品牌是精心打造出来的。广告是名牌营造的最有效途径,但是单纯依靠广告造就不了品牌。真正的品牌是有生命力但无生命周期的,它往往会被赋予一种精神上的象征意义,并远远超出它的实体价值。例如,黄山旅游景区推出"黄山松精神"的品牌,这种品牌的意义远远高于单纯的自然风光。

根据市场调查,对传统旅游景区很熟或比较熟悉的人已经超过85%,这就说明我国传统旅游景区的知名度不存在问题,大多已经完成"名牌旅游产品"的积累阶段,下一步应该走向"品牌"阶段了,但是,旅游景区的品牌建设相对于名牌的打造来说,是一个复杂的系统过程,需要长时间的磨砺。我国一些新旅游景区在开业初期通过大量宣传吸引了大批游客,之后却每况愈下,甚至破产关闭,就是忽视品牌建设单纯打造名牌的结果。

二、旅游景区品牌的概念

旅游景区品牌是旅游景区经营者用来代表旅游景区,方便公众辨识并影响其对旅游景区认知的名称、标志或其组合。

旅游景区是品牌名称及标志所代表的对象,是旅游景区品牌存在的根基。对于经营者来说,需要向旅游者提供满意的旅游景区游览体验,实现旅游景区品牌的核心利益。

旅游景区名称、标志或它们的组合是旅游景区品牌的外在表现形式,如"九寨沟"这几个文字或音响符号,贵州西江的"千户苗寨"(参见图11-1)这个名称,哈尔滨太阳岛的"阳光普照下的绿岛"旅游标志等。这些由文字、图案等所构成的名称、标志是旅游景区品牌最直接的物质载体,优秀的旅游景区品牌在载体方面往往表现突出,给人以独特的视觉效果,能够增加品牌的吸引力。

图11-1 国家级文化产业示范基地——西江千户苗寨

旅游景区品牌还包含着旅游景区经营者对旅游景区的表达，如通过广告、促销活动等传播旅游景区的信息，经营者不仅要注意广告及活动本身的旅游景区信息传播效果，同时还要注重广告和活动本身，正确地应用这些文字、图像、声音、行为符号本身来表现品牌。

行业新动态

品牌传播与智慧旅游景区

智慧旅游景区该如何建设？在经历了旅游景区管理、游客服务和旅游营销三个方面的信息化建设阶段之后，智慧旅游景区如何进一步发展？对此美国学者Muniz 和 O'Guinn 的品牌社区理论提供了新的思路。

Muniz 和 O'Guinn 的品牌社区包括了三个基本要素：品牌、品牌的消费群体和品牌社区。首先是构筑一个品牌；其次围绕这个品牌形成了一个消费群体；最后，在品牌的消费人群之间形成社区。品牌社区突破了地域限制，是基于人与人之间社交网络的社区，而不是基于某一特定地域的传统意义上的社区。

旅游景区具有构建品牌社区的基本元素。旅游景区作为吸引游客观光、休闲的地域空间载体，包括了自然景观、人文景观，这些是品牌构建的基础。游客构成了旅游景区消费的基本群体。现代信息技术的发展，可使作为个体的游客通过网络技术形成一个在线群体。这个群体的存在是以对旅游景区的品牌忠诚为基础的。根据 Muniz 和 O'Guinn 的品牌社区理论，智慧旅游景区可以设计为一个以旅游景区品牌文化建设为核心，以由游客与旅游景区、游客之间形成的社交关系为基础的品牌社区。

智慧旅游景区的建设可以分为三个层次：旅游景区品牌建构、品牌传播和游客社区建设。旅游景区品牌的载体是旅游景区所拥有的产品和服务。目前，智慧旅游景区建设一方面以信息化手段促进旅游景区产品和服务的质量提升，另一方面还包括基于互联网的新媒体传播。运用新媒体传播，旅游景区需要提炼符合自身特色的互联网标识，利用互联网传播速度快、范围广、效率高的特点，塑造旅游景区品牌。智慧旅游景区品牌传播的目的是吸引公众来旅游景区游览，增加已游旅游景区游客的荣耀感。

游客社区的建设可以选择不同的侧重点，如可围绕旅游景区游客、旅游景区潜在的游客群体等建设线上交流平台。旅游景区品牌社区的目标是培养旅游景区核心消费群体，吸引他们到旅游景区多次消费。通过这些核心消费者，吸引更多的目标游客和潜在游客来旅游景区。智慧旅游景区建设可理解为品牌社区的构建。这种智慧旅游景区的建设不仅包括旅游景区管理、游客服务和旅游营销的信息化提升,还包括以游客和潜在游客为基础,以旅游景区品牌为向心力,通过互联网、移动互联网等现代通信技术形成开放性网络社区,分享旅游景区承载和传递的文化。

目前,业界对智慧旅游景区的认识大多停留在品牌构建层次上,在智慧旅游景区建设中往往有意无意地忽视了文化的建设。智慧旅游景区建设的本质是以品牌为核心的旅游景区文化构建,通过传播、文化和 IT 新技术的融合,体现旅游景区的文化价值。

资料来源:中国旅游报,2013 年 6 月 26 日。

业内点评:

旅游景区的品牌建设是一个系统建设,旅游景区不仅要考虑品牌的有形展示,还要注重旅游景区品牌的无形传播,而信息化技术为旅游景区品牌建设和品牌传播提供了一个与市场沟通的良好平台。

三、旅游景区品牌的作用

(一)规范旅游景区开发

可持续发展是保持品牌竞争力的源泉,为了保持品牌竞争力,旅游景区的开发要规范,注重充分挖掘和体现文化内涵,并合理利用和有效配置旅游景区资源,从而实现旅游景区的可持续发展。

(二)巩固旅游景区形象

旅游品牌是旅游企业向旅游者长期提供的一组具有特色的特定服务标志。良好的旅游景区品牌通常代表了旅游景区产品的特色和旅游景区本身的企业形象,帮助旅游景区把自己的产品和竞争者的产品区别开来,通过强势的企业形象,锁定目标市场。

(三)增加旅游景区利润

品牌的价值在于扩大产品知名度和提高产品的附加价值,良好的品牌能产生不可估量的无形价值和广泛的社会效益。旅游景区品牌的建立,在增强对消费者的吸引力度和扩大旅游产品的销售方面都能起到促进作用,从而增加旅游景区利润。

(四)强化旅游景区营销战略

实施品牌经营不仅是为旅游景区设计一组成功的符号,还需要一系列系统的、科学的经营和运作,通过旅游景区经营的战略决策,全方位、分层次地实现经营目标,结合实际的市场竞争,把展现企业经营特色和实力的品牌成功地推向市场,有效地推动旅游景区的营销方针的实施和促销活动的顺利开展。

(五) 改善周边环境

一个知名旅游景区往往能带动周边环境的良性发展,如增加当地的旅游收入,提高当地居民的就业率,促进当地环境设施的改善。通过旅游者的流动,形成文化的交流,丰富当地文化生活,以及由此带来延伸效应,等等。

任务二　理解旅游景区品牌塑造

【工作情境】

通过对旅游景区品牌相关资料的收集整理,旅游景区市场营销处经理发现旅游景区品牌经营现状堪忧,趁旅游淡季应进行旅游景区品牌全方位塑造,突出旅游景区市场竞争优势。为了提升市场营销处全体员工的品牌意识,市场营销处经理向上级申请临时增加了为期半个月的旅游景区品牌经营培训,培训课堂上培训讲师请大家以小组为单位搜集旅游景区品牌塑造的措施,然后结合以下案例进行讨论。

案例讨论

案例1　蓬莱阁旅游景区旅游品牌的建设

旅游景区品牌塑造是当今旅游景区增强核心竞争力的主要手段,也是旅游景区拓展市场的有力武器。山东蓬莱阁旅游景区建设精品品牌的探索实践表明,对于旅游品牌而言,优异的资源是品牌的根基;深厚的文化是品牌的灵魂;完善的服务是品牌的支柱;科学的管理是品牌的保障;良好的形象是品牌的门面;卓越的效益是品牌的目的。

一、重新剖析梳理旅游景区的市场发展环境

作为蓬莱旅游的龙头企业,多年来,蓬莱阁旅游景区凭借"人间仙境"这块金字招牌,跻身全国主流旅游景区行列,为蓬莱阁全面实施品牌精品化战略奠定了良好基础。针对西方国家游客的文化背景,蓬莱阁旅游景区将自身定位为"古老的东方神话城",并与古希腊神话对比阐述神仙文化精髓,海外客源市场逐渐打开。

二、科学解析旅游景区资源优势

经过重新总结提炼后,旅游景区将蓬莱阁的资源优势重新归结为十点:一方仙土、神龙分二海、三大奇观、四大名楼、精武(五)英雄、六大建筑、七大海岸、八仙过海、神州九大观日处、十大盛景。

三、完善经营品牌运作网络

旅游景区有针对性地列出旅游专项资金,细分市场,采取定向突破、整体包装、多措并举的方式来创建蓬莱阁旅游景区旅游营销体系。蓬莱阁旅游景区还与黄鹤楼、岳阳楼、滕王阁等建立了"中华名楼"战略联盟,联袂打造"中华名楼"品牌。省内与长岛、龙口联合打造"环黄渤海旅游区域板块旅游金三角",推出了"仙境之旅"旅游品牌。与威海刘公岛共同建立半岛经典旅游景区联盟,整合半岛资源优势,形成半岛海滨旅游强势品牌,打造中国海滨旅游第一品牌。国际上则与英国格拉姆斯城堡缔结为友好旅游景区,与韩国国立海洋遗物展示馆签订了"海洋文化遗产共同研究"中韩国际交流协议书及实施细则等。

资料来源:中国旅游报,2010年11月8日,有改动。

案例2　基于标准化的石林旅游景区品牌化发展战略

云南石林风景名胜区作为云南旅游业的龙头和标杆,先后荣获了世界地质公园、世界自然遗产地、国家4A级旅游景区、全国文明风景旅游区等殊荣。为确保石林旅游转型升级的全面实施,石林风景名胜区管理局对旅游景区标准进行收集整理和归纳,建立健全旅游景区旅游标准体系,以提升旅游景区服务质量和产品竞争力,实现旅游景区品牌化发展。

一、探索实践,确立科学系统的发展思路

旅游景区根据石林的发展实践,确立了展示民族风情、加强资源保护、强化宣传营销、创新体制机制、提升游览功能的发展思路,实施老旅游景区改造、旅游重点项目建设、旅游与文化融合、生态环境、旅游人才五项工程的工作措施。

二、科学管理,建立务实创新的管理模式

2002年,石林旅游景区导入ISO 9001标准、14001标准、OHSAS 18001国家标准,建立了旅游景区质量、环境、职业健康安全管理标准体系(简称"三标一体"),规范和提升旅游景区质量、环境、职业健康安全管理,促进旅游景区品牌化发展。2003年,石林旅游景区成为全国首家通过质量、环境、职业健康三标认证的旅游景区。

三、贯彻标准,提升旅游景区旅游品质

《标志用公共信息图形符号》《旅游区(点)质量等级的划分与评定》《旅游规划通则》《旅游厕所等级划分与评定》等旅游景区标准发布后,石林旅游景区严格按标准要求,提高旅游景区软件建设。

四、建立旅游标准体系,实施标准化发展战略

2010年,作为全国首批67个旅游标准化试点企业之一,石林景区成立了旅游标准化管理领导小组和旅游标准化管理办公室,并制订了旅游景区旅游标准化试点实施方案,按方案开展旅游景区旅游标准体系的建立和实施工作。

石林旅游景区通过推进旅游标准体系建设,提升了旅游景区管理水平,强化了

旅游景区品牌价值和市场竞争力,为游客提供了更安全、更规范、更优质、更人性化的服务。

资料来源:中国旅游报,2011年5月23日,有改动。

案例分析:

旅游景区品牌首先应进行旅游景区塑造,只有通过旅游景区塑造确立了旅游景区品牌的核心价值,才能围绕旅游景区品牌的核心价值对旅游景区品牌符号化,并进行旅游景区品牌的有效传播。

【任务执行】

1. 任务发布

以6人为一组,结合上述案例,分组讨论以下问题:

(1)旅游景区品牌塑造对旅游景区发展有什么作用?

(2)旅游景区品牌塑造主要有哪几个方面?

2. 任务分析

在对旅游景区品牌塑造充分理解的基础上,制定旅游景区品牌塑造的措施,并对不完善的地方提出改进意见。

3. 任务实施

(1)各小组阅读案例,用头脑风暴法,每人写出有关旅游景区品牌塑造的三个词语。

(2)根据小组的集体讨论,写出本小组对旅游景区品牌塑造概念的界定。

(3)对本旅游景区品牌塑造现状进行调研。

(4)各小组上台展示完成的成果,并形成任务成果书(表11-2)。

表11-2 任务成果书

任务成果书	
实训任务:旅游景区品牌塑造	任务性质:小组任务
成果名称:旅游景区品牌塑造调研报告	
成果要求: (1)给出旅游景区品牌塑造的概念 (2)针对实习旅游景区品牌塑造现状进行调研	
成果形式:调研报告(不少于2000字,A4纸打印或手写)	

【相关知识】

一、旅游景区品牌塑造的内涵

旅游景区品牌塑造是通过展现旅游景区品牌的独特风格和个性,向游客传递独到的体验信息并获得认同,为旅游景区带来知名度、美誉度,以形成旅游景区持久的吸引力和竞争力。

旅游景区品牌塑造的目的是为了让目标游客群体知晓旅游景区,并在这个群体中树立独特的品牌形象,从而引导、吸引游客,实现旅游景区的长远发展与繁荣。

二、旅游景区品牌塑造的内容

旅游景区品牌塑造包含了两个方面的内容,第一是旅游景区塑造,第二是旅游景区符号化。旅游景区符号化则又包括了设计旅游景区名称和标志,经营者对旅游景区进行表达并且将"表达"与旅游景区名称及标志紧密联系起来,还包括旅游景区品牌的传播。旅游景区塑造的目的在于构建和传递旅游景区品牌的核心价值;旅游景区符号化在于利用各种符号来改变公众对旅游景区的认知,不仅要表现和突出旅游景区特色,更重要的在于特色为旅游者所体验,此外,还应当注重旅游景区品牌传播,它连接着品牌构建和品牌实现两个环节,起着承上启下的重大作用。

旅游景区品牌塑造必须以旅游景区塑造为前提,通过旅游景区的建设与管理,凸显旅游景区特色和提高游客的体验满意度,提高品牌的知名度和美誉度,实现旅游景区品牌的核心价值。目前在我国旅游景区品牌建设实践中,一些经营者照搬一般产品品牌的塑造模式,把旅游景区品牌建设的重点放在宣传、促销环节,忽视了对旅游景区自身的建设与管理,花费巨大却达不到预期的效果,因此要超越旅游景区建设和管理本身来进行品牌建设是不切实际的。

三、旅游景区品牌塑造的策略

(一)突出旅游景区特色

经营者应当充分展示旅游景区的特色,同时,必须注意使旅游景区的特色能够为游客所感知,将旅游景区特色转化为一种实实在在的独特的利益和体验呈现给游客。

资源级别较高的旅游景区,其特色主要来自于景观资源的独特性,品牌塑造的关键在于"突出"和"彰显"。如峨眉山的特色在其秀,但要使这一特色为游客所感知,要将"山之秀"转化为游客对"秀"的体验,经营者则需采取相应的措施彰显特色,表现旅游景区概念,如通过突出标志性景观、设立观景台、建立解译系统、设计和策划建筑小品等以烘托气氛等方式来突出景观的秀美,使游客能充分领略景观的特色并由此产生悦耳悦目、悦情悦意、悦神悦志的感官及精神愉悦。

不具备较突出资源优势的旅游景区,品牌塑造的关键在于"创造"特色。一是对资源进行深度挖掘,结合市场需求,在功能上拓展,形成独特的卖点;二是通过在服务系统中注入地方性元素形成旅游景区特色,将辅助体验转化为高峰体验。如位于重庆永川地区的茶山竹海国家森林公园,论历史文化比不过重庆大足石刻,论规模比不过重庆江津四面山,论名气声望比不过蜀南竹海。茶山竹海的自然条件决定了旅游景区在自然景观上缺乏独特的吸引力,也就是说想单纯地以"山"和"海"的诉求点打动游客是困难的,茶山竹海的诉求点须围绕"山"和"海"的内容、围绕消费者的感受做文章,可以将"闲"确立为旅游景区概念,突出茶山竹海是"让人放松、休闲"的地方,并通过资源整合来表现这一旅游景区概念。

(二)关注游客体验

1. 保护旅游景区特有的氛围

旅游景区经营者首先应当保护旅游景区特有的氛围,同时,通过加强对旅游景区内"人"(游客、服务人员及社区居民)的管理和"物"(人工建筑、服务设施、建筑小品、道路、绿化)的管理,来烘托和强化旅游景区独特的氛围,突出旅游景区特色。如山东曲阜"三孔"顺神道北行,古式围墙封闭的纵向狭窄空间以及苍劲古朴的侧柏树引出了历史氛围,营造了肃穆、神秘的气氛,使游人脱离了"尘世"进入了意境。

2. 合理设计游览线路

线路的设计应注意展示旅游景区特色和文化内涵,体现人文关怀。以泰山旅游景区为例,泰山旅游景区的一大特色是泰山文化与泰城、山岳空间的相互依存和密不可分。由泰城自北向南至岱顶,在大空间结构下,逐次展开地狱、人间和天上三层空间,形成中华五千年山岳文化的集中体现,这也是泰山作为一个国际知名旅游景区的魅力所在。要想体味其中奥妙,必须遵循其空间规律。再比如在景点之间设置一些简易的休憩设施和购物摊点,既满足游客休息、餐饮需求,增添购物乐趣,又可为旅游景区带来收入。

3. 调控游客的心理承载力

旅游景区不可避免地会存在超载现象,特别是在旅游黄金周期间,热点旅游景区超载现象尤为突出,这不仅会影响旅游景区的长远发展,也会影响游客的体验质量。为此,旅游景区一方面要通过营销手段控制旅游景区容量,另外,在超载情况下可通过调控游客的心理承载力来维持游客体验水准,合理引导游客、缩短游客心理等待时间等。

4. 恰当处理投诉

游客在旅游景区游览中难免会碰到这样或那样的问题,这些问题可能来自于他们自身,如身体或情绪状况欠佳、游览准备不充分等,也可能是由旅游景区管理中的疏漏所造成的,如游客拥挤造成的不便、设施陈旧、服务人员态度欠妥等,这些问题的出现都会导致游客体验质量的下降,引发其不满和投诉。旅游景区工作人员应消除抵触心理,以积极的态度看待游客的不满和投诉,及时有效地处理游客的投诉,消除其不满情绪,并利用游客投诉改进旅游景区管理和服务质量。

(三)科学设计旅游景区名称和标志

首先,旅游景区名称和标志应当能够真正代表旅游景区;其次,旅游景区名称和标志应当是独特的,而这种独特性应当来自于旅游景区的独特性。旅游景区是一个美景荟萃的地方,代表旅游景区的名称和标志本身也应是美的,以美的形式来承载美的内容和意味。相对于复杂的图案、文字,简洁的图案和文字往往因为一目了然、重点突出而更具视觉冲击力,更易被受众识别和记忆。

1. 挖掘旅游景区的特色元素

首先应当分析旅游景区的地脉、文脉,把握旅游景区的个性特点与文化内涵,找出最能代表旅游景区特色的个性元素作为设计的主题或基础,这样,设计出的标志才能反映旅游景区的特色和地方性。对去过旅游景区的游客来说,标志图案能唤起其有关旅游景区的记忆;对潜在游客来说,标志图案能引发其想象和期待。

2. 把握旅游景区特有的氛围或意境

在品牌标识设计时应准确把握旅游景区独特的氛围和意境,通过合理、恰当地选择、应用符号元素,使标志图案在"情感"格调上与旅游景区的氛围或意境协调一致,这样容易引发公众关于旅游景区的联想并建立相应的体验期望。比如,山西的平遥使游客感觉到北方古镇的纯朴与坚韧,而云南的丽江古镇则充满南方山清水秀、悠闲清丽的韵味。

3. 正确利用符号元素

组成旅游景区品牌标志的符号元素主要有文字、色彩、图形符号等,标志图案所带给受众的心理感受应与旅游景区给予游客的总体感受协调一致。比如青海湖的旅游标志是由湛蓝的天空、白色的雪山、碧蓝的湖泊、金色的草地、高飞的天鹅组成。其中蓝色和白色既反映了该地自然特色元素雪山和湖水,又给人清新、自然的感觉,使人联想到未受污染的优美的生态环境。金黄色是青海湖在油菜花开季节时的特有色彩,这一色彩的运用表现了青海湖独特的季节性景观,热烈、绚烂。三种色彩搭配既反映了青海湖的自然地理特点,又展示了其绚丽的自然风光,宁静中不乏蓬勃向上的生机和活力。

(四)注重旅游景区品牌名称及标志的保护

旅游景区品牌标志代表着旅游景区,是旅游景区产品、服务及信誉的载体,必须加以保护,否则旅游景区品牌标志被不法企业和个人抢注,会给旅游景区造成名誉损失和经济损失。例如,四川著名旅游景区"九寨沟"被抢注者标价120万元,以"香格里拉"为名的商标转让开价200万元。

品牌标志只有经国家工商总局商标局注册后才能成为注册商标,受到法律保护,有效阻止他人擅自使用,才能真正成为旅游景区的无形资产,因此,注册商标是保护旅游景区旅游资源和品牌的唯一途径。

(五) 精心打造旅游景区形象口号

旅游景区形象口号是旅游景区形象核心理念的精辟表达,是旅游景区品牌重要的视觉、听觉识别要素,要求简洁有力,便于公众识别和记忆。鲜明而富有个性的形象口号能够清晰地传达旅游景区品牌概念,激发受众的想象和向往之情,促使其产生旅游动机。优秀的旅游景区形象口号应是形式和内容的高度统一,既朗朗上口便于记忆,又能反映旅游景区特色,激发起旅游者的向往之情。如黄龙的"人间瑶池",九寨沟的"童话世界,人间天堂",婺源江湾旅游景区的"中国最美的乡村"。

(六) 有效进行旅游景区品牌传播

旅游景区品牌传播是指旅游景区以品牌核心价值为中心,通过各种有效的传播手段,例如广告、商业推广、公共关系等将品牌信息传递给目标受众,以提高旅游景区品牌知名度、美誉度和顾客忠诚度,从而实现旅游景区品牌价值增值的目的。

旅游景区品牌传播是旅游景区品牌塑造的重要环节,它连接着品牌构建和品牌实现两个环节,起着承上启下的重大作用。

旅游景区品牌可通过内部传播渠道和外部传播渠道进行传播。内部传播渠道比如门票、游客中心、标志牌、旅游景区游览指南、宣传促销手册、旅游纪念品、导游等。外部传播渠道分为两大类:一是媒体,即通过各种媒体进行旅游景区品牌传播;二是活动,即通过组织各种活动进行旅游景区品牌传播。

任务三 掌握旅游景区品牌管理

【工作情境】

在旅游景区品牌经营培训过程中,市场营销处全体员工集思广益,对旅游景区品牌系列进行了全新的塑造,并形成一套完整的品牌塑造方案提交给培训讲师,培训讲师立即组织旅游景区中高层管理者和旅游行业专家对这套方案进行评审。评审过程中,培训讲师又向市场营销处全体员工发布第二个任务:旅游景区品牌塑造成功之后,如何进行旅游景区品牌的管理,进而形成品牌忠诚。

案例讨论

案例1 "限期整改"棒喝旅游景区品牌透支

2012年,一直由香港某国际投资有限公司管理的少林旅游景区,因管理混乱而被国家主管部门要求"限期整改",否则将面临"摘牌"局面。作为一个驰名中外的旅游品牌,少林旅游景区被要求"限期整改",对许多地方的名胜旅游景区来说,都是一声警钟,过度消费旅游景区的品牌资源,无疑是对品牌的"透支"。

品牌的塑造与维护,几乎贯穿于品牌所包含的所有环节。游览环境、旅游接待设施、旅游秩序、管理服务等,无一不是旅游品牌的重要组成部分。近年来,少林旅游景区管理不善,在游览环境、旅游接待设施、旅游秩序、管理服务等方面出现了问题,评分较低,距离5A级旅游景区标准差别较大,因此进入了被要求"限期整改"的队列。

面对少林旅游景区的金字招牌,本应该加倍呵护、爱护如目,并加强有效的管理。这不仅需要精心的筹划、着力的实施、得力的管理,更需要一份责任,一份认真、一份辛勤,才能从根本上端正态度,增强品牌意识,强化品牌维护措施。品牌的形成,不仅有良好环境的支撑,还有公众口碑的积累,也有声誉的叠加。品牌的生命力取决于消费者的需求,如果满足了消费者的需求,这个品牌在竞争市场上就具有旺盛的生命力,反之就可能出现品牌弱化。对于旅游景区来说,旅游品牌作为名胜旅游景区的重要资产,需要管理者不断地对品牌进行维护。对品牌的维护有利于巩固品牌的市场地位,有助于保持和增强品牌生命力,有利于预防和化解市场风险,决胜市场竞争。

在当今时代,对于旅游业来说,品牌决定效益,品牌决定未来。如果缺乏科学有效的管理,长此以往,就会形成对名胜旅游景区品牌的侵蚀,就是对名胜旅游景区品牌的一种伤害。以风景名胜为依托的旅游品牌,是文化传承、精神寄寓的重要载体,应该是一种有着良好秩序、文化氛围之地,如果因为管理不善而被"限期整改",品牌的价值会受到一定损失,是十分令人惋惜的。少林旅游景区被要求"限期整改",给更多的名胜旅游景区的旅游品牌提了一个醒。

资料来源:中国知识产权报,2012年2月3日,有改动。

案例2 皇城相府再借力《大清相国》

2002年,山西晋城皇城相府借助影视剧《康熙王朝》声名鹊起。而最近一段时间,以反映陈廷敬为官之道的《大清相国》一书在皇城相府旅游景区供不应求,这使旅游景区管理者敏锐地意识到,应抓住这个品牌宣传新的"卖点",夯实旅游品牌,把陈廷敬、皇城相府推得更广一点,做得更大一点。

2007年出版的《大清相国》是一部历史小说。2013年12月,《大清相国》经王岐山推荐成公务员读物,各大书店一书难求,各网络书店处于无货状态,可谓走红文坛。对于《大清相国》一书和皇城相府旅游景区来说,《王岐山脸谱》这篇报道成了最好的广告,一方面,此书出版社数次加印,读者依然很难买到;另一方面,皇城相府再次吸引了众人的目光,名扬四海。

随着《大清相国》一书的热销,前来旅游的人们在观赏这座北方第一官宅的同时,不禁都会在心里细细揣摩这位"康熙帝师"的为官之道,其中自然也有很多值得我们后人和今人学习的为人处世秘诀。

在众人争相传阅《大清相国》之际,皇城相府的品牌营销团队也在思考着如何在原有旅游景区品牌做大做强的基础上,使"名相故里"具有更多的人文精神,赋予陈廷敬这个历史人物更多的人文厚重感,以新的形象和文化内涵吸引更多的游客。

目前,在太长高速、省内的大运、长晋、晋焦、二广高速,以及太原火车站、河南云台山入口处、郑州新郑机场、北京地铁等地,皇城相府旅游景区对原有的55块形象宣传牌内容全部进行了更换,即由原来的"东方古堡、名相故里"形象宣传语改为"《大清相国》主人公陈廷敬故居——皇城相府",大打"大清相国"主题宣传牌。此外,旅游景区还在导游词中增加有关《大清相国》的相关内容,向游客介绍这位一代名相的做人为官之道。

皇城相府的营销团队更清醒地认识到,只有根据市场需求挖掘陈廷敬故居的文化内涵,连续不断充实新形象,才能进一步宣传皇城历史,再次扩大皇城知名度和影响力,使"一代名相的故里"创造新的辉煌。

资料来源:山西经济日报,2014年3月7日,有改动。

案例3 成都"五朵金花"旅游景区的品牌提升

成都市锦江区"五朵金花"旅游景区是全国首批农业旅游示范点,国家4A级旅游景区,成为全国城乡统筹发展和乡村旅游发展的典范,乡村旅游的代表性品牌。然而在品牌效应明显的背后,"五朵金花"旅游景区也面临着旅游景区品牌提升的问题。

随着社会经济的发展,旅游者越来越多倾向于选择更具休闲度假体验性的产品,并逐渐高频次化,近程、短期、低强度的文化旅游产品尤其受旅游者欢迎。特别是随着中高层次收入的人群规模越来越大,其消费观念已经不仅仅是满足生活需要,而是逐渐转入体现自身价值、自我实现,追捧具有鲜明的主题色彩、浓厚的文化艺术氛围的消费行为,而目前"五朵金花"旅游景区产品档次和品味主要集中在中低端,高端产品存在严重的空白,整个旅游景区亟须转型和品牌提升,这给"五朵金花"的"花乡农居""幸福梅林""东篱菊园""荷塘月色"和"江家菜地"5个景区提供了良好的发展机遇。针对这种情况,"五朵金花"旅游景区需要从以下几个方面实现品牌提升。

一、差异化、层次化的产品供给是突破口

"五朵金花"中"花乡农居"和"幸福梅林"开发最早,人气最旺,却面临严重的空间制约,难以拓展其产业链;"荷塘月色"开发最晚,建筑密度最小,环境最幽静,文化氛围最浓厚,持续发展空间最大,具有极强的后发优势,具有开发高端主题性休闲度假产品的良好资源基础。"荷塘月色"景区针对高端市场,开发系统产品项目,从而构建"五朵金花"旅游景区内部科学的分工体系,实现了"五朵金花"品牌的"二次飞跃"。

二、深层次的文化挖掘是关键

特色文化是旅游景区品牌提升的关键。依托"荷塘月色"景区大面积荷塘资源和相关艺术产品开发的现状,选择以荷文化为内核开发荷文化主题园,创造性地将荷文化最深层次内涵"和乐雅情"等符号化、产品化和项目化,延伸到多个领域,包括总体布局、休闲娱乐、餐饮、购物、人与自然的和谐、休闲度假诉求文化主题、精神归宿等。

三、创新性的项目策划是保障

旅游项目创新是一个旅游景区生存发展和品牌提升的灵魂。在"荷塘月色"项目策划中,"金荷花花蕊"是项目所在地的文化地标和入口形象区,是策划的重头戏,景区将其整体策划为表演舞台,既为游客提供公共空间,又为游客提供荷裳表演、荷舞表演、荷乐音乐会等表演活动。同时取意荷月意境,空中悬浮一轮人造月亮,地下耸立着高达36米的宝莲灯塔,成为整个旅游景区的荷文化地标和精神归宿,给游客提供独特的文化氛围、不同的消费体验和全新的生活方式。

资料来源:中国旅游报,2007年9月24日,有改动。

案例分析:

旅游景区品牌传递了旅游景区的核心价值,需要旅游景区管理者不断地巩固和维护,而不能认为品牌一经树立,就可以一劳永逸,否则就可能会损害品牌的形象。

另外,由于市场需求的不断变化,旅游景区品牌管理也应该是一个动态的过程。管理者需要敏锐把握市场变化,有针对性地制定品牌管理的措施,有时还需要对旅游景区的核心价值重新确立或是不断完善,从而实现旅游景区的提升。

【任务执行】

1. 任务发布

以 6 人为一组,结合上述案例,分组讨论以下问题:

(1)为什么要重视旅游景区品牌管理?

(2)旅游景区品牌管理主要包括哪些内容?

2. 任务分析

掌握旅游景区品牌管理的概念,理解旅游景区品牌管理的重要性,运用旅游景区品牌管理的相关知识,对所在旅游景区品牌管理现状进行调研,提炼旅游景区品牌管理成功的经验,同时针对旅游景区品牌管理中不完善的地方提出改善措施。

3. 任务实施

(1)各小组阅读案例,通过头脑风暴法,用三个词语概括对旅游景区品牌管理的认知。

(2)根据小组的集体讨论,写出本小组对旅游景区品牌管理概念的界定。

(3)针对实习旅游景区品牌管理现状进行调研。

(4)各小组上台展示完成的成果,并形成任务成果书(表 11 - 3)。

表 11 - 3　任务成果书

任务成果书	
实训任务:旅游景区品牌管理现状调研	任务性质:小组任务
成果名称:旅游景区品牌管理的概念、旅游景区品牌管理的调研报告	
成果要求: (1)给出旅游景区品牌管理的概念 (2)针对实习旅游景区品牌管理现状进行调研	
成果形式:调研报告(不少于 2000 字,A4 纸打印或手写)	

【相关知识】

一、旅游景区品牌管理的概念

旅游景区品牌管理以增强旅游景区竞争力为目的,以旅游景区品牌资产为核心,是一个建立、维护、巩固品牌的全过程。

品牌的建立不是一朝一夕,品牌的管理更是一个长期持久的过程。旅游景区应制定有关的品牌管理制度,明确使用旅游景区品牌的标准;加强对现有使用该旅游景区品牌的产品清理,去其糟粕,取其精华;对不符合品牌标准的产品和服务,立即停止使用,取消其使用资格,给以相应的经济处罚,并整顿旅游景区旅游产品和服务秩序;以旅游景区已形成的强大品牌号召力,创新旅游产品,通过多元化的消费方式与手段满足游客的价值诉求,确保旅游景区品牌的持续生命力。有效的旅游景区品牌管理将提高旅游景区在旅游者心目中的知名度和美誉度,扩大品牌的号召力和影响力,巩固和提升旅游景区在旅游市场中的形象和地位,保持在旅游市场中的竞争优势。

二、旅游景区品牌管理的原则

(一)精细化原则

旅游景区产品不仅依赖于旅游景区所拥有的各种自然或人文历史资源,同时也依赖于旅游景区的设施设备及旅游景区工作人员的服务,服务型产品越精细,就越能让顾客满意并留下良好印象。

在旅游景区品牌管理中,应遵循精细化的原则,根据旅游景区品牌定位、旅游资源与旅游活动项目的特征,进行精细化的品牌塑造,强化旅游景区品牌的体验,创造更优的品牌美誉度和更广阔的市场空间。这一原则也是构造旅游景区品牌差异化优势的重要法宝。

(二)全感官体验原则

旅游景区品牌是体验特征突出的品牌,游客对旅游景区产品的全方位体验,是其形成对旅游景区品牌的知觉印象和评价的基础,因此,要塑造和提升旅游景区品牌,在品牌管理中就需要采取全感官体验的原则,全面挖掘与优化旅游景区所有的旅游资源与旅游活动项目能够给予游客的感官体验,并用品牌语言表达出来,以构造差异化的旅游景区品牌体验特征。

(三)核心吸引力原则

旅游景区的核心吸引力不仅是旅游景区招徕游客的最大亮点,也是旅游景区品牌区域特征和市场影响力的主要支撑点。通过核心吸引力,旅游景区可以拓展服务的宽度和深度,丰富游客体验,增加游客停留时间,创造更多的经济和社会效益,以丰富的旅游活动内容强化旅游景区品牌的品质感,因此,遵循利用旅游景区的核心吸引力带动旅游景区品牌提升的原则,不仅可抓住旅游景区品牌宣传推广的要点,而且可以提高旅游景区品牌管理效率。

(四)不断创新原则

游客的旅游需求多种多样,而跟随时代的步伐,不断满足游客的旅游需求和创造游客的旅游需求是旅游景区品牌管理的根本任务。为更好地完成这一任务,不断创新是旅游景区品牌管理必须遵循的重要原则。实现这一原则的基本方法是在充分研究游客旅游需要的基础上,全面深入地考察景区空间内的所有自然与文化存在,发现能够增强游客体验和对接游客需要的节点,并以此为基础,创造出更精专的服务和更多样的旅游活动项目,尤其是旅游节庆活动。

三、旅游景区品牌管理的内容

旅游景区品牌的建立是一个复杂的系统过程,因此品牌管理必须是品牌形成的全过程管理。品牌管理主要包括以下几方面:

(一)品牌定位

旅游景区品牌定位就是旅游景区拥有者希望人们如何看待品牌。任何一个旅游景区必须有一个清晰的品牌定位,防止品牌传播过程中向消费者传递自相矛盾、令人迷惑的信息。旅游景区品牌定位必须与旅游景区的发展理念、文化和价值联系起来。在具体工作中应注意以下几点:必须寻找和放大与别的旅游景区重要的差异,凸现品牌个性;必须对旅游景区品牌核心价值进行深度提炼,这是旅游景区品牌定位的关键;差异化是旅游景区品牌定位的实质。

(二)品牌设计

旅游景区的品牌设计是品牌形象的塑造,它将品牌的核心价值通过多种形式展现在旅游者的面前,形成对品牌所包含的文化和理念的认知。只有将旅游景区经营者对自身品牌形象的认知和旅游者的认知二者相统一时才能取得良好的效果。目前国内的旅游景区在品牌设计方面比较关注,很多旅游景区已经开始设计品牌识别系统,特点鲜明的内部设计与丰富多彩的节庆活动展现了各个旅游景区独特的市场形象。

(三)品牌传播

旅游景区品牌传播必须建立在整合营销、关系营销、体验营销和网络营销等现代营销理论基础上,才能确保品牌传播策略的针对性、灵活性和可操作性。在实施品牌传播过程中,还必须建立品牌传播管理和监控系统,以控制品牌与消费者的每一个接触点,最大限度地按照旅游景区品牌拥有者所期望的方向发展。

通过旅游景区品牌传播,旅游者对品牌信息通过接受、解读后便在其大脑中形成了旅游景区品牌形象。当旅游景区品牌形象在旅游者大脑中形成后,还要调研形成的品牌形象与旅游景区经营者以及旅游者所期望的是否一致,人们的评价与企业的期望有何差距。通过对已形成品牌形象进行全面调研与诊断,发现目标人群实际上如何看待品牌。

(四)品牌保护

旅游景区品牌管理中还必须关注品牌保护,一方面要从知识产权的角度,以注册商标、注册联合商标和注册防御商标为补充,保护旅游景区的品牌资产,对侵犯品牌知识产权的行为追究其法律责任;另一方面要做好品牌危机公关,及时而科学地处理旅游景区危机事件,减少事件对旅游景区品牌造成的负面影响。如因旅游景区旅游产品不合格、旅游安全事故、法律纠纷等被媒体曝光给旅游景区带来的危机,会令旅游景区美誉度遭受严重考验。

(五)品牌创新

品牌创新是对旅游景区品牌在实际操作中出现的问题进行调整,对品牌内涵的二次挖掘。旅游景区在对品牌的监控中,要注意收集发展过程中积极和消极的信息,一旦出现有损品牌形象、严重威胁品牌发展的苗头,要及早发现,及早处理,化不利为有利;当品牌核心价值发生改变时,需要重新对资源品质和客源市场需求特征进行再分析,必要时调整原来的定位,对品牌的内涵进行再挖掘,以适应新的形势,保持品牌的生命力。

旅游景区品牌资产的价值通常是固定资产价值的数倍,对品牌价值的认知和接受程度直接决定了旅游者是否会来本旅游景区旅游,四川九寨沟和云南丽江古城的成功已经充分说明了这一点。当一个旅游景区的品牌在旅游者心目中建立起不可替代的地位时,品牌资产就具有很大的无形价值,品牌资产运营就是要把这种无形价值转化为有形价值,使旅游景区获得更多的附加值和利润,促进旅游景区的进一步发展。

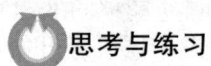 思考与练习

一、填空题

1. 旅游景区品牌塑造包含了两个方面的内容,分别是_____和_____。

2. 旅游景区品牌管理以_____为目的,以_____为核心,是一个建立、维护、巩固品牌的全过程。

二、选择题

1. 旅游景区品牌的作用包括( )。

  A. 规范旅游景区开发   B. 巩固旅游景区形象

  C. 增加旅游景区利润   D. 品牌保护

  E. 改善周边环境

2. 旅游景区品牌管理的内容包括( )。

  A. 品牌定位   B. 品牌设计

  C. 品牌传播   D. 强化旅游景区营销战略

  E. 品牌创新

三、简答题

1. 简述旅游景区品牌的概念,并举例说明品牌和名牌的区别与联系。
2. 旅游景区品牌塑造的策略包括哪些?
3. 旅游景区品牌管理的原则是什么?

四、技能实训

根据所学知识,以小组为单位,选择某一熟悉的旅游景区,分析该旅游景区品牌塑造和品牌管理的现状及存在的问题,并提出改进的措施。

模块十二　探究旅游景区信息化管理

旅游景区信息化管理是旅游景区运用现代管理方法和手段，尤其是计算机技术，对旅游景区相关的信息资源和信息活动进行科学的计划、组织、控制和协调，使旅游景区的信息资源在旅游景区的经营管理中发挥出最大的功效。

在日常旅游景区管理中，一般由信息中心负责旅游景区的信息管理。旅游景区信息中心，是为游客与旅游景区内部运营提供信息服务的部门。其主要工作包括：旅游景区信息化营销及销售平台的建立与维护，旅游景区网站的建设与维护，旅游景区的信息处理，旅游景区资源数据库管理，旅游景区经营数据库管理，游客数据库管理以及游客服务终端的管理等。本模块主要从旅游景区信息资源管理、旅游景区电子票务管理、旅游景区网络营销、旅游景区客户关系管理等方面对旅游景区信息中心的主要工作职责进行介绍。

学习目标

1. 知识目标
(1) 了解旅游景区旅游信息资源管理的目的和要求。
(2) 了解旅游景区旅游信息管理的内容和必要性。
(3) 掌握旅游景区旅游信息资源的类型和来源。
(4) 掌握旅游景区旅游信息管理的方法。
2. 技能目标
(1) 能熟练运用旅游景区电子门票管理系统。
(2) 能掌握旅游景区营销系统的发展和运用。

任务一　了解旅游景区信息资源

【工作情境】

郑州某职业学院旅游管理专业学生在顶岗实习过程中，2名同学被派往旅游景区信息中心，参与旅游景区信息化管理，现代化的办公环境，高科技办公设备，海量的数据信息,深深吸引了这 2 名同学,而实时的数据更新、熟练的电脑操作,又让实习同学倍感压力。当天,旅游景区信息中心主任就将上个月的数据信息提供给 2 名同学,要求进行信息的分类整理,并在一周内将分析结果报给各个职能部门。

案例讨论

案例1 "新新人类"要求旅游景区信息化

中国的"80 后"和"90 后"人群是沐浴着改革开放的春风、伴随全球化和互联网浪潮成长的"新新人类",有着全新的价值观念、思维方式、生活理念和消费模式,是未来社会的主流和消费市场的主导者。他们消费观念大胆超前,勇于创新,崇尚新奇特消费,喜欢尝试新事物,对生活中非常规事件兴趣盎然,具有渴求体验的心理,形成了独立、自我的个性特点,崇尚个性彰显,敢于标榜自我,乐于追求自己喜欢的东西。

"80 后"和"90 后"生活在网络时代,天生亲近网络,对以网络为主的新媒体非常熟悉,依赖性强,热衷于网上购物。网络既是他们主要的娱乐和信息交流工具,也是最重要、最便捷的资讯来源,还是最精明和最专业的消费平台。大家经常在群里讨论消费风向,交流购物和使用心得,利用网络提供的海量信息为购买决策服务。

总之,"新新人类"要求更个性化,更注重参与,更加独立,希望出游前能掌握更多资讯,信息技术和互联网的发展恰恰为他们提供了这样一个获取信息的渠道,而旅游景区如何利用这些信息化技术和工具,设计并创造出能够满足这些"新新消费者"需求的产品和服务,也是亟待解决和探讨的一个课题。

案例2 武当山旅游景区"数字化"建设

武当山旅游景区"数字化"建设工程主要是通过"一个中心,八大系统"来体现。"八大系统"主要包括:旅游景区电子政务系统,旅游景区监管信息系统,电子门禁系统,旅游电子商务系统,文物数字化管理系统,环境监测系统和卫星遥感系统,GPS 车辆调度系统,森林防火监控系统。"一个中心"是指信息总监控中心。信息总监控中心对八大系统进行集中监管,统一调度,共享信息资源,达到运营管理精细化、资源科研及时化、产业整合网络化等效果。

1. 运营管理精细化

旅游景区"数字化"的目标就是运营管理精细化,实现管理水平的提升、管理效率的提高、管理成本的控制。其包括电子商务系统、门禁票务系统、办公自动化、GPS车辆调度系统、智能监控系统、旅游景区规划管理系统、网上旅游系统等。

首先,以电子商务平台为代表,通过网上预售门票,把过去粗放静态的人工票务管理变成了精细动态的数字管理。旅游景区管理部门每天都能准确把握次日游客总量,提前做好旅游景区餐饮、观光车等相关服务资源的配置,不仅大大方便了游客,而且减少了管理的盲目性,降低了管理成本,使管理更精细化、决策更科学化。

其次,智能化监控系统是对旅游景区内主要景点、服务区、售票中心等120个点位,安装电子探头,获得的图像通过光纤传输到信息总监控中心。在智能监控中心的电视屏幕墙上,动态实时地加快车辆调动和游客疏导,平衡景点游客分布。

最后,以局域网建设为基础,以OA办公自动化系统为部门应用平台,消除了信息的滞后,增加了管理局、旅游企业和游客之间的动态信息交互。

2. 资源科研及时化

武当山旅游景区管理委员会为更有效、科学地研究生态环境,以实现大气、水、森林、地质等实时信息的收集、分析、传播为目标,掌握自然资源的动态变化。其主要包括环境监测系统、地理信息系统和卫星遥感系统。以卫星遥感系统为例,通过卫星遥感影像结合地理信息系统的分析,管理部门能准确地掌握水循环体系、动植物分布及其土地资源利用等各种自然资源信息。此外,通过针对大气、水质、地质、森林等方面的其他在线监测手段,收集相关数据,建立并完善资源数据库,并对数据进行评价分析,为旅游景区的"保护、科研、开发"提供决策依据。

资料来源:桂晓苗,王微波.武当山景区信息化建设现状与问题分析[J].现代商贸工业,2010,22(4).

案例分析:

信息技术的飞速发展给传统的旅游景区管理带来了极大冲击,随着人们出游方式的改变,自助游与自驾游游客的增多,旅游信息已经越来越滞后与缺乏,不能满足旅游消费者日益强烈的对舒适、自主、自由等方面的要求,对实现旅游业信息化的呼声越来越高。

【任务执行】

1. 任务发布

旅游景区旅游资源信息分类整理。

2. 任务分析

结合案例,对调研旅游景区旅游资源信息进行统计分析。

3. 任务实施

(1) 调查旅游景区旅游资源信息。

(2) 旅游景区旅游资源信息的统计分析,并形成任务成果书(表12-1)。

表12-1 任务成果书

任务成果书	
实训任务:旅游景区旅游资源信息搜集整理统计分析	任务性质:小组任务
成果名称:旅游景区旅游资源信息统计分析	
成果要求: (1)阶段成果:旅游景区旅游资源信息搜集 (2)最终成果:旅游景区旅游资源信息统计分析	
成果形式:统计分析报告(A4纸,双面打印,标页码)	

【相关知识】

旅游景区信息资源是旅游信息资源的重要组成部分,直接或间接决定着旅游景区经营管理的成败。旅游景区信息作为一种资源,必须对其进行有效的管理。旅游景区信息资源管理,就是旅游景区运用现代管理方法和手段,尤其是网络及计算机技术,对旅游景区相关的信息资源和信息活动进行科学的计划、组织、控制和协调,使旅游景区的信息资源在旅游景区的经营管理中发挥出最大的功效。

一、旅游景区信息资源的类型及特征

(一) 旅游景区信息资源的分类

旅游景区是一个综合性极强的企业,在其信息化管理过程中涉及的信息构成复杂,范围很广。

1. 按照旅游景区信息资源内容分类

按照旅游景区信息资源的内容划分,可以分为旅游基本信息、旅游资源信息、旅游市场信息、旅游服务信息、旅游管理信息等,见表12-2。

表 12-2　旅游景区信息类型、信息内容

信息类别	信息项目	信息内容
旅游基本信息	注册信息	旅游景区(景点)中英文注册名称、类别、级别、工商营业执照号码、法人代表、固定资产、开户行、银行账号
	旅游景区概况	旅游景区(景点)历史沿革、区域位置、信用度、景点内容、游览线路、景点地图、开放时间、游览方式、营业状况(效益、交通、联系方式、门票价格)
	联系信息	地址、邮编、联系人、联系电话(传真)、电子信箱、企业网址、预订电话(传真)等
旅游资源信息	旅游资源	自然旅游资源、人文旅游资源、社会旅游资源
	旅游环境	环境指标、气象信息、旅游景区(景点)承载量、安全保障、游览便利程度
旅游市场信息	游客信息	以往游客基本信息、游客预订信息、游客满意度、游客反馈信息
	接待旅行社信息	旅行社性质和基本情况、旅行社信用度、游客接待量和游客输送量、导游资料
	旅游景区形象信息	旅游形象主题、宣传语、视觉形象标志、平面广告、音频视频类旅游宣传品
旅游服务信息	旅游产品信息	旅游服务设施、特色旅游活动、旅游产品的路线、价格及时间
	旅游企业信息	目的地旅行社、旅游服务公司的种类、名称、联系方式；目的地食、住、行、游、购、娱各类旅游企业的基本信息
	旅游新闻	旅游节庆活动、当地重大活动、会议展览、旅游开发建设
	旅游公告	政府及企业活动、旅游行业动态、旅游管理、旅游政策、特殊新闻、招商引资
	当地旅游须知	气候特点、出游注意事项、旅游管理方面的特殊规定、旅游常识咨询问答
旅游管理信息	人力资源信息	人力计划信息、招聘信息、酬劳信息、津贴信息
	财务信息	流动资产信息、固定资产信息、无形资产信息

2. 按照旅游景区信息资源的载体分类

(1)记录型旅游景区信息资源

记录型信息资源是指以传统介质(如纸、张、竹、帛等)和各种现代介质(如磁

盘、光盘、微缩胶片等)为载体记录和存储的信息资源,包括各种书籍、期刊、数据库、网络等。记录型旅游景区信息资源是旅游景区信息资源的主体,也是旅游景区管理的核心内容,具有保存时间长、利用方便、传播广泛的特点。以传统介质为载体的书籍和期刊传播的速度比较慢,旅游信息的容量不大。以现代介质为载体的数据库或网络,具有贮存量大、处理迅速、使用方便等特点,尤其是网络,随着互联网技术的发展,传播速度无他物能及,但管理者和游客都必须借助机器(如电脑)才能阅读。

(2)实物型旅游景区信息资源

实物型信息资源是指凝结在旅游景区实物本身而产生的旅游信息资源。旅游景区的景观资源本身就代表一种信息,此外,依赖景观资源开发的各种旅游产品和旅游商品,具有直观、形象、便于仿造和改进等特点,本身就是可以传递和保存的信息。人们通过对旅游商品的观赏和研究,可以知晓原景观的特征和设计者赋予商品的深层含义。然而,这类信息资源体积大、信息容量小,不易于传递,且本身不能直接进入信息系统,必须对其进行加工才能将其转换为记录型信息资源。

(3)智力型旅游景区信息资源

智力型信息资源主要表现为人脑存储的知识信息,包括人们掌握的诀窍、技能和经验,又称为隐性知识。随着现代咨询业的崛起,这类信息资源越来越重要,并且随着信息技术的发展,咨询业务可以通过网络平台为需要信息的消费者服务。对这类信息资源的管理,主要通过政策、法规和组织协调进行。但这类信息主要存储于人脑中,绝大多数的内容的管理对于管理者而言有相当大的难度。当前强调的"知识管理"就显示了对智力型信息资源的特别关注。

(4)零次型旅游景区信息资源

零次型信息资源是指各种渠道中由人口头传播的信息。零次型信息是人们通过直接交流获得的信息,是信息课题的内容直接作用于人的感觉(包括听觉、视觉、嗅觉、味觉、触觉)的结果,而不是像一次、二次、三次信息和实物信息那样通过物质载体的记录形式发生作用。一次、二次和三次信息经过不同次数的整理、加工和储蓄,逐渐形成有序、实用价值较高的新的旅游信息,该类信息对于旅游景区的经营和决策具有一定的参考性。而零次型信息具有直接性、及时性、新颖性、随机性、非存储检索性等典型特征。零次型信息的存在形式、传播渠道具有较大的随机性,难以存储和系统积累,给这类信息资源的管理带来了很大的困难,需要采用特殊的方法收集、记录、整理和存储。

(二)旅游景区信息资源的特征

旅游景区信息资源除具有需求性、稀缺性、可选择性等经济资源的一般特征外,还具有时效性、复杂性、动态性等显著特征。

1. 时效性

旅游景区信息资源具有更加明显的时效性。旅游活动的短暂性使信息的使用价值受到时间的限制。对于旅游者来说，最新的旅游景区信息正是旅游者所需求的信息，并能够帮助旅游者作出正确的决策；而过时的旅游景区信息，可能会因为新因素的加入而发生变化，一旦旅游者掌握的是已过时且发生了变化的信息，就会导致旅游景区和旅游者之间的信息不对称。对于旅游景区而言，时效性并不意味着开发出来的信息资源越早投入越好，而应把握时机，这样才能发挥效益。

2. 复杂性

旅游景区信息资源的涉及面广，其构成也相对其他资源而言比较复杂。旅游景区的信息资源包括旅游景区的景观资源、客源信息、当地住宿信息、天气、交通信息等。而作为一种资源的信息又不一定是相同的，它是不同资源信息的集合，而集合当中的各种信息都具有其独特的性质，因此，相对而言，旅游景区信息资源更加复杂。

3. 动态性

旅游景区的信息资源具有动态性的原因主要有两个方面：

其一，虽然旅游景区的自然旅游资源和人文旅游资源相对比较稳定，但旅游者的旅游活动处于不断变化和发展之中，旅游者的消费偏好和消费习惯也在不断地发生变化，且旅游者的构成也在变化当中，而旅游景区因其生命周期的发展，就不得不处于不断开发和完善的过程当中，于是，新的旅游资源就被挖掘和开发出来。

其二，旅游活动的异地性，使得对旅游景区信息的需求具有动态性，旅游景区的信息必须跨越时间和空间，产生时间和空间的移动，从而形成了旅游景区信息资源的动态性。

二、旅游景区信息资源的来源和处理

（一）旅游景区信息的来源

旅游景区信息的来源渠道通常以记录形式和非记录形式两种形式出现。以这两种形式出现的信息又分别有公开信息和非公开信息。公开信息是旅游景区信息中最普遍、使用最广泛的信息资源。其中公开的记录信息是信息交流中最为常见的信息，如杂志、报纸、旅游指南、旅游目的地的公开网站等。非公开信息是旅游景区不对外公布的内部资料，一般涉及旅游景区的内部机密，如旅游景区的经营策略等。旅游景区信息来源及其分布如表12-3所示。

表 12-3 旅游景区信息来源一览表

一般公开资料	限制性公开资料	非印刷资料	旅游景区内部资料	与旅游景区外的交流
一般杂志	学术协会简报	旅游交易会	研究开发报告	政府各部门
专业杂志	调查报告(内部)	旅游展销会	研究报告	科学院、各部直属研究实验机构
经营杂志	内部统计资料	旅游企业现场会	调查报告	高等院校研究实验机构
经济杂志	政府出版物(内部)	研究会	营业部门报告	各种信息咨询部门、商情机构
同行业界报纸	旅游景区发展计划	演讲会	考察报告	用户企业的采购部门、供销部门
图书	旅游景区产品目录	学术讨论会	市场调查报告	用户企业的最高领导
统计资料	学术论文集	影视、录像	各种规划	行业协会领导
调查报告	旅游景区人才招聘	磁带、光盘	索取赔偿报告	与同行其他人员的会谈
旅游宣传册	广告	磁盘、网络	会议记录	消费者
年鉴、手册	营业报告书	商品、样品	内部统计资料	一般工作人员
旅游指南	旅游景区简报	试制品	内部报纸	工作人员的亲友
评论、综述、述评	地区小报	模型	——	——
网络信息资源	地区刊物			

资料来源:张进福,黄福才.旅游景区管理[M].北京:北京大学出版社,2009.

(二)旅游景区信息处理

1.旅游景区信息资源的采集

信息采集是旅游景区信息管理系统运行的起始阶段,是旅游景区实现信息化管理的源起性步骤。总而言之,信息采集工作必须具备较高的效率,即能通过多重渠道收集到旅游景区所需的各种信息。

(1)旅游景区信息的采集渠道

旅游景区信息的采集渠道多种多样,有正式的官方渠道也有非正式渠道,既可以通过亲自调查获得数据信息,也可以利用其他成果获得间接信息,在实际工作中对于所需信息的收集应以准确高效为原则。通常采用的信息收集渠道包括以下几种:

①旅游消费者。即通过对旅游者开展调查,获得旅游者的基本信息以及在需求、旅游动机、行为方式、满意度以及今后的旅游消费愿望和趋势等内容。

②行业合作伙伴。旅游景区的行业合作伙伴包括交通运输部门、旅行社、旅游饭店、广告商、旅游产品分销商等。这些机构能够为旅游景区提供关于行业发展和

竞争对手的相关信息。

③其他中间媒介。实际上,旅游景区所需要的大部分信息都要通过某些中间渠道获得,比如通过大众化的媒体,如电视、报纸、杂志等,政府或行业协会的数据统计报告同样也是获得重要信息的有效方式。随着网络信息技术的发展,越来越多的旅游景区开始重视从网络上获取信息。

(2)旅游景区信息的采集手段

不同的信息应采取针对性的信息采集方法,一般而言,对于具有较强的系统性和结构性特征的数据应采取文献检索法,而那些非结构化的数据则采取实地调查的方法。

①文献检索调查法。该方法是指旅游景区信息收集者通过查阅、检索相关文献来获得所需信息的方法,例如查阅中国旅游统计年鉴、国家统计年鉴等资料。通过该方法获得的信息属于二手信息,在信息的准确性上不如通过实地调查获得的第一手信息。该方法具有高效、低成本的优势。

②实地调查法。该方法是指旅游景区信息收集者通过亲自考察或调查获得所需信息。实地调查法花费时间长、成本大,并且准确率也具有较大的波动性。

2. 旅游景区信息资源处理

通常情况下,旅游景区收集到的信息量大且并非所有信息都对旅游景区管理有用,因此需对收集得到的信息进行筛选、分类整理并数字化。对信息的处理主要依靠各种数字化设备和技术。如数字化仪、数码相机、扫描仪、磁卡读卡器、3S技术等。这些现代化的自动化设备和技术,能够迅速将采集到的信息转化为计算机可以识别的数字信息并将其存储到系统数据库中。

3. 旅游景区信息分析

在对旅游景区信息进行分类筛选并数字化后,旅游景区就拥有了管理信息数据库,然而此时的数据信息对于旅游景区管理还无法发挥作用,这是因为还需要通过对数据的分析,解读出数据中包含的意义。信息分析时采用的方法既可以为定性的方法,也可以为定量的方法,关键是要根据数据类型和分析的目的来加以确定。

(1)定性分析方法

旅游景区信息的定性分析方法是指分析人员运用自己的主观判断进行分析。常见的定性分析方法包括深度访谈、德尔菲法、头脑风暴法等。

①深度访谈法。这是源于社会学的一种调查分析方法,是一种无结构的、面对面的访问形式。该方法主要通过主持人与被调查者的交流,逐步深入到某个问题的分析,最后由主持人得出结论,多适用于对企业高层、专家与政府领导的调查访问。由于该方法主要由主持人来统领全局,因此,分析结果的好坏在很大程度上与

访谈的主持人素质和能力相关,分析结果的普适性值得研究。

②德尔菲法。是指采用函询的方式或电话、网络的方式,反复地咨询专家们的建议,然后由策划人作出统计。如果结果不趋向一致,那么就再征询专家,直至得出比较统一的方案。这种策划方法的优点是:专家们互不见面,不能产生权威压力,因此,该方法可以自由地充分地发表自己的意见,从而得出比较客观的策划方案。

③头脑风暴法。这是指采用会议的形式,集体研讨、决策的一种方法,如召集专家开座谈会征询意见,把专家对过去历史资料的解释以及对未来的分析,有条理地组织起来,最终由策划者作出统一的结论,在这个基础上,找出各种问题的症结所在,提出针对具体项目的策划创意。

(2)定量分析方法

所谓定量分析方法是指综合运用统计技术、系统建模、计算机模拟等手段对某个问题进行分析的方法。常用的定量分析方法有统计方法、预测分析、运筹学方法以及系统模拟方法等。

①统计方法。主要是指利用统计学的相关理论和方法对现有的数据进行深入研究的定量分析,按照其分析的内容可以分为统计描述和统计推论。

②预测分析。根据研究对象发展变化的实际数据和资料,运用相关的预测分析理论和方法,对该事物在未来一定时期内的可能变化进行推测、估计和分析。

③运筹学方法。又称最优化方法,是用数学方法研究如何使系统运行效率最优。目前,运筹学方法已经成为诸多领域内研究分析问题,为管理者提供决策思路的方法,主要包括线性规划、整数规划、动态规划等。

④系统模拟方法。是指通过在计算机上建立某种模型,用来模拟现实中的事物发生状况的方法。系统模拟方法能够在较短时间内通过计算机预见未来可能发生的状况,便于旅游景区管理者选择最佳的应对措施。

任务二　掌握旅游景区电子门票信息系统

【工作情境】

郑州某职业学院 2 名同学在旅游景区信息中心顶岗实习期间,首先接触到的是旅游景区电子门票信息系统,除了正常的售票、验票工作外,2 名同学接到了一项十分艰巨的任务:统计上季度旅游景区电子门票信息,将统计结果交至旅游景区市场营销处,帮助旅游景区市场营销处制订下一年市场营销方案。

案例讨论

案例1 湖北神农架旅游景区智能电子门票管理系统

一大清早赶到旅游景区售票处,所有窗口都已排起了长队,顶着大太阳排了半天队买到门票,又要到旅游景区门口排队检票……相信不少游客都有过这样的经历。为了减少游客的排队购票时间,电子门票应运而生。

神农架旅游景区智能电子门票管理系统是采用可回收的 RFID 卡,集成了 27 台自动检票机,9 台自助查询服务终端和 30 台车载 POS 终端,实现旅游景区游览、滑雪娱乐、进餐购物消费"一卡通",共覆盖 9 个景点。该系统于 4 月 25 日试运行,5 月 1 日正式运行,取得圆满成功,获得系统集成商和旅游景区使用人员的好评。

游客先到售票处办理 RFID 卡,按需充值,然后选择购票,在旅游景区入口检票闸机上刷卡进入旅游景区。在旅游景区乘坐环保旅游大巴,也可通过车载 POS 终端刷卡消费。游客餐饮零售消费也可使用 RFID 卡。在神农架游程结束后,游客凭卡在各售票窗口办理结算,退还结余款和押金,并打印发票。游客可凭卡在各售票地点配置的自助查询服务终端上查询核对消费明细。

案例2 庐山旅游景区电子门票系统

庐山是国家 5A 级风景区,以秀美的山川景色吸引了国内外游客,但进入景区的道路多达十余条,这给景区门票的管理带来了极大的困难。假票、一票多用等现象也让管理者防不胜防。

2009 年,庐山景区采用了电子门票系统。该门票为一次性的纸质电子芯片门票,不但造价低廉(约 0.7 元/张),而且可以储存信息,票的价格、入场离场的时间、客人的性质(如散客、疗养客、自驾游客、外国游客等)等信息都可记录在票内芯片中。

该门票采用手持式读写器进行验票,效率极高,人员通过速度为 0.3 秒/每人次。门票系统的售票、验票、收款、统计、成账全部由计算机联网,有效地解决了票务统计工作量大、票款流失等问题。

资料来源:RFID 世界网,2009 年,有改动。

案例分析:

旅游景区电子门票信息系统是以当代数据技术与通信技术为基础,综合智能卡与身份识别技术作为主要手段的高科技信息化综合处理系统。该系统包括门票生成管理系统、电子门票初始化系统、售票系统、验票系统、信息统计及查询系统,可扩充和完善到公众信息查询、全旅游景区电视实时监控、电子导游系统等,甚至可延伸到安全、保护、防火等系统。旅游景区采用先进的电子门票信息系统,管理更加方便快捷,使整个旅游景区实现售票电脑化、验票自动化、数据网络化、管理信息化的高科技管理体制,对提高旅游景区管理水平、方便顾客旅游、提高旅游景区的品位都有重要的推动作用。

【任务执行】

1. 任务发布

分析旅游景区电子门票信息。

2. 任务分析

结合案例,从市场需求的角度对电子门票信息进行分析整理,为市场营销处制订营销方案提供支持。

3. 任务实施

(1)旅游景区电子门票信息分类整理。

(2)分析旅游景区游客流时空特征,并形成任务成果书(表12-4)。

表12-4 任务成果书

任务成果书	
实训任务:旅游景区游客流时空特征分析	任务性质:小组任务
成果名称:旅游景区游客流分析	
成果要求: (1)阶段成果:旅游景区电子门票信息分类整理 (2)最终成果:旅游景区游客流时空特征分析	
成果形式:市场分析报告(A4纸,双面,标页码)	

【相关知识】

一、电子门票管理信息系统的组成

(一)总体结构

旅游景区电子门票系统由中央控制系统、售票系统和验票系统三大部分组成。在实体结构上,整个系统中涉及的重要部件除计算机网络外,还包括电子门票系统、电子门票识别系统、通道控制系统。

中央控制系统由服务器与若干台计算机管理工作站组成,主要起管理、决策和财务核算作用;售票系统由若干台计算机售票工作站和若干台电子门票发卡机组成,主要完成电子门票的售票功能及与中央控制系统的数据通信功能;验票系统由计算机监控工作站和若干个电子门票通道控制器组成,主要完成对通道控制器的实时监控及与中央控制系统进行数据通信功能。

(二) 电子门票种类

旅游景区电子门票系统利用高科技产品——光盘或磁卡作为通行电子门票,结合电子技术、磁记录技术、单片机技术、自动控制技术、精密机械加工技术及计算机网络技术等诸多高科技技术,从而实现了计算机售票、验票、查询、汇总、统计、报表等各种门票控制管理功能,具有全方位实时监控和管理功能,对提高旅游景区的现代化管理水平有显著的经济和社会效益。目前,国内外常见的电子门票主要有以下几种:

1. 多媒体光盘型电子门票

多媒体光盘型电子门票是高科技应用于日常生活的典范,完全突破了传统旅游景区门票的限制,将景点的图文声像资料通过多媒体技术整合到一张名片大小的光盘上,游客不仅可以使用光盘门票进出旅游景区,而且可以将光盘插入电脑中浏览旅游景区资料,通过预设网址即时上网了解旅游景区的最新动态,也可以通过 VCD 欣赏旅游景区风光。多媒体光盘可以有多种语言转换功能,满足国内外不同游客的需要,具有展示形象、便于携带、易操作、易收藏、防盗版等特点。

2. 磁卡(IC 卡)电子门票

磁卡门票和使用的电话卡(IC 卡)类似,门票上印刷着精美的旅游景区画面,芯片记录了门票购买信息、加密防伪信息等。

磁卡(IC 卡)电子门票管理系统的应用,提高了现代化的管理水平。整个系统由计算机实行全封闭门票卡的发售、统计控制工作,采用日、月报表的核算,从而有效地杜绝了假票、偷票、漏票的产生,保证了国家和企业的利益。可将每天的客流统计、门票收入金额、参观者的类别及预售票数量的控制等信息,提供给管理者,准确且可靠,为管理者疏导游客流量、合理及时安排项目服务、提供餐饮供应、改善接待服务环境等,提供了决策依据。

(三) 电子门票识别系统

旅游景区电子门票识别系统主要分为射频识别技术、数字指纹技术和条码识别技术。

1. 射频识别技术

射频识别是一项新高科技识别技术,游客通过安装有读码器的旅游景区大门时,无线感应器会将电子门票中唯一的 20 位辨识数码传回读码器,再将电子门票信息送回中央处理电脑,由电脑控制的识别系统自动完成验票工作。整个验票过程中游客无须停下即可通行,即当电子门票证装在参观者的身上也可以识别,从而实现了旅游景区大门快速通过。射频识别的门票感应距离可达 2 米。系统的复杂程度小,设备易于维护,而且还同时感应识别多种类别的电子票证。

2. 数字指纹识别技术

指纹识别技术是利用个人指纹的唯一性与不变性来对个人身份进行识别的技术,并将其与非接触式 IC 卡系统有机结合,集成为非接触式 IC 卡指纹识别系统。售票时,系统将 IC 卡持有人的指纹图像信息与姓名、性别、年龄等信息输入 IC 卡中。在进出旅游景区景点大门时,将手指按在指纹仪上与卡中指纹信息进行比较识别。该系统将 IC 卡识别、指纹识别结合起来,一步一步对个人身份进行识别。指纹的唯一性与不变性大大增加了系统的安全性与可靠性。卡与读卡器之间为无线通信方式,一秒钟内即可完成指纹识别与开门动作,实时显示卡号及进出大门的时间。卡与读卡器之间无接触,避免接触等机械类故障,提高了卡的使用寿命。

3. 条码识别技术

电子门票条码系统采用动态数字加密信息打印技术,系统同时具有数字防伪与文字信息记录等功能,实现防伪与识别的目的。系统利用每张门票属性的动态信息编号,通过加密运算与条码生成软件,变成加密条码,在线送出条码图像,由售票人员使用打印机自行打印出二维码,成为防伪电子门票。防伪电子门票通过条码阅读器与解密运算,读出相应信息,并识别出真伪。其主要特点有:第一,防伪性强,含有每张门票申请的动静态信息(购票人个人信息、申请时的物理信息、景点门票本身随机码信息、门票张数信息);第二,识别简易、快速;第三,管理功能大,加密条码可同时隐含每份申请的个体属性性质,在打印、识别过程中就可建立数据库,自动实现数据管理;第四,有效解决冒用、多次复印、多次使用、是否为有效门票等难题。

(四) 通道控制系统

1. 自动控制三转闸机通道

游客持电子门票进入旅游景点内在验卡过程中,闸机根据卡上记载的信息检验门票的时效性确认是否放行,并记录读卡的时间、卡号等信息。在设定时段内再次读到该卡时,即视为非法票。上位机还可以下载"黑名单"卡号给闸机,闸机一旦读到该卡号即报警,禁止通行。闸机和中央计算机的通信一般要可靠稳定,但闸机对中央计算机的依赖性小,保证了系统可靠性,一旦二者通信中断,闸机还可以单独工作,数据可保存 7 天,等通信正常后,一并发送给中央计算机。在紧急情况下,闸机可接受命令自动落杆,保证所有进出口通道畅通。

2. 人工扫描识别通道

这种识别方式是人工与电脑系统相结合的方式。由工作人员在旅游景区景点入口手持扫描器,扫描游客所持电子门票所附的条码信息;该信息传输到电子门票系统管理中心,由中央控制服务器中的售票信息来判断该游客所持门票的合法性;将判断结果传回入口处,通过信号灯指示放行与否。

二、电子门票管理信息系统的开发与设计

(一)旅游景区电子门票系统的体系结构

旅游景区电子门票系统的整个结构体系包括管理指挥中心、售票工作站、监控工作站、门禁通道控制器、通信服务器和数据服务器六个部分。

1. 管理指挥中心

管理指挥中心的主要功能是与门票售票系统和通道监控执行系统进行网络通信;采集门票售票系统和通道监控执行系统的各种信息,及时进行清算;向门票售票系统和通道监控执行系统传递数据及各种指令参数;查询、统计各种相关信息,并据此作出科学合理的管理决策;输出打印各种报表;完成本局域网内的各项系统设置及系统管理;向各工作站传送系统密码、参数及命令。

2. 售票工作站

售票工作站主要负责门票的销售,通过功能窗口显示此时的售票状况,控制并判断发卡器的正确写入,向本网上的主服务器传送发卡信息。

3. 监控工作站

监控工作站的主要功能是监控各门票通道控制器的工作状态,采集各门禁通道控制器的有关信息,完成门禁密码及各项参数的设置,向本系统网上的主服务器传送监控信息。

4. 门禁通道控制器

门禁通道控制器的主要功能包括:验证门票的合法性及有效性,并自动做出正确执行动作;向监控工作站传输相关的数据、状态及数据管理信息。

5. 通信服务器

通信服务器主要完成整个系统中各个网间的通信功能。

6. 数据服务器

数据服务器主要用来存储各种数据信息,并协调整个网络的运作。

(二)旅游景区电子门票系统的模块组成及其功能

旅游景区电子门票管理系统的各个子系统都是基于系统平台的一个应用系统模块,各子系统之间通过中心服务器进行数据共享,达到统一管理的目的。整个系

统包括系统管理平台、售票系统、通道管理系统、大型数据库景点应用管理系统4个功能子系统。

1. 系统管理平台

系统管理平台是连接各个子系统的交通枢纽,其主要功能模块包括:

(1) 设备注册。设备注册就是将整个网络上与电子门票系统有关的控制设备有效地进行多层次的管理,是系统对上传及下传数据时的分发、设备状态的监控进行全面的控制不可或缺的功能。

(2) 系统操作员授权。操作人员授权控制,经系统管理员授权后所有的操作员在运行该系统时只能在授权的范围进行操作。

(3) 报表管理中心。统一管理系统报表输出,用户可依照需求设计自己的报表输出样式,亦可按系统的标准报表输出,同时还可以进行二次开发。

2. 售票系统

售票系统在售票工作站上运行,操作员利用它可以完成前端收款、售票资料录入及电子门票扫描注册(售出)等工作。其内部功能模块主要包括:

(1) 票种类设置。在正式售票前需定义本系统将要出售票的种类、单价及有效期等参数,以便提高售票时出票工作的效率。

(2) 售票出票。售票员只需在工作上选择出票和种类并完成现场的交收,便可将需要售出的电子门票进行注册,表明票已经售出。

(3) 统计。操作员可以按此功能统计各个时间段的售票情况。

(4) 查询、报表。统计出来的数据可生成用户需求的各种报表,并可查询售票的资料。

3. 通道管理系统

通道管理系统主要的功能用于验证售票系统发出的门票,并通过控制程序控制通道机工作,同时将验证的所有的数据即时写入指定的数据库中,该系统为TCP/IP协议的DOS版本在工控机上运行,出现异常情况系统能自动复位并重新启动,保证系统不关机长期运行。

控制器接收到读卡器的信息后,如控制器与服务器联网成功时,控制器将收到的信息发到服务器的数据与售卡信息进行验证。控制器验卡后,如是合法的卡,控制器发出指令开启三转闸机,同时亮绿灯,刷卡者可根据三转闸机的使用说明通过闸机。如是非法卡,控制器将发出警告指令,同时亮红灯,三转闸机将拒绝通过。

4. 大型数据库景点应用管理系统

大型数据库景点应用管理系统由数据库、通道机实时监控及系统的景点管理组成。所有子系统的数据、售票的记录及通道控制系统验卡的权限及通道数据采集都由该系统集中处理,处理完成的数据存放在指定的数据库上供管理人员调用。其主要功能模块包括数据库的结构定义、统计、实时监控、查询等。

三、旅游景区门票信息系统的工作流程

(一)总体流程

售票系统在现场电脑售票,门票24小时内一次有效。制票电脑实时输出条码卡门票,软件可查询显示售票量情况,统计当时、当日、当月、当年票数。每次及每天情况都登入数据库,传入门票管理部门,可随时查询。

(二)具体操作

1. 游客

(1)游客到大门售票窗口购进条码卡门票,一人1张/次。

(2)游客到验票通道处插入门票自动查验门票,绿灯亮后,门票数据被门体读取,走过通道,门臂旋转,同时,在门体末端游客可以提取条码卡门票纪念。

2. 售票员

(1)售票之前,输入自己工号、当天日期、门票种类、售票窗口号。

(2)售票时,输入售出票人数等,执行"制票",收款,给游人门票。

3. 售票处负责人

(1)设置售票员、窗口、票类的参数。

(2)了解售票和游客人数情况。

(3)查询系统日志,分析处理售票异常情况。

(4)处理授权后的免票程序。

(5)游客的二次进门。

(6)特殊情况的退票处理。

4. 验票处负责人

(1)设置通道参数,变更密码。

(2)了解游客人数。

(3)检测有争议的票,报值班领导处理。

(4)查验监控计算机扫描的图像、通道的开启情况。

5. 财务

(1)统计已售票数据,即全价票、半价票、赠送票。

(2)统计打印客人人数。按天、周、月、季、年均可。

(3)组织票款结算,与银行结算。

(4)打印、递送报表。

6. 结算中心

(1)查询各站运作情况,搞好管理、查询、财务核算、统计数据、打印工作。

(2)查询传输的各种信息。

任务三　熟悉旅游景区网络营销

【工作情境】

通过电子门票的深入分析,旅游景区信息中心向旅游景区市场营销处提供了旅游景区游客流时空特征和出游方式的相关数据。通过数据分析发现,目前通过在线预订选择旅游景区的游客占到景区游客总量的60%。为了更好地吸引网上自助游游客,旅游景区决定邀请相关科技公司,重新进行旅游景区网站建设,在旅游景区信息中心顶岗实习的2名同学也幸运地加入到旅游景区网站建设项目组中。在科技公司进入旅游景区之前,2名同学负责制订一套专业性强、吸引力高的网站设计方案,代表旅游景区与科技公司进行接洽。

案例讨论

案例1　互联网时代的旅游景区网络营销

随着互联网时代到来,旅游业与互联网,这两个新兴产业显示出强强联合的态势,并组成一股强劲的跨行业合作力量,在21世纪初的这几年呈现发展迅猛的势头。

据中国互联网中心公布,2010年初发布的中国第25次互联网报告显示,截止到2009年12月底,网民使用互联网工具在网上的行为排名前三位虽然仍是音乐、新闻、搜索,但增幅排名第一和第二的却是网络支付和旅行预订,旅行预订的年增幅是77.9%,网上支付用户年增幅达到了80.9%。网络正成为几亿网民进行旅游出行的第一信息来源及选择渠道。相比较于传统媒介,网络媒介的优势是显而易见的,它具有传播范围广、速度快的特点,无时间和地域的限制,也无版面和数量的约束。网络媒介内容详尽,多媒体传送形象生动,并且可以和目标群体实行双向交流,及时得到反馈,有利于提高营销信息传播的效率和传播效果,降低了营销的成本,因此,适应新时代背景的旅游景区网络营销也应势进入了高速发展时期。

现在,我国许多比较大的旅游景区都已经建立了自己的专业旅游网站,包括旅游景区情况及特点介绍、网络信息实时发布、提供专业旅游预订服务等多方面内容,如安徽黄山、山西五台山、四川九寨沟、云南石林等。

旅游景区专业性网站,在推广旅游景区品牌和形象,加强网络信息时代旅游景区整体运营能力的提升方面,都有积极而巨大的意义,但单一的旅游景区网站,在面对旅游客户的服务及营销方面，它的不足和缺陷也是明显的。比较突出的问题是局限于对景点、宾馆、交通、旅行社等旅游要素的平铺直叙的图片或文字式的介绍，其在信息的传播方面固然直观、鲜明，在市场营销的运营上，却仅仅是只能引起旅游者的注意，产生相关的兴趣，而在营销关键性的培养购买欲望和促成购买行动方面，这类网站的效果甚微。

案例2　国内著名5A旅游景区网站建设

随着当前旅游市场的火爆，国内各大旅游景区尤其是5A级以上景区都获得了巨大的发展，每年接待的客流量不断攀升，这和互联网的品牌宣传有很大的关系。

一、龙门石窟旅游景区网站建设

该网站整体功能比较齐全，除了包含多数旅游景区网站都有的动态信息、服务指南、旅游景区推介等基本功能外，还特设了石窟保护研究、相关文化知识介绍等特色板块。该网站有一个电子商务平台，除了提供本旅游景区门票和下属酒店预订服务外，还允许周边旅游景区、酒店、租车公司、旅行社等服务机构在该平台上发布广告和接受游客预订，交易支付通过网上银行进行。不足之处是该平台稳定性较差，可能存在技术上的缺陷。另外，该网站还有一个互动社区，供游客留言和下载解说词，但目前正在建设中暂时不能使用。该网站视觉效果一般，视频模块目前无法使用，多以图片和文字展示相关内容。

二、九寨沟旅游景区网站建设

该网站整体视觉效果较好，功能比较齐全，除了有基本的旅游景区动态信息、旅游景区图片文字介绍等内容外，还有"数字九寨"、电子地图和在线订票功能。在旅游景区推介方面，除了图片以外还配有在线视频，可以满足潜在游客了解旅游景区的需要。其中，电子订票功能是通过一个涵盖四川12个旅游景区（九寨沟、黄龙、四姑娘山、达古冰川、青城山、都江堰、桃坪羌寨、黄河九曲第一湾、花湖、三星堆等）的电子商务平台实现的，该平台不仅可以提供门票、酒店等预订服务，还可以提供网上预订购买纪念品的服务，并实行会员制，会员可凭积分多少享受不同的折扣。此外，网站还有"旅游工具箱（包含预订信息、航班及车次查询、注意事项、衣着建议等）"、实时天气预报、在线调查等功能，为游客提供贴心服务。网站还支持多种语言浏览，注重国际化的发展方向。

三、深圳欢乐谷旅游景区网站建设

整个网站的视觉效果非常好，图片丰富，使用儿童/年轻一族喜欢的明快色调，图片比较丰富，定期推出专题活动在首页大面积展示，视觉冲击力强，同时使用"欢欢乐乐"卡通人物作为旅游景区的形象导游，很容易吸引目标人群的注意力。会员中心里提供了精彩图片下载、互动小游戏等增加用户黏性,留言模块能及时搜集用户需求。该网站的亮点是有一套非常流畅的电子商务门票订购系统,可以实现在线支付。

四、颐和园旅游景区网站建设

该网站的整体视觉效果较好,景点推介采用了幻灯片、视频、图片等多种形式,而且视频制作精美、播放流畅。网站支持多语言浏览。旅游景区介绍、旅游景区新闻动态等与同类网站无异。比较有特色的"旅游指南""名园文化""菁华文物"和"科普宣传"四大板块突出了颐和园作为皇家园林和历史文化遗址的特点,同时也为游客全方位认识颐和园提供了便利。其中,"旅游指南"板块详细地介绍了园内的几大看点,并提供了几种能够到达旅游景区的交通方案,还有旅游景区规章、营业时间、专题展览等;"名园文化"板块有典故趣闻、楹额匾联、御制诗文、历史人物、文化长廊、遗园遗址、电子杂志等内容,是围绕着颐和园开发的文化板块;"菁华文物"板块是对园内各类文物的介绍和展示;"科普宣传"板块则包含了园林知识介绍、世界遗产知识、古木知识等内容。

五、嵩山旅游景区网站建设

该网站视觉效果较好,采用了图片、三维动画、视频等形式展示旅游景区的风光。功能比较齐全,有旅游景区资讯、文化介绍、旅游景区特色推介、数字演示、网上预订(门票、车票、机票、酒店)服务、网上调查等,基本上能够满足多数访问者的需要。最具特色的就是在线影视点播栏目,与嵩山旅游景区有关的影视片向游客展示旅游景区的魅力,其效果好于单一图片加文字的模式。网站还提供了各个常用网站的链接,方便访问者查阅信息。

案例分析:

网站是旅游景区开展网络营销的根据地,它不仅代表着旅游景区的网络品牌形象,同时也是一个综合性的网络营销工具。网站建设是网络营销的一个组成部分,但建设一个网站不等于就已经开始网络营销,提高旅游景区官方网站的点击率和关注度,是旅游景区网站建设的出发点,也是旅游景区网络营销的良好开端。

【任务执行】

1. 任务发布

制订旅游景区官网设计方案。

2. 任务分析

结合案例分析,结合本旅游景区市场特征、资源特点、产品特性等,进行旅游景区官方网站的总体设计。

3. 任务实施

(1)区域旅游景区官方网站设计方案调查。

(2)旅游景区官方网站总体设计方案,并形成任务成果书(表12-5)。

表12-5 任务成果书

任务成果书	
实训任务:旅游景区官网总体方案设计	任务性质:小组任务
成果名称:旅游景区官网设计方案	
成果要求: (1)阶段成果:区域旅游景区官方网站设计方案调查 (2)最终成果:旅游景区官方网站总体设计方案	
成果形式:设计方案(A4纸,双面打印,标页码)	

【相关知识】

一、旅游景区网站建设

旅游景区网站建设是旅游景区信息化建设的核心。旅游景区信息化建设的宣传窗口功能、信息检索功能、电子商务功能、旅游服务功能和网络营销功能等都依赖旅游景区网站实现。旅游景区的网站建设,应该按照网站建设的基本流程和标准规范,根据旅游景区的具体特点、定位和要求,使其成为一种传递旅游景区信息、开展营销活动的有效手段。

(一)旅游景区网站的功能

1. 确立旅游景区品牌形象

在互联网上,旅游景区的形象不再由规模、实力、人数、业绩、信誉、历史等决定,而正在由一套新的规则替代,如规范、快捷、方便、亲切、美感、专家咨询、全球性比较、个性化选择、交互式使用等。

网站的形象代表着旅游景区的网上品牌形象,人们在网上了解一个旅游景区的主要方式就是访问该旅游景区的网站。网站建设的专业化程度、个性风格直接影响着旅游景区的网络品牌形象,同时也对网站的其他功能产生直接的影响。

2. 展示旅游景区的产品与服务

用户访问旅游景区网站的主要目的是对该旅游景区的产品和服务进行深入的

了解，旅游景区网站的主要价值也就在于灵活地向用户展示旅游景区的产品和服务信息。即使功能十分简单的网站，至少也相当于一份随时可更新的产品宣传资料。旅游景区产品的信息含量较大，好的旅游景区网站应尽可能周全地展示旅游产品所有的信息，如旅游景区景点信息、旅游交通信息、旅游线路信息、餐饮住宿信息、人文信息等，并且这些信息可以用图片、声音、动画以及其他多媒体信息形式展示。

3. 开展网上营销和信息发布

电话、电报、传真等是旅游景区用来和人们沟通的手段，是旅游景区产品和服务销售的传统通信联络手段。而利用网站这种信息载体，在法律许可的范围内，可以更生动、直观及更廉价地向更广范围的人群，发布一切有利于旅游景区形象、游客服务及促进销售的旅游景区新闻、旅游产品信息、各种促销信息、招标信息、合作信息、招聘信息等，因此，拥有一个网站就相当于拥有了一个强有力的宣传工具。

旅游景区可以在网上加入专业的旅游管理协会、新闻组、论坛等，还可以发现鲜为人知的产品或服务。

4. 做好客户服务，建立良好的客户关系

通过网站，旅游景区可以与客户建立最直接的交流机制，为游客提供各种在线服务和信息；通过网站，旅游景区可以全天候、跨地区地为客户服务；通过网上的在线调查，可以获得客户的反馈信息，与游客保持售后联系，倾听客户意见，回答客户经常提出的问题；通过网上社区，可以吸引潜在的旅游者参与，不仅可开展游客服务，而且可以增进客户关系。

5. 缩短推出新产品和打开新市场的周期

旅游景区网站可以多媒体形式展示新的旅游产品、旅游项目、饭店菜肴、住宿环境等，毫无遗漏地尽述其优点和特色；可以极低廉的价格为新的目标市场打广告、做宣传。

另外，在旅游景区旅游产品和旅游项目开发之前，通过网站可以先进行在线问卷调查，包括品牌形象调查、消费者行为调查、产品调查、满意度调查等，这是获得第一手市场资料的有效途径。

(二) 旅游景区网站的定位

旅游景区应该审慎地考虑网站的定位问题，也就是需要合理确定资金的投入和网站的类型、网站的规模。旅游景区要让网站真正发挥作用，使网站成为企业传递信息、开展营销活动的有效手段，在网站定位时，必须考虑以下方面的问题。

(1) 旅游景区网站建设的投入要与旅游景区的实力相结合。一个功能完备的电子商务网站，需要投资几十万至上百万，这显然会给一些旅游景区造成一定的负担和风险，而对于一些实力较大的旅游景区尤其是旅游企业集团，过于简单的网站，往往与其旅游景区形象不相符。

(2)旅游景区网站的内容设计要与旅游景区旅游资源、旅游项目和旅游产品相符合。

(三)旅游景区网站的制作流程

一般旅游景区的网站大都采用委托给专业网络服务商的方式,在这种方式下,实用性旅游景区网站的建设一般要遵循特定的制作流程。

1. 网站需求分析

旅游景区提出网站建设基本要求,网站开发商根据旅游景区的基本要求,了解旅游景区的基本信息,并提出网站的概要设计思想。

2. 内部需求诊断

网站开发商详细了解旅游景区内部整体资料,并根据未来发展的需要来规划网站的内容,力求减少因设计缺陷导致的未来重复投资。

3. 方案设计

在该阶段,网站开发商与旅游景区合作,根据旅游景区的产品、项目和服务特色与网站建设目的,结合旅游景区自身的特点,确定旅游景区网站的形象定位、功能定位、目标访客定位,并做好信息结构设计、导航体系设计、栏目设置等工作。

4. 价格协商

对于不同设计方案,网站开发商将提出不同的报价,旅游景区可以进行价格协商,对于不同报价选择时要量力而行,但应注意,高端的网站并不需要昂贵的价格来实现。

5. 制作发布

双方达成开发意向后,就进入旅游景区网站的开发和发布阶段。该阶段主要包括注册域名、建设 Web 服务器、设计网页结构以及多媒体素材制作、网站模块建设和网站信息上传发布,以及信息发布后的网站推广。

6. 网站维护

网站建成后,维护和更新工作也十分重要。只有信息及时、内容时常更新的旅游景区网站才能产生吸引力,才能为旅游景区带来效益。

(四)旅游景区网站建设中的主要工作

1. 网站策划

网站策划就是根据旅游景区的旅游产品、旅游项目和旅游服务与网站建设目的,结合旅游景区自身的特点,确定网站形象定位、网站功能定位、目标访客定位、信息结构设计、导航体系设计、栏目设置、页面总量等内容,从而制订出一套完整的网站建设方案说明书,其具体内容包括:

(1)网站的整体框架设计。

(2)栏目设置。

(3)网站结构设计。
(4)首页面的创意设计。
(5)主页面的设计。
(6)其他次级页面的设计。
(7)网站所需要的页面数量。
(8)网站所涉及的程序设计及数据库。
(9)网站域名的申请注册。
(10)网站的后期维护及数据的日常更新。

2. 网页设计制作

网页设计制作主要是根据网站建设方案说明书的要求,进行网站整体风格与主页、栏目页、内容页的设计,包括:

(1)网站整体风格设计。利用视觉元素充分反映企业的特征、特色、个性。
(2)形象页设计。充分体现企业形象与网站风格的入口页,基本元素包括中英文企业名称、LOGO、形象图片、网址、企业宣传语以及其他版本页面的链接。
(3)首页设计。
(4)栏目页设计。
(5)内容页设计。
(6)Gif 动画设计。
(7)旗帜设计。
(8)图标设计。

3. 多媒体功能的设计、制作

运用多媒体的功能,使网站能传递视频、音频信息,增强交互功能,提高信息展示的生动直观性和吸引力,其内容包括:

(1)Flash 片头动画、交互动画、三维演示动画的设计制作。
(2)三维实景演示,包括360°水平视图、360°全景视图等。
(3)音频编辑,采用 MDI、WAV、MP3、MOD 等音频格式。
(4)视频编辑,采用 MOV、AVI、MPEG、RM 等视频格式。

4. 网站功能模块的设计、制作

网站功能模块一般需要后台程序的支持,以提供网站与使用者的交互功能。旅游景区网站常用的功能模块有:

(1)关系型数据库。关系型数据库是支持标准的 SQL 语言、标准的互联网语言开发接口、基于 WWW 的管理界面。
(2)站内全文检索。一般指大型网站的站内检索,用户可通过关键字搜索到任何包含关键字的文章或主页。

（3）网站管理系统。可直接利用浏览器进行网站文件管理，支持新建目录、在线编辑、新建文件、文件上传、目录上传、分级权限管理等功能，达到简化网站维护工作的目的。

（4）用户管理系统。包括用户注册、登陆、资料修改功能，提供后台管理功能，可对用户进行删除、修改、暂停等操作。

（5）计数器。用于监测和统计网站的访问流量。

（6）网站访问日志报告。定期提供网站流量报告，包括访问人数、IP 流量等数据。

（7）电子公告板（BBS）。支持多用户、多专题信息公告，可显示电子签名档，管理员可通过 Web 方式管理公告板。

（8）留言板。供访问者留言，留言可出现在网页上，同时发至指定信箱。

（9）反馈单。供访问者填写、提交，用于采集信息的表单。

（10）聊天室。有表情和动作，有密谈功能，可显示在线聊天者名单。

（11）网上调查。在网站设置并列出一些选择答案供访客发表观点的模块，支持同一 IP 限投一次、条形图百分比显示、Web 方式建立新调查等功能。

（12）邮件列表。收集访客 E-mail，可随时发送电子杂志或紧急通知，支持在线申请或取消会员资格；设定最大列表会员数量；Web 方式发送邮件；记录发送历史。

（13）企业公告栏。以滚动新闻形式在网站首页或者是其他页面显示网站最新消息、网站公告等信息。

（14）企业电子邮局。提供信箱空间，旅游景区可任意将此空间分割为多个信箱，设置基于旅游景区网站域名的 E-mail 地址，分配给单位内部人员使用。

5. 网站的推广

网站建成后，旅游景区要有推广网站的意识。推广旅游景区网站的方式很多，主要包括：

（1）在任何表现旅游景区信息的地方都应加上旅游景区的网址，如名片、办公用品、宣传材料、媒体广告等。

（2）通过网络服务商将建成的旅游景区站点登记到全球知名的搜索引擎和目录服务站中去，这样就会有更多的浏览者通过搜索引擎或目录服务站访问企业网址。

（3）付费广告、新闻邮件、免费广告、免费咨询服务、友情链接、论坛宣传等也是提高旅游景区网站知名度、提高站点访问量的有效方式。

6. 网站的维护及内容

网站建成后，要不断更新网站内容，不断改进完善网站功能，保证网站持久的

吸引力,这部分工作包括:

(1)页面风格和模板的改动。

(2)页面文字内容修改。

(3)FTP维护。旅游景区人员通过网站提供的FTP功能进行网站维护。

(4)后台程序维护。旅游景区根据编好的后台程序对网站内容进行更新和维护。

二、旅游景区网络营销

旅游景区网站建成之后,要进行网络营销。

(一)网络营销的功能

网络营销的产生是随着互联网的产生和发展而产生的新的营销方式,是指利用互联网等电子手段进行的营销活动。网络营销可作为新的营销方式和营销手段实现旅游景区营销目标,其内容丰富,形式多样,具有丰富的功能。

1. 网上市场调查

网上市场调查主要利用互联网交互式的信息沟通渠道来实施调查活动。它包括直接在网上通过问卷进行调查,还包括通过网络来收集市场调查中需要的一些二手资料。

利用网上调查工具,可以提高调查效率。在利用互联网进行市场调查时,重点是如何利用有效工具和手段,实施调查以及收集、整理、分析相关数据资料。

2. 网上消费者行为分析

互联网用户作为一个特殊群体,它有着与传统市场群体不同的特性,因此要开展有效的网络营销活动,必须深入了解网上用户群体的需求特征、购买动机和购买行为模式。

Internet作为信息沟通工具,正成为许多兴趣、爱好趋同的群体聚集交流的地方,并且形成许多特征鲜明的网上虚拟社区,了解这些虚拟社区的群体特征和偏好是网上消费者行为分析的关键。

3. 网络营销策略制定

不同旅游景区在市场中处于不同地位,在采取网络营销实现旅游景区营销目标时,必须采取与旅游景区相适应的营销策略,因为网络营销虽然是非常有效的营销工具,但旅游景区实施网络营销时需要进行投入并且有一定的风险。同时旅游景区在制定网络营销策略时,还应该考虑到产品周期对网络营销策略制定的影响。

4. 网上产品和服务营销

网络作为信息有效的沟通渠道,改变了传统旅游景区的营销手段,特别是渠道的选择。作为网上产品和服务的营销,必须结合网络特点重新考虑产品的设计、开发、包装和品牌策略,如传统的优势品牌在网上市场不一定是优势品牌。

5. 网上价格营销

在网络上销售产品究竟该制定什么样的价格,这是很多旅游景区都遇到的问题。互联网络具有信息透明和消费者容易比价的特点,同时旅游景区发布的产品价格也容易被竞争对手方便地了解,因此旅游景区需要审慎考虑网站上的产品定价,还需要对比同种旅游产品网站价格与其他渠道价格。

6. 网上渠道选择与直销

借助互联网的直接特性,旅游景区建立的网上直销模式降低了营销渠道中的营销费用,但旅游景区建设自己的网上直销渠道必须进行一定的投入,同时还要改变传统的营销管理模式,增强营销信息管理能力。

7. 网上促销与网络广告

Internet 作为一种双向沟通渠道,最大优势是可以实现沟通,双方突破时空限制直接进行交流,具有简单、高效和费用低廉的特点。因此,在网上开展促销活动是最有效的沟通渠道。旅游景区可以通过电子邮件向潜在客户发送产品、服务信息和其他促销信息。

网络广告作为重要的促销手段,具有报纸、杂志、广播和电视等传统媒体发布广告无法比拟的特性,即具有交互性和直接性。

(二) 网络营销的应用

由于互联网本身具有廉价、快速、便捷、手段多样等种种优越性,利用互联网进行营销活动很有发展前途。根据目前发展情况来看,旅游景区网络营销的应用主要包括以下几个方面:

1. 利用互联网提供多种服务

旅游景区利用互联网提供多种服务,例如网上查询、电子布告板、电子邮件、电子刊物等进行形式多样的旅游调查活动及促销活动。通过网络,旅游景区可以方便地对旅游者进行各种调查——只需按计算机中的网络用户名单发送一些电子邮件即可。对于旅游消费者来说,接受调查也变得轻松了许多,只需按几下鼠标即可。在旅游景区网络营销中,网络广告与促销尤其具有发展潜力,互联网本身所具有的优越性,必然会使其成为继报纸、杂志、广播、电视后的又一重要广告媒体。由于网络广告形式多样、更新迅速、收效快捷,所以,网络广告与网络促销受到重视并得到迅速发展。同时,随着计算机技术与互联网的进一步发展,还可能出现一些全新的网上促销方式,如虚拟现实旅游体验(可以看成是现实世界在计算机世界中的一个 DEMO)等。

2. 促进旅游产品定制营销的发展

随着社会经济的发展,个性化的消费日益成为人们的追求目标,反映在旅游景区产品和服务上,就是追求个性化的旅游——个性化的旅游经历、个性化的旅游纪念品等。由于以往的信息交流手段本身的局限性,旅游景区很难了解到每一个潜在旅游者的需求,个性化的旅游不可能成为旅游活动的主流,而互联网的应用,则为个性化旅游的实现提供了先决条件。通过这种全新的信息交流方式,旅游景区可以清楚地了解每一个旅游者的兴趣、爱好和需求,而旅游景区游览线路的柔性设计体系与旅游纪念品的柔性制造系统的完善,进一步为其提供了物质基础。旅游景区可以在成本升幅不大的基础上,提供不同的旅游景区游览线路、旅游纪念品等,使旅游景区产品向"量身定做"的方向发展。旅游产品的定制营销将成为旅游景区营销的重要组成部分,个性化的旅游将真正成为旅游活动的主流。

3. 旅游产品网上交易

旅游景区利用 Internet 和日益推广与完善的转账支付方式进行旅游产品的网上交易。旅游者可以利用计算机或手机将钱转入到旅游景区的账号,而旅游景区则通过网络将旅游者需要的旅游信息、旅游产品和项目等提供给旅游者,并为旅游者联系交通、住宿、餐饮等。

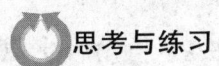
思考与练习

一、填空题

1. 按照旅游景区信息资源的内容划分,可以分为_____、_____和_____、_____、_____等。

2. 按照旅游景区信息资源的载体分类,可以分为_____、_____和_____等。

二、简答题

1. 简要说明旅游景区信息资源的类型。
2. 简要说明旅游景区电子门票信息管理系统的工作流程。

三、技能实训

请根据本模块所学内容,对调研旅游景区的信息资源进行分类整理。

参考文献

[1] 王昆欣. 旅游景区管理[M]. 大连:东北财经大学出版社,2003.

[2] 张凌云. 旅游景区景点管理[M]. 北京:旅游教育出版社,2003.

[3] 马永立,谈俊忠. 风景名胜区管理学[M]. 北京:中国旅游出版社,2003.

[4] 李洪波. 旅游景区管理[M]. 北京:机械工业出版社,2004.

[5] 崔凤军. 风景旅游区的保护与管理[M]. 北京:中国旅游出版社,2001.

[6] 彭德成. 中国旅游景区治理模式[M]. 北京:中国旅游出版社,2003.

[7] 魏小安. 旅游目的地发展实证研究[M]. 北京:中国旅游出版社,2002.

[8] 沙润. 旅游景观审美[M]. 南京:南京师范大学出版社,2004.

[9] 邹统钎. 旅游景区开发与经营经典案例[M]. 北京:旅游教育出版社,2003.

[10] 马克·曼西尼. 乘船航游与油轮管理[M]. 高玲,译. 北京:清华大学出版社,2004.

[11] 依绍华. 私营资本开发旅游景区的理论与实证研究[M]. 北京:旅游教育出版社,2004.

[12] 德村志成. 中国国际旅游发展战略研究——日本客源市场[M]. 北京:中国旅游出版社,2002.

[13] 王莹. 旅游区服务质量管理[M]. 北京:中国旅游出版社,2003.

[14] Chuck Y. Gee. 度假饭店的开发与管理[M]. 向萍,译. 2版. 北京:中国旅游出版社,2003.

[15] 保继刚,楚义芳. 旅游地理学[M]. 北京:高等教育出版社,1999.

[16] 崔凤军. 中国传统旅游目的地的创新与发展[M]. 北京:中国旅游出版社,2002.

[17] 董观志. 旅游主题公园管理原理与实务[M]. 广州:广东旅游出版社,2000.

[18] 刘纯. 旅游景区开发与管理[M]. 北京:科学出版社,2004.

[19] 邹统钎. 旅游景区开发与管理[M]. 北京:清华大学出版社,2004.

[20] 王昆欣. 旅游景区服务与管理[M]. 北京:旅游教育出版社,2004.

[21] 杨正泰. 旅游景点旅游景区开发与管理[M]. 福州:福建人民出版

社,2000.

[22] 肖光明.生态旅游中的导游问题[M].北京:旅游科学出版社,2004.

[23] 王路有.导游艺术[M].广州:广东旅游出版社,2004.

[24] 赵黎明.旅游景区管理[M].天津:南开大学出版社,2002.

[25] 郑向敏.旅游安全学[M].北京:中国旅游出版社,2003.

[26] 吕建中.现代旅游饭店管理[M].北京:中国旅游出版社,2004.

[27] 杜江.旅游研究文集[M].北京:旅游教育出版社,2004.

[28] 王德刚.现代旅游区开发与经营管理[M].青岛出版社,2001.

[29] 樊丽丽.零售服务规范[M].北京:中国经济出版社,2003.

[30] 楼嘉军.娱乐旅游概论[M].福州:福建人民出版社,2000.

[31] 黄翔.旅游区管理[M].武汉:武汉大学出版社,2004.

[32] 沈绍岭.旅游景区细微管理[M].北京:中国旅游出版社,2009.

[33] 姜若愚.旅游景区服务与管理[M].大连:东北财经大学出版社,2011.

[34] 张帆.旅游景区管理[M].福州:福建人民出版社,2006.

[35] 侯贵松.人力资源管理[M].北京:中国纺织出版社,2006.

[36] 董福荣.旅游企业人力资源管理[M].广州:华南理工大学出版社,2006

[37] 董观志.旅游景区经营管理[M].广州:中山大学出版社,2007.

[38] 李洪波,郑向敏.目的地旅游安全事故范畴简析[J].北京第二外国语学院学报,2004(1).

[39] 马骏.交通运输安全管理[M].北京:人民交通出版社,1998.

[40] 姜若愚.旅游景区服务与管理[M].3版.大连:东北财经大学出版社,2011.

[41] 王娟.智能交通系统在九寨沟旅游景区管理中的应用探讨及运营评价[D].西南财经大学旅游管理专业硕士论文,2007.

[42] 王昆欣.旅游景区服务与管理[M].北京:旅游出版社,2008.

[43] 杨桂华.旅游景区管理[M].北京:科学出版社,2006.

[44] 张帆.旅游景区管理[M].福州:福建人民出版社,2006.

[45] 张进福,黄福才.旅游景区管理[M].北京:北京大学出版社,2009.

[46] 钟永德.旅游景区管理[M].长沙:湖南大学出版社,2005.

[47] 周国忠.旅游景区服务与管理实务[M].南京:东南大学出版社,2007.

[48] 约翰·斯沃布鲁克.旅游景区开发与管理[M].龙江智,李淼,译.2版.北京:旅游教育出版社,2006.

[49] 张昌贵.旅游景区管理[M].西安:西安交通大学出版社,2013.

[50] 廖建化,陈文君.旅游景区服务与管理实务[M].大连:大连出版社,2012.

[51] 范高明.旅游景区服务与管理实务[M].厦门:厦门大学出版社,2012.

[52] 钟泓,韦家瑜.旅游景区规划原理与实务[M].北京:中国旅游出版社,2012.

[53] 邹统钎,吴丽云.旅游景区服务与管理[M].南京:南京师范大学出版社,2013.